Lehr- und Handbücher zu Tourismus, Verkehr und Freizeit

Herausgegeben von
Universitätsprofessor Dr. Walter Freyer

Bisher erschienene Werke:

Agricola, Freizeit – Grundlagen für Planer und Manager
Althof, Incoming-Tourismus, 2. Auflage
Bastian · Born · Dreyer, Kundenorientierung
im Touristikmanagement, 2. Auflage
Bieger, Management von Destinationen, 5. Auflage
Bochert, Tourismus in der Marktwirtschaft
Dreyer, Kulturtourismus, 2. Auflage
Dreyer · Krüger, Sporttourismus
Dreyer · Dehner, Kundenzufriedenheit im Tourismus, 2. Auflage
Dreyer u. a., Krisenmanagement im Tourismus
Finger · Gayler, Animation im Urlaub, 3. Auflage
Freyer, Tourismus, 7. Auflage
Freyer, Tourismus-Marketing, 3. Auflage
Freyer · Pompl, Reisebüro-Management
Günter, Handbuch für Studienreiseleiter, 3. Auflage
Henselek, Hotelmanagement – Planung und Kontrolle
Kaspar, Management der Verkehrsunternehmungen
Landgrebe, Internationaler Tourismus
Müller, Tourismus und Ökologie, 2. Auflage
Pompl · Lieb, Qualitätsmanagement im Tourismus
Schreiber, Kongress- und Tagungsmanagement, 2. Auflage
Steinbach, Tourismus – Einführung in das
räumlich-zeitliche System
Sterzenbach · Conrady, Luftverkehr, 3. Auflage

Kundenzufriedenheit im Tourismus

Entstehung, Messung und Sicherung
mit Beispielen aus der Hotelbranche

Von

Prof. Dr. Axel Dreyer
FH Harz/Universität Göttingen
und
Dipl.-Kfm. (FH) Christian Dehner

2., unwesentlich veränderte Auflage

R. Oldenbourg Verlag München Wien

Bibliografische Information Der Deutschen Bibliothek

Die Deutsche Bibliothek verzeichnet diese Publikation in der Deutschen Nationalbibliografie; detaillierte bibliografische Daten sind im Internet über <http://dnb.ddb.de> abrufbar.

© 2003 Oldenbourg Wissenschaftsverlag GmbH
Rosenheimer Straße 145, D-81671 München
Telefon: (089) 45051-0
www.oldenbourg-verlag.de

Das Werk einschließlich aller Abbildungen ist urheberrechtlich geschützt. Jede Verwertung außerhalb der Grenzen des Urheberrechtsgesetzes ist ohne Zustimmung des Verlages unzulässig und strafbar. Das gilt insbesondere für Vervielfältigungen, Übersetzungen, Mikroverfilmungen und die Einspeicherung und Bearbeitung in elektronischen Systemen.

Gedruckt auf säure- und chlorfreiem Papier
Gesamtherstellung: Hofmann Medien Druck GmbH, Augsburg

ISBN 3-486-27350-7

Inhaltsverzeichnis

	Seite
Die Idee	1

Teil A: Einführung

1. Grundlegende Marktentwicklungen	7
2. Beherbergungsbetriebe als Dienstleistungsunternehmen	10
2.1 Begriff und Typisierung von Beherbergungsbetrieben	10
2.2 Merkmale von Dienstleistungen	13
2.3 Das Marketinginstrumentarium im Überblick	17

Teil B: Entstehung und Messung von Kundenzufriedenheit und Dienstleistungsqualität

3. Kundenzufriedenheit	21
3.1 Entstehung der Kundenzufriedenheit	21
3.2 Intensität und Auswirkungen der Kundenzufriedenheit	27
3.3 Abgrenzung zur Dienstleistungsqualität	31
4. Dienstleistungsqualität	32
4.1 Definition von Dienstleistungsqualität	32
4.2 Faktoren der Dienstleistungsqualität	36
4.3 Formen der Qualitätswahrnehmung in der Hotellerie	39
4.4 Qualität durch Kundenintegration	48
4.4.1 Grundlagen der Kundenintegration	48
4.4.2 Kundenintegration in den einzelnen Phasen des Dienstleistungsprozesses	51
4.4.2.1 Kundenintegration in der Potentialphase	53
4.4.2.2 Kundenintegration in der Prozeßphase	60
4.4.2.3 Kundenintegration in der Ergebnisphase	68
4.5 Fehlerquellen bei der Erstellung der „richtigen" Qualität	69

5. Messung von Kundenzufriedenheit und Dienstleistungsqualität   **71**
     5.1 Überblick über verschiedene Meßansätze   71
     5.2 Kontaktpunktanalyse   76
         5.2.1 Kontaktpunktidentifikation   77
         5.2.2 Qualitative Kontaktpunktmessung   90
             5.2.2.1 Beobachtung   90
             5.2.2.2 Sequentielle Ereignismethode   92
             5.2.2.3 Fotomethode   95
             5.2.2.4 Critical Incident Technique   95
             5.2.2.5 Beschwerdeanalyse   98
         5.2.3 Quantitative Kontaktpunktmessung   98
     5.3 Weitere Formen der Gästebefragung   102

**Teil C: Sicherung und Verbesserung
von Kundenzufriedenheit und Dienstleistungsqualität**

6. Arbeit mit Checklisten   **111**

7. Gästebefragungen   **119**
     7.1 Schriftliche Befragungen   119
     7.2 Kritische Würdigung von Gästefragebögen in der Hotellerie   125
     7.3 Ablauf schriftlicher Gästebefragungen   128
     7.4 Entwicklung eines Fragebogens   136

**8. Beschwerdezufriedenheit
durch konstruktives Beschwerdemanagement**   **141**
     8.1 Verhalten unzufriedener Kunden   141
     8.2 Grundlagen des Beschwerdemanagement im Unternehmen   146
     8.3 Aufforderung zur Beschwerde   149
     8.4 Beschwerdebearbeitung für den Kunden   151
     8.5 Beseitigung des Beschwerdegrundes im Unternehmen   160

9. Kundenzufriedenheit als Teil des Total Quality Management   **164**

10. Von der Kundenzufriedenheit zur Kundenbindung   **169**

Literaturverzeichnis   **173**
Stichwortverzeichnis   **187**
Autorenanschrift   **193**
Faxbogen für Anregungen und Hinweise   **195**

Die Idee

„Servicewüste Deutschland", „Land des Muffelns" oder so ähnlich titelten Zeitschriften ihre Beiträge in den letzten Jahren besonders gerne, um den Zustand der Servicebereitschaft in Deutschland zu charakterisieren. In den vergangenen Monaten begann sich das Blatt langsam zu wenden. Wenn z.B. die „absatzwirtschaft" in der Februarausgabe 1997 noch immer zweifelnd die Frage stellte, ob Deutschland sich „Vom Alptraum ins Traumland" verwandeln könne, so kennzeichnet die Formulierung doch die tatsächlich beginnenden Veränderungen. Der erste Schritt scheint weitgehend vollzogen, indem die Erkenntnis in den Unternehmen durchgedrungen ist, daß der Kunde im Mittelpunkt aller Bemühungen stehen muß. Allerdings ist es vielfach ein weiter Weg, um von dem Bewußtsein der unverzichtbaren Kundenorientierung zu einer ernsthaften Dienstleistungskultur und Servicementalität zu gelangen.[1]

Das vorliegende Buch soll die Unternehmen und ihre Nachwuchskräfte, die den nachhaltigen Wandel entscheidend betreiben müssen, auf diesem Weg ein Stück weit begleiten. Daher richtet es sich nicht nur an die interessierten Praktiker, sondern vor allem auch an die Studierenden dienstleistungswirtschaftlicher Studiengänge, insbesondere an die Studierenden der Tourismuswirtschaft. Für den Studienschwerpunkt Hotelmanagement ist die beispielgebende Hotelbranche von besonderem Nutzen, aber auch für das Reiseveranstaltermanagement ist das Buch relevant. Erstens sind die theoretischen Ausführungen allgemeingültig und zweitens betreffen immerhin ca. 70% der Reklamationen beim Reiseveranstalter speziell die Beherbergungsbetriebe.

Mit der Orientierung an praktischen Beispielen und den Hinweisen auf praktische Möglichkeiten der Umsetzung von Kundenorientierung in Hotels und anderen Tourismusbetrieben (Teil C) hebt sich das vorliegende Buch von anderen Werken zur Kundenzufriedenheit deutlich ab, wenngleich den vorherrschenden Theorien keine neue hinzugefügt wurde. Diese Intention bestand von vornherein nicht, sondern es geht darum, verständlich und praktikabel - gleichzeitig aber auch wissenschaftlich fundiert - Handreichungen zur Erkennung der komplexen Zusammenhänge bei der Entstehung von Kundenzufriedenheit und zu deren Verbesserung zu geben.

---

[1] 1996 unternahmen nur 48% der deutschen Unternehmen häufiger als jährlich eine Zufriedenheitsmessung bei ihren Kunden. Vgl. o.V., Kundenzufriedenheit II (1996), S. 20.

Die Hotellerie stellt den „roten Faden" des Buches dar. Die beschriebenen Phänomene besitzen jedoch auch Gültigkeit für andere Bereiche der Tourismus- und Dienstleistungswirtschaft. Daher ist es in den Formulierungen stets bei dem Begriff der Kundenzufriedenheit geblieben. Würde die Betrachtung ausschließlich aus Sicht der Hotellerie vorgenommen, wäre es allerdings richtiger von **Gäste**zufriedenheit zu sprechen. Für die Beherbergungsindustrie verkörpert der Begriff des Gastes im Grunde genommen noch mehr als „nur" der Kundenbegriff, denn er beinhaltet das Aufnehmen von Menschen zum Zwecke der Bewirtung oder Beherbergung und er (sollte) Gastfreundschaft implizieren.

Das Buch informiert über viele Instrumente, mit deren Hilfe für mehr Kundenzufriedenheit gesorgt werden kann. Über den Einsatz dieser hinaus ist es aber entscheidend, daß die **Kundenorientierung** zu einer Frage der **Unternehmenskultur** wird, in der die Vorgesetzten jederzeit vorleben, was sie von ihren Mitarbeitern erwarten.
Die Implementierung einer echten Servicementalität wird nur gelingen, wenn Unternehmen sich zudem einer **Mitarbeiterorientierung** verschreiben, mit der es gelingt, dem Personal ein hohes Maß an Arbeitszufriedenheit zu vermitteln. Nur so kann Arbeitsfreude entstehen, die ein nachhaltig positives und freundliches Auftreten gegenüber den Kunden erst möglich macht.

Bei der - gerade in der amerikanischen Literatur - immer wieder geforderten **Null-Fehler-Mentalität** von Dienstleistern dürfen Züge der **Menschlichkeit** nicht verloren gehen. Gerade diese („es kommt von Herzen") macht ehrliche Kundenorientierung aus. In der Praxis fällt die Verwirklichung beider Aspekte allerdings nicht immer leicht.
Dabei ist es übrigens nicht problematisch, bei der Erstellung einer Dienstleistung auch einmal einen Fehler zu begehen („**nobody is perfect**") - wenn er eingestanden und umgehend korrigiert wird.

Die meisten nachfolgenden Überlegungen stellen in den Mittelpunkt, wie Unternehmer wohl für die Zufriedenheit ihrer Kunden und Mitarbeiter sorgen können.

Vor der Lektüre des Buches, in dem nicht selten von einer Beschleunigung von Dienstleistungsprozessen im Interesse der Kunden die Rede ist, erscheint es jedoch wichtig, noch einen Moment lang innezuhalten, um daran zu denken, was jedermann selbst - ob in seiner Rolle als Kunde, Arbeitnehmer oder Unternehmer - für seine **eigene Zufriedenheit** tun kann.

1. Bleibe nicht dauernd dran; schalte doch mal ab.
2. Jage nicht ständig schnellebigen Trends hinterher.
3. Kaufe nur das, was Du wirklich willst, und mache Dein persönliches Wohlergehen zum wichtigsten Kaufkriterium.
4. Versuche nicht, permanent Deinen Lebensstandard zu verbessern oder ihn gar mit Lebensqualität zu verwechseln.
5. Lerne - zu lassen, also Überflüssiges wegzulassen: Lieber einmal etwas verpassen als immer dabeisein.
6. Lerne wieder, <eine Sache zu einer Zeit> zu tun. Entdecke die Hängematte wieder.
7. Mache nicht alle Deine Träume wahr; hebe Dir noch unerfüllte Wünsche auf.
8. Tue nichts auf Kosten anderer oder zu Lasten nachwachsender Generationen.
9. Genieße nach Maß, damit Du länger genießen kannst.
10. Verdiene Dir Deinen Lebensgenuß - durch Arbeit oder gute Werke: Es gibt nichts Gutes; es sei denn, man tut es.[2]

Der Berner Tourismusforscher *Hansruedi Müller* plädiert zum Beispiel gegen eine Be- und für eine **Entschleunigung** des Lebens; und der Freizeitpädagoge *Opaschowski* hat dazu die zehn nebenstehenden Gebote formuliert.

☺ ☺ ☺

Wir wollen uns verbessern. Daher haben wir am Ende des Buches ein Blatt eingefügt, mit dessen Hilfe Sie, verehrte Leserin und verehrter Leser, uns unkompliziert Ihre Meinungen und Anregungen zukommen lassen können. Über zahlreiche Informationen wären wir sehr dankbar.

Axel Dreyer und Christian Dehner

---

[2] Opaschowski, H.W. (1997), S. 189.

Teil A:

Einführung

1. Grundlegende Marktentwicklungen

In der Dienstleistungspraxis scheint heutzutage alles auf den Kunden zugeschnitten zu sein. Begriffe wie Kundenorientierung, Kundennähe, Kundenzufriedenheit, Kundenservice, Servicequalität, etc. bilden einen immer größer werdenden Bestandteil der publizierten Unternehmensgrundsätze namhafter Dienstleistungsunternehmen. Als Vorbild dienen in der Regel dabei meist nordamerikanische Unternehmen, deren Kundenorientierung an dem beliebten Beispiel der Supermärkte, in denen dem Kunden die Ware an der Kasse von freundlichen Hilfskräften in Tüten verpackt und bis zum Auto auf dem Parkplatz getragen werden, deutlich wird.

Die Gründe für diese Kundenorientierung sind offensichtlich. In Zeiten, die gekennzeichnet sind durch Internationalisierung der Märkte und den daraus resultierenden Wettbewerbsdruck, vielfach negative Wachstumsraten und Sättigungserscheinungen auf der Konsumentenseite, erweist es sich für die Unternehmen als existenziell, bestehende Kundenbeziehungen zu festigen und/oder neue Kunden zu gewinnen. Damit dieses Vorhaben gelingen kann, gilt es, die momentanen Kunden zufriedenzustellen, um auf diese Art und Weise den Grundstein für eine langfristige und intensive Beziehung zu legen.

Belz setzte sich in einer Untersuchung mit Problemen von Führungskräften aus dem Geschäftsbereich Marketing auseinander. Die Befragten bescheinigten dabei folgende immer noch aktuelle und wichtige Problembereiche:[3]

- Aggressive Konkurrenz und Verdrängungswettbewerb
- Aggressives Kundenverhalten, Preisdruck und abnehmende Kundentreue
- Auswechselbare Leistungen der Anbieter

Der Verkäufer eines Produktes bzw. einer Dienstleistung kann nicht mehr darauf vertrauen, daß sein Angebot ohne weiteres nachgefragt wird; vielmehr wählt der Nachfrager heutzutage zielgerichteter und unter bestimmten eigenen Prämissen sein Produkt bzw. seinen Dienstleistungsanbieter aus. Unternehmer müssen sich daher aktiv und immer intensiver mit diesem Themenkomplex auseinandersetzen, um den Wandlungen auf den Käufermärkten Rechnung zu tragen.[4] Zwei Strömungen kennzeichnen die deutschen Märkte in den letzten Jahren vor der Jahrtausendwende besonders: Einerseits der sogenannte **hybride Verbraucher**, der in seinem Konsumverhalten immer unberechenbarer wird und oftmals mit den üblichen Instrumenten der Markt-

---

[3] Vgl. Belz, C. (1993), S.73.
[4] Vgl. Bänsch, A. (1991), S.1ff.

segmentierung nicht mehr erfaßt und strukturiert werden kann, und andererseits eine **Polarisierung der Märkte**. Diese hat zur Folge, daß es auf der einen Seite einen Trend zu qualitativ hochwertigen Angeboten mit einer deutlichen Tendenz zum **Qualitätswettbewerb** gibt und daß auf der anderen Seite die Nachfrage nach **preiswerten Produkten** mit einer Beschränkung auf den Leistungskern überproportional steigt.

Beispiel für hybrides Konsumverhalten:
Nachmittags kauft Herr Mustermann Lebensmittel im Discountmarkt billig ein, abends steht dagegen Essengehen in einem Feinschmeckerlokal als Genußerlebnis auf dem Programm.[5] Herr Mustermann besitzt einen preiswerten, älteren Kleinwagen; bei Reisen fällt seine Wahl jedoch auf eine exklusive Studienreise oder einen Urlaub im Robinson-Club.
Im Ergebnis ist ein solcher Verbraucher bezüglich des Merkmals "hohes Einkommen" für das Marketing nicht berechenbar.

Beispiel für eine Polarisierung der Märkte:
Viele Hotels sehen in umfangreicherem und verbessertem Service und/oder in einer aufwendigen Gestaltung eine wesentliche Möglichkeit zur Differenzierung im Wettbewerb. So entstehen immer mehr Designhotels (z.B. Pflaums Posthotel in Pegnitz) oder Themenhotels (*z.B. Hotel El Andaluz im Europapark Rust, The Swan in Disneyworld, Luxor in Las Vegas*).
Eine Konzentration auf das Kernprodukt Übernachtung herrscht bei der Marke *Etap* der französischen *Accor-Gruppe* vor. Abgesehen von einer Person an der Rezeption wird dort auf jeglichen Service verzichtet. Ein Zimmer kostet ca. DM 60,--, Frühstück wird extra angeboten.

Die augenblickliche wirtschaftliche Rezession und der Aufbau von Kapazitäten hat in den meisten deutschen Beherbergungsbetrieben, zu denen z.B. Hotels, Pensionen und Boardinghäuser zählen, die Gästezahlen drastisch schrumpfen lassen, so daß auch hier verstärkter Handlungsbedarf in bezug auf bessere Kundenorientierung gegeben ist.
Die deutschen Hotels verbuchen im Durchschnitt eine Belegungsrate von nur 58%.[6] Darüber hinaus werden die Reiseetats für Mitarbeiter von Wirtschaftsunternehmen rigoros zusammengestrichen, was neben den Fluggesellschaften vor allem die Hotellerie zu spüren bekommt. Ein mitunter ruinöser Preiskampf zwischen einzelnen Hotelketten führt dazu, daß der Gast verstärkt dem Preis bei der Hotelwahl die entscheidende Rolle zumißt. In einer solchen Situation muß sich die Hotellerie besonders bemühen, ein hohes Maß an Dienstleistungsqualität zu etablieren, um somit für nachhaltige Kundenzufrie-

---

[5] Vgl. auch Opaschowski, H.W. (1995), S. 264f.
[6] Vgl. o.V. (1997), S.R1.

denheit zu sorgen und neben dem Preis ein weiteres wichtiges Buchungskriterium aufweisen zu können.

Anliegen der weiteren Ausführungen ist es, die Bedeutung der Faktoren Kundenzufriedenheit und Dienstleistungsqualität in Dienstleistungsunternehmen zu untersuchen und speziell auf Beherbergungsbetriebe zu übertragen. Dabei stehen folgende Aspekte im Mittelpunkt der Betrachtung:

1. Die allgemeine Marktentwicklung
2. Die Bedeutung der Kundenzufriedenheit in der Anbieter-Nachfrager-Beziehung
3. Die Faktoren der Dienstleistungsqualität als wesentliche Einflußgrößen auf die Zufriedenheit
4. Die zur Messung von Kundenzufriedenheit und Dienstleistungsqualität geeigneten Analyseverfahren
5. Die praktischen Möglichkeiten zur Verbesserung von Kundenzufriedenheit und Dienstleistungsqualität in Beherbergungsbetrieben

Dementsprechend ist das vorliegende Buch in drei Abschnitte gegliedert. Der Einführung (Teil A) folgt ein wissenschaftlich fundierter Überblick über die Grundlagen der Entstehung und Messung der Kunden(un)zufriedenheit und der mit ihr eng verknüpften Dienstleistungsqualität (Teil B). Der abschließende Teil C ist der Sicherung und Verbesserung der Kundenzufriedenheit gewidmet. Unter Berücksichtigung der besonderen Praxisanforderungen an Beherbergungsbetriebe werden verschiedene Maßnahmen beschrieben, die auch mittelständischen Hotelbetrieben zeigen sollen, daß sich die Ergebnisse wirtschafts- und sozialwissenschaftlicher Forschung sehr wohl für die Unternehmensführung eignen.

Warum gerade die Hotellerie als Beispielgeber für die Tourismusbranche ausgewählt wurde, läßt sich anhand folgender Zahlen recht gut verdeutlichen: Nach Ermittlungen der *TUI* erweisen sich für der Reklamationen des Reiseveranstalters die Hotels als Verursacher. Demzufolge sind die nachstehenden Informationen nicht nur für die Hotellerie, sondern auch für die Veranstalterbranche interessant.[7]

---

[7] Vgl. TUI (1997).

2. Beherbergungsbetriebe als Dienstleistungsunternehmen

2.1 Begriff und Typisierung von Beherbergungsbetrieben

Die Bezeichnung Beherbergungsbetriebe stellt einen Sammelbegriff für alle Betriebsarten des Beherbergungsgewerbes dar. Eine gesetzliche Definition der einzelnen Betriebsarten fehlt bislang; aus diesem Grund hat die DEHOGA in Zusammenarbeit mit dem Deutschen Fremdenverkehrsverband (DFV) praxisbezogene Definitionen für unterschiedliche Betriebsarten des Beherbergungsgewerbes ausgearbeitet, die im gesamten deutschen Fremdenverkehr Verwendung finden.[8]

In der betriebswirtschaftlichen Literatur existieren unterschiedliche Ansätze zur Einteilung von Beherbergungsbetrieben. Eine Möglichkeit der Typisierung von Beherbergungsbetrieben läßt sich bei *Jamin/Schaetzing/Spitschka* finden. Diese geben Einteilungskriterien für Hotelbetriebe vor, die sich problemlos auf das gesamte Beherbergungswesen übertragen lassen. Demzufolge lassen sich Beherbergungsbetriebe einteilen nach

- dem Grad bzw. Vollständigkeit der Leistung (z.B. Vollhotel, Hotel Garni)
- der Standortorientierung (z.B. Stadthotel, Urlaubshotel, Kurhotel)
- der Verkehrsmittelorientierung (z.B. Bahnhofshotel, Flughafenhotel)
- der Unternehmensform (z.B. Personengesellschaft, Kapitalgesellschaft)
- der Aufenthaltsdauer (z.B. Passantenhotel, Ferienhotel, Familienhotel)
- Güteklassen (z.B. Frankreich: 1-4 Sterne)
- Wirtschaftsprinzipien (z.B. gewerbliche Betriebe, soziale Einrichtungen) [9]

Kaspar unterteilt beispielsweise die Beherbergungsbetriebe in die Hotellerie, die auch als traditionelle Hotellerie oder eigentliche Hotellerie bezeichnet wird, und die Parahotellerie, die auch als zusätzliche Beherbergung oder ergänzende Hotellerie bekannt ist, ein.

---

[8] Vgl. DEHOGA (1994), S.261.
[9] Vgl. Jamin, K.; Schaetzing, E.E.; Spitschka, H. (1979), S.18 und Seitz, G. (1997), S. 11f.

Abbildung 2.1-1:
Einteilung der Beherbergungsbetriebe

	Beherbergungsbetriebe	
Hotellerie ↓		**Parahotellerie** ↓
	Ferienpark Clubanlage	
○ Hotel	----------------Aparthotel------------	○ Apartement
○ Gasthof		○ Ferienwohnung
○ Motel		○ Ferienhaus
○ Pension		○ Privatzimmer
○ usw.		○ Camping
		○ Caravaning
		○ Jugendherbergen
		○ Kollektivunterkünfte

Quelle: Eigene Darstellung in Anlehnung an Kaspar, C. (1991), S.80.

Nach der Nennung real existierender Typen von Beherbergungsbetrieben (institutionelle Betrachtung), gilt es nun, auch auf die funktionale Bedeutung der Beherbergungsbetriebe näher einzugehen. Offensichtlich ist das Angebot der Beherbergungsleistung. Dabei kann es sich um das Angebot eines Hotelzimmers, Apartements, Jugendherbergszimmers etc. handeln. Neben die Beherbergungsfunktion tritt die Verpflegungsfunktion; beide machen die Kernleistungen der Beherbergung aus. Zunehmende Bedeutung räumt *Schaetzing* darüber hinaus den Zusatzfunktionen, wie Unterhaltung, Freizeitangebot, Einrichtungen zur aktiven Betätigung und gesundheitlichen Einrichtungen ein.[10] In manchen Hotelbetrieben können diese durchaus den Charakter einer Kernleistung erhalten. So sind für ein Sporthotel das Angebot von Sportmöglichkeiten und eine Sauna konstitutive Merkmale.[11]

Nach *Weber* gehen Hotels immer mehr dazu über, dem Gast „Packages" anzubieten, die neben der Unterbringung und Verpflegung auch Reservierung von Stadtrundfahrten, Theater- oder Musicalkarten, Museumsbesuche etc. beinhalten.[12]

---
[10] Vgl. Schaetzing, E.E. (1990), S.21.
[11] Vgl. Dreyer, A. (1995), S. 87
[12] Vgl. Weber, C.-H. (1996), S.63.

Dieses gilt in gleichem Maße auch für die Parahotellerie. Als ein Beispiel dafür läßt sich die steigende Zahl an Campingplätzen aufführen, die neben der Vermietung vollausgestatteter Wohnwagen den Gästen auf dem gleichen Gelände Wellness-Programme, Erlebnisschwimmbäder, Saunalandschaften etc. zur Inanspruchnahme anbieten. Der Leistungsumfang hängt wesentlich von der Betriebsgröße des Beherbergungsbetriebes ab. Eine kleine familiengeführte Pension wird in der Regel neben der Beherbergungsfunktion nur eine eingeschränkte Verpflegungsfunktion erfüllen und kaum Nebenleistungen anbieten können. Dagegen bieten Ferienparks oder Clubanlagen, in denen oft neben Bungalows oder Apartements auch ein Hotel zu finden ist, vielfältige Zusatzleistungen an.

Die nachfolgende Abbildung zeigt Elemente der Produktpolitik von Beherbergungsbetrieben.

Abbildung 2.1-2:
Elemente der Produktpolitik von Beherbergungsbetrieben

Kernleistungen	Zusatzleistungen
Beherbergung • Zimmer je nach Größe, Bettenzahl, Ausstattung und Lage • Zimmerreinigung	produktorientierte Zustzleistungen • Sportanlagen • Freizeiteinrichtungen • Kureinrichtungen • Tagungseinrichtungen • Bar • Shops • Parkplätze • etc.
Verpflegung • Frühstück • Mittag • Abendessen • Zwischenmahlzeiten	Service • Zimmerservice • Gepäckservice • Parkservice • etc.

Insbesondere über die Zusatzleistungen besteht für Beherbergungsbetriebe die Möglichkeit zur Differenzierung und zur Ansprache unterschiedlicher Zielgruppen. Je besser auf die Bedürfnisse und Wünsche dieser eingegangen werden kann, desto eher wird es möglich sein, für ein Höchstmaß an Gästezufriedenheit zu sorgen. Es bietet sich daher an, eine andere Einteilung der Beherbergungsbetriebe nach typischerweise existierenden Betriebsformen vorzunehmen, wie dies beispielhaft in Abbildung 2.1-3 geschieht. In der Produktpolitik wird man bei Leistungen, die das konsitutive Element bestimmter Hoteltypen ausmachen, übrigens auch von Kernleistungen sprechen.

Beispiele: Tagungseinrichtungen sind Teil des Kernprodukts eines Tagungshotels, bestimmte Sportanlagen und eine Sauna sind Teil des Kernprodukts eines Sporthotels.

Abbildung 2.1-3:
Ausgewählte Realtypen von Beherbergungsbetrieben

Typische Betriebsform	Konstitutive Merkmale
Tagungshotel	Zahlreiche Tagungsräume mit entsprechender technischer Ausstattung
Sporthotel, u.a. - Golfhotel - Tennishotel	Golfplatz in unmittelbarer Nähe Tennisplätze auf dem Hotelgrundstück
Themenhotel	Auf ein Thema abgestimmte gestalterische Elemente
Designhotel	Außergewöhnliche, künstlerische und moderne Einrichtung
Familienhotel - Sonderform Babyhotel	Räume und Freigelände für Kinderaktivitäten, Kindersicherheit
Casinohotel	Spielcasino auf dem Gelände

2.2 Merkmale von Dienstleistungen

Beherbergungsbetriebe sind im Rahmen der Systematisierung der Wirtschaftszweige in Deutschland dem tertiären Sektor, d.h. dem Dienstleistungssektor zugeordnet. In der Definition von Hotelbetrieben erwähnt die DEHOGA explizit die Dienstleistungsfunktion von Hotelunternehmungen: „Es (das Hotel, d. Verf.) zeichnet sich durch einen angemessenen Standard seines Angebots und durch entsprechende Dienstleistungen aus."[13] Da das reine Hotelgewerbe (ohne Hotel garni, Gasthöfe, Pensionen) mehr als 50% der in Deutschland verfügbaren Bettenkapazität stellt[14], werden die folgenden Ausführungen auf den Vollhotelbereich bezogen. Die gewonnenen Erkenntnisse können in relevanten Teilbereichen auf Nicht-Vollhotelbetriebe übertragen werden. Zuerst soll festgestellt werden, was unter dem Begriff Dienstleistung zu verstehen ist. Bei eingehender Sichtung der relevanten Literatur fällt

---

[13] DEHOGA (1994), S.261.
[14] Vgl. DEHOGA (1994), S.261.

auf, daß es keine einheitliche Abgrenzung oder Definition des Begriffes Dienstleistung gibt. Es existieren zwar zahlreiche Definitionsversuche bzw. -ansätze, die jedoch keine durchgängige Anerkennung aufweisen.

Nach Ansicht der Verfasser eignet sich die nachfolgende Definition von *Meffert/Bruhn* besonders gut dazu, Dienstleistungen zu charakterisieren:

Dienstleistungen sind selbständige, marktfähige Leistungen, die mit der Bereitstellung und/oder dem Einsatz von Leistungsfähigkeiten verbunden sind (Potentialorientierung).
Interne und externe Faktoren werden im Rahmen des Erstellungsprozesses kombiniert (Prozeßorientierung).
Die Faktorenkombination des Dienstleistungsanbieters wird mit dem Ziel eingesetzt, an den externen Faktoren, an Menschen oder deren Objekten, nutzenstiftende Wirkungen zu erzielen (Ergebnisorientierung).[15]

Beherbergungsbetriebe erfüllen alle Komponenten dieser Dienstleistungsdefinition. Ein Hotel stellt beispielsweise mit der Vermietung von Hotelzimmern eine marktfähige Leistung zur Verfügung. Diese Leistung wird erst durch das Hotel an sich sowie die Bereitstellung von Personal ermöglicht, das einen wesentlichen internen Faktor darstellt. Der entscheidende externe Faktor in dieser Definition ist der Hotelgast, für den ein wesentlicher Nutzen z.B. in der nächtlichen Erholung liegt. In Themen- oder Erlebnishotels wird dieser Nutzen z.B. durch Spaß, Abwechslung und Freude ergänzt.

> Daß der Nutzen auch an Objekten gestiftet werden kann, soll durch das Beispiel des Schuhputzservice dokumentiert werden. Hier liegt der Nutzen für den Gast in der Säuberung bzw. Pflege seiner Schuhe.

---

[15] Meffert, H.; Bruhn, M. (1995), S.27.

Abbildung 2.2-1
Phasenorientierung von Hotel-Dienstleistungen

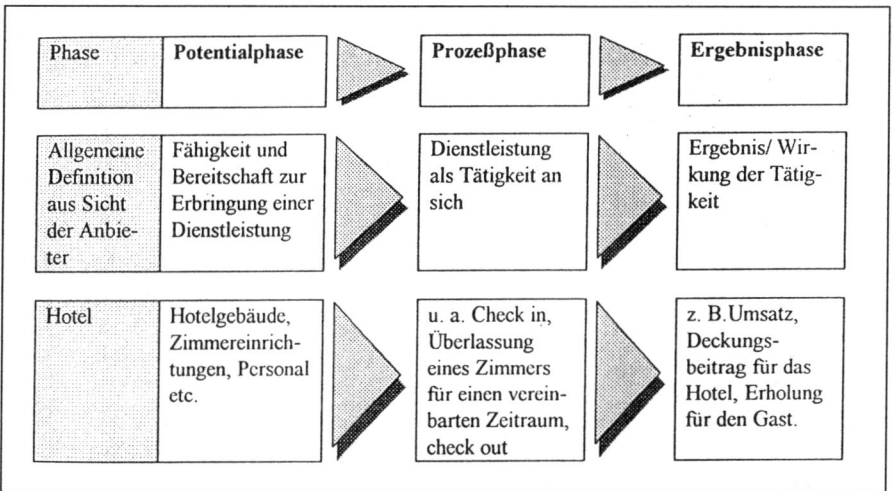

Quelle: Dreyer, A. (1997a), S. 105

Die Betrachtung der wesensbestimmenden Merkmale einer Dienstleistung[16] führt zu einer vertiefenden Charakterisierung. Folgende Aspekte werden erwähnt:

- **Immaterialität**

Ein Hotelzimmer stellt zwar ein Sachgut dar, die eigentliche Leistungserstellung „Übernachtung" ist jedoch nicht „anfaßbar", also immaterieller Natur. Daraus ergibt sich die besondere Schwierigkeit des Anbieters, Marketing für eine „unsichtbare" Leistung zu betreiben. Da die Hotelleistung „Übernachtung" als „software" nicht visualisiert werden kann, behilft man sich mit verbalen Umschreibungen und mit Abbildungen der „hardware" Hotel bzw. Hotelzimmer in Prospekten und anderen Werbematerialien. Wie später noch genauer zu zeigen ist, kommt der Gestaltung der Werbung im Rahmen der Zufriedenheitsforschung eine wichtige Rolle zu, da die Aussagen maßgeblich an der Bildung der Erwartungshaltung beteiligt sind.

- **Nichtlagerfähigkeit**

Die Nichtbelegung eines Hotelzimmers in einer bestimmten Nacht kann nicht zu einem späteren Zeitpunkt nachgefragt oder verbraucht werden. Die

---

[16] Vgl. Barth, K.; Benden, S.; Theis, H.J. (1994), S.6ff, vgl. Freyer, W. (1997a), S. 94.

Dienstleistung ist für den betrachteten Zeitraum nicht aktiviert worden und somit verfallen.

Aus dieser Tatsache hat sich das **Kapazitätsmanagement** (Yield-Management, Praxis des Überbuchens) und das **Management der kurzfristigen Nachfragesteuerung** entwickelt. Für den Gast werden daraus resultierende Aktivitäten als last minute-Angebot oder besondere Wochenendpauschale sichtbar.

- **uno actu-Prinzip:**

Eine Hotelleistung wird erst durch die Anwesenheit des Nachfragers aktiviert und verbraucht. Es besteht also eine Synchronität von Leistungserstellung und -nachfrage.

- **Standortgebundenheit**

Die angebotenen Leistungen eines Hotels können nur am Hotelstandort nachgefragt werden. Eine Ausnahme stellt lediglich die heutzutage weit verbreitete Lieferfunktion von Verpflegungsleistungen unter Personaleinsatz an den Ort der Nachfrage dar (z.B. Catering bei Events etc.).

- **Kundenbeteiligung**

Die Erstellung der Hotelleistung findet grundsätzlich im Beisein des Gastes statt und ist bezüglich des Erfolgs von seiner Partizipation abhängig.

- **Komplementarität mit anderen Tourismusbetrieben**

Bei der Nachfrage nach Hotelleistungen handelt es sich zumeist um eine derivative, d.h. abgeleitete Nachfrage. Dabei wird die Hotelleistung nicht isoliert in Anspruch genommen, sondern ist in ein touristisches Leistungspaket eingebettet. Es handelt sich um Ferienreisen, Geschäftsreisen, Bildungsreisen, Event-Reisen etc. und nicht etwa um „Hotelreisen". Die Hotelunternehmung befindet sich also in weitgehender Komplementarität zu anderen Fremdenverkehrsträgern (Fremdenverkehrsort, Musical-Theater etc.) und nimmt daher bei der Reiseentscheidung eines Gastes keine alleinige Präferenz ein.

Anders verhält sich dies nur beim Buchungsverhalten von Stammgästen, die „ihr" Hotel als wichtigste Komponente bei der Entscheidungsfindung ansehen. Besagte Komplementarität zu anderen Fremdenverkehrsträgern läßt sich verringern, indem die Hotelunternehmung dem Gast ein möglichst komplettes Dienstleistungsangebot (z.B. Tennisplätze, Golfplatz, Transferangebote etc.) anbietet.

Eine weitere Besonderheit besteht in der **permanenten Leistungsbereitschaft** eines Hotelbetriebes, die das ganze Jahr über rund um die Uhr von seinen Gästen abgerufen werden kann. Dabei sieht sich der Hotelier mit einer saisonbedingten **schwankenden Nachfrage** (z.B. Ferienzeit, Messezeit) konfrontiert, der ein relativ konstantes Angebot gegenübersteht. In den sogenannten Leerzeiten ergeben sich ungenutzte Kapazitäten, denen sehr schwer entgegengesteuert werden kann, da die Kostenstruktur der Hotellerie stark von Fixkosten (hauptsächlich Raum- und Personalkosten) geprägt wird, die sich kurzfristig nicht reduzieren lassen.

Des weiteren stellt die Hotelunternehmung einen Dienstleistungszweig dar, der extrem **personalintensiv** ist, weil er auf einen direkten Kundenkontakt angewiesen ist. Rationalisierungsvorteile lassen sich im Gegensatz zu anderen Branchen über einen Personalabbau nicht erreichen.[17] Die Dienstleistungsqualität, die die Hotellerie auszeichnen soll, würde dabei verloren gehen.

Beispiel: Die beispielsweise personalsparende Einrichtung von Check in-Terminals, anstelle einer mit Empfangsmitarbeitern besetzten Rezeption, läßt sich in Deutschland selbst bei der Low-Budget-Hotellerie bislang nicht durchsetzen.

2.3 Das Marketinginstrumentarium im Überblick

Mit dem Einsatz der Marketinginstrumente soll das „richtige" Produkt - bezogen auf die anvisierte Zielgruppe - in Verbindung mit einem angemessenen Preis über ausgesuchte Vertriebswege und mit Hilfe ansprechender Werbung etc. verkauft werden.
Im Dienstleistungsbereich geht man davon aus, daß die klassischen Marketinginstrumente Produktpolitik, Preispolitik, Distributionspolitik und Kommunikationspolitik nicht genügen, um eine marktfähige Leistung anzubieten. Vor dem Hintergrund ein optimales Produkt bieten zu wollen, wird das Instrumentarium - angelehnt an die Produktpolitik - um die Gestaltung der Dienstleistungsprozesse, die beteiligten Personen und die Ausstattungs- sowie Erscheinungspolitik erweitert. Da die Bedeutung dieser Instrumente (in der Abb. 2.3-1 unter den Ziffern ❺ bis ❼) für die Erstellung von Dienstleistungen und deren Wahrnehmung besonders groß ist, wird im folgenden darauf besonders Bezug genommen.

---

[17] Vgl. Barth, K.; Benden, S.; Theis H.J. (1994), S.15ff.

Abbildung 2.3-1:
Erweitertes Marketinginstrumentarium im Dienstleistungsmangement

Marketing-instrumente die "7 p"	Produktpolitik ❶ product	Preispolitik ❷ price	Distributions-politik ❸ place	Kommuni-kations-politik ❹ promotion
Marketing-Sub-instrumente	Produkt-gestaltung Festlegung der Produkt- und Servicequalität Produktpro-grammpolitik Markenpolitik	Preispolitik Konditionen-politik	Vertriebs-organisation Vertriebswege-gestaltung Verkaufs-förderung Messepolitik	Werbung Public Relations Sponsoring

Gestaltung der Dienstleistungs-prozesse ❺ process	Beteiligte Personen ❻ people	Ausstattungs- und Erschei-nungspolitik ❼ physical facilities and evidence
Gestaltung der Kundenkontakt-situationen Zeitmanagement Kunden-integration Beschwerde-management Gestaltung der Geschäfts-prozesse im Hintergrund	Personalintensität Erscheinungsbild Leistungsfähigkeit	Gebäude- und Raum-gestaltung Gestaltung von Service-instrumenten-(PC, Telefon, Shuttle bus etc.)

Teil B:

Entstehung und Messung von Kundenzufriedenheit und Dienstleistungsqualität

3. Kundenzufriedenheit

3.1 Entstehung der Kundenzufriedenheit

Kundenzufriedenheit wird in der Literatur mehr und mehr als eigenständiger Erfolgsfaktor von Unternehmen genannt.[18] Sie wird als Grundlage des langfristigen Markterfolges empfunden und gilt somit als „fundamentales Ziel der Marketingpolitik."[19] Es existieren zahlreiche Definitionen, die alle trotz einiger Nuancierungen im Kern die folgende Aussage wiederspiegeln (siehe auch Abbildung 3.1-1): „Die Konsumentenzufriedenheit gibt die Übereinstimmung zwischen den subjektiven Erwartungen und der tatsächlich erlebten Motivbefriedigung bei Produkten oder Dienstleistungen wieder".[20]

Ergänzend zwei weitere Erklärungsansätze:
- „Satisfaction we understand as post consumption evaluation of a product/ service in terms of positive/ neutral/ negative attitudes toward the product/ service"[21]
- Kundenzufriedenheit ist das Ergebnis eines Informationsverarbeitungsprozesses, in dessen Rahmen Vorkauf-, Kauf- und Nachkaufphase einem Soll-Ist-Vergleich unterzogen werden. Der Beurteilung der wahrgenommenen Gegebenheiten liegen Erwartungen zugrunde, die die Bezugsperson auf Grund der von ihr selbst oder anderen gemachten Erfahrungen entwickelt hat und permanent modifiziert werden.[22]

Im Ergebnis wird
Kundenzufriedenheit als Ergebnis des rein subjektiven Vergleichs zwischen den eigenen Erwartungen an eine zu erbringende Leistung mit der Wahrnehmung der tatsächlich erlebten Leistung
angesehen.
Eine erwartete Soll-Leistung wird so mit einer wahrgenommenen Ist-Leistung verglichen. Demnach besteht das Erklärungsmodell Kundenzufriedenheit aus drei Komponenten: **Soll-Komponente, Ist-Komponente und Soll/Ist-Vergleich.**

---

[18] Vgl. Dichtl, E.; Schneider, W. (1994), S.6.
[19] Lingenfelder, M.; Schneider, W. (1991a), S.109.
[20] Meffert, H.; Bruhn, M. (1981), S.597.
[21] Day, R.L. (1977), S.150.
[22] Vgl. Lingenfelder, M.; Schneider, W. (1991b), S.30.

Abbildung 3.1-1:
Entstehung von Kundenzufriedenheit (Basismodell)

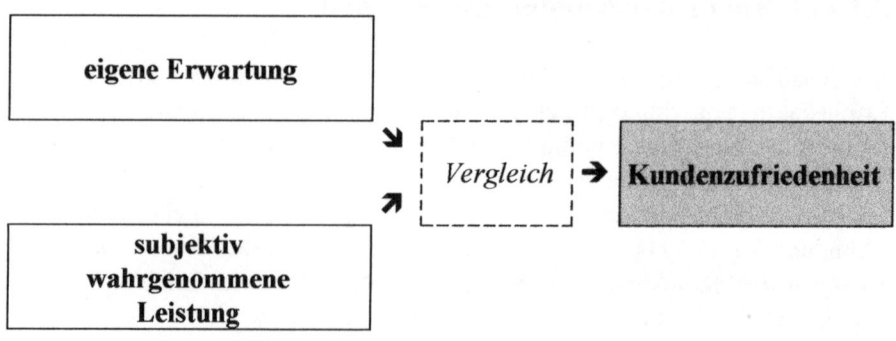

In der Kundenzufriedenheitsforschung wird dieses Modell als C/D-Paradigma bezeichnet, da die Kundenzufriedenheit durch „confirmation" bzw. „disconfirmation" von Erwartungen abhängt. Je kleiner die wahrgenommene Differenz zwischen der Ist-und der Soll-Komponente ausfällt, desto höher fällt die empfundene Zufriedenheit des Kunden aus.[23] Der Grund von Unzufriedenheit kann entweder an einer zu hohen Erwartungshaltung oder zu geringer Qualität des wahrgenommenen Leistungsniveaus liegen, Zufriedenheit wird durch das Entsprechen bzw. Übertreffen von Erwartungen erreicht.

Westliche Wohlstandsgesellschaften neigen dazu „enttäuschungsproduktiv" zu sein. Es entsteht das subjektive Empfinden der Menschen, es gehe ihnen immer schlechter. Dabei folgt aus der Konzentration auf die Verbesserung der materiellen Lebensbedingungen, daß immaterielle Aspekte des Lebens aus dem Blickfeld geraten und daß eine Inflation der Ansprüche (Erwartungen) entsteht, die fast zwangsläufig ein erhöhtes Enttäuschungspotential in sich birgt.[24]

---

[23] Vgl. Homburg, C.; Rudolph, B. (1997), S. 38.
[24] Vgl. Opaschowski, H.W. (1997), S. 195.

Entstehung der Erwartungshaltung

Die dem umseitig skizzierten Modell zugrundeliegenden Erwartungshaltungen entstehen a) durch die Einflußnahme des Leistungsträgers, b) durch Einflüsse, die den Kunden/ Gast selbst betreffen sowie c) durch Einflüsse Dritter:[25]

a) Einflüsse des Leistungsträgers

- **das angebotene Produkt in all' seinen Bestandteilen**

Die Zusammensetzung der einzelnen Produktkomponenten beeinflußt die Erwartung über Art und Ausmaß der Bedürfnisbefriedigung.

> So wird der Gast von einem Motel eine bessere Erreichbarkeit und bessere Parkmöglichkeiten vermuten als bei einem Innenstadthotel. Ebenso wird er einen größeren Umfang an Serviceleistungen von einem 4-Sterne-Hotel gegenüber einem 2-Sterne-Haus erwarten.

- **der Preis**

Kunden nehmen den Preis einer Dienstleistung als Indikator für deren Qualität. Das Produkt spielt dabei insofern eine Rolle, als die zu erwartenden Leistungen mit dem geforderten Preis ins Verhältnis gesetzt werden, so daß eine Erwartung bezüglich der Angemessenheit des Preis-Leistungs-Verhältnisses entsteht.

- **direkte Kommunikation über die Unternehmensleistung**

Die Erwartungen des Kunden werden wesentlich durch den Auftritt des Unternehmens in der Öffentlichkeit bestimmt. Versprechungen bzw. zugesicherte Leistungen, die sich aus Katalogbeschreibungen, Werbeanzeigen oder persönlichen Gesprächen mit Mitarbeitern (z.B. Reservierungsmitarbeiter bei der Buchung des Zimmers) ergeben, möchte der Kunde bei der Leistungserstellung auch erfüllt bekommen.

Auf dem schmalen Grat zwischen der akquisitorischen Wirkung eines Katlogtextes und der Genauigkeit der Aussage - auch bei der Beschreibung weniger kundenfreundlicher Aspekte eines Angebotes - wird den Kunden häufig abverlangt, „zwischen den Zeilen zu lesen".

> **Beispiele** für Katalogtexte und Interpretationsmöglichkeiten:
> - „Zweckmäßig/ rustikal eingerichtete Zimmer" bedeutet häufig, daß die Zimmer eher spärlich möbliert sind.

---

[25] Vgl. Zeithaml, V.A.; Berry, L.L.; Parasuraman, A. (1991a), S.11ff, Dreyer, A. (1996a), S. 8f.

- „Terrasse zur Meerseite" heißt nicht „Meerblick", weil dieser bei der Nutzung einer solchen Formulierung wahrscheinlich verbaut ist.
- „Blick auf das Meer" bedeutet zumeist, daß der Badestrand weiter entfernt ist bzw. das Haus durch Klippen vom Strand getrennt ist.
- „Beheizbarer Swimmingpool" heißt nicht „beheizter Swimmingpool", so daß möglicherweise bei kürzeren Schlechtwetterperioden der Pool nicht beheizt wird.
- „Kinderfreundliches Haus" oder „internationales Publikum" lassen auf temperamentvolle Gäste schließen, so daß Ruhe suchende Gäste in einem solchen Hotel wohl fehl am Platze wären.
- Wenn ein Hotel an einer „belebten Uferstraße" oder „verkehrsgünstig" gelegen ist, muß insbesondere morgens und abends mit erhöhtem Verkehrslärm gerechnet werden.
- Liegt ein Hotel in einem „aufstrebenden Ort", so ist in der Regel mit Lärm und Staubentwicklung durch eine erhöhte Bautätigkeit zu rechnen.[26]

b) Einflüsse beim Kunden

- **individuelle Bedürfnisse**

Jeder Kunde stellt gemäß seiner Bedürfnisse eigene Anforderungen an die zu erhaltende Dienstleistung. Ein Kunde, der ein Hotel für einen geschäftlich bedingten Aufenthalt bucht, wird andere Ansprüche an das Leistungsspektrum haben als ein Kunde, der einen Urlaub im Hotel verbringen möchte.

- **bisherige Erfahrungen**

Alle zuvor in vergleichbaren oder identischen Dienstleistungsbereichen gesammelten Erfahrungen haben einen starken Einfluß auf die Erwartungshaltung des Kunden. Ein Kunde, der regelmäßig in Hotels des 5-Sterne Segments logiert, wird andere Erwartungen an den Service stellen als ein Kunde, der noch nie die Eingangshalle eines solchen Luxushotels betreten hat.

- **Mund-zu-Mund-Kommunikation**

Das Gespräch mit Verwandten, Freunden und Bekannten gilt als wichtigste Informationsquelle für Reiseentscheidungen. Untersuchungen zum Informationsverhalten weisen aus, daß - Mehrfachnennungen möglich - "Berichte von Verwandten und Bekannten" (38,1%) und "bekannt aus eigener Erfahrung" (34,4%) die meistgenannten Informationsquellen bei der Entscheidung für ein Reiseziel sind.[27]

---

[26] Vgl. Pompl (1996), S. 116 und Hebestreit (1992), S. 436.
[27] vgl. Reiseanalyse 1992; zur Entstehung von Reiseentscheidungen vertiefend Dreyer, A. (1996b), S. 160ff.

- **Kenntnis von Alternativen**

Nicht nur allgemeinen Erfahrungen, sondern auch die Kenntnis konkurrierender Hotels, die bei der Entscheidung für eine bestimmte Übernachtungsmöglichkeit in Frage kamen, beeinflußt die Erwartungshaltung in bezug auf die getroffene Wahl.

> **Beispiel** für einen Gedankengang während des Auswahlprozesses: „Das gewählte Hotel besitzt zwar keine Sauna, dafür soll es aber eine hervorragende Lage haben." Folge dieses Gedankengangs ist es, daß bezüglich der Lage des gebuchten Hotels eine besonders hohe Erwartungshaltung besteht, da diese ausschlaggebend für die Wahl des Hotels gewesen ist.

c) Einflüsse Dritter

- **indirekte Kommunikation über die Unternehmensleistung**

Neben der von dem Unternehmen steuerbaren Kommunikation über die Unternehmensleistung existiert die indirekte, von dem Unternehmen nicht direkt beeinflußbare Kommunikation. Dabei handelt es sich u.a. um die Kommunikation über ein Leistungsspektrum durch unabhängige Medien (z.B. Stiftung Warentest, Hotel- und Restaurantführer)

Abbildung 3.1-2
Einflußfaktoren auf die Entstehung einer Erwartungshaltung

a) Einflüsse des Leistungsträgers
• das angebotene Produkt in all' seinen Bestandteilen
• der Preis
• direkte Kommunikation über die Unternehmensleistung
b) Einflüsse beim Kunden
• individuelle Bedürfnisse
• bisherige Erfahrungen
• Mund-zu-Mund-Kommunikation
• Kenntnis von Alternativen
c) Einflüsse Dritter
• indirekte Kommunikation über die Unternehmensleistung

Einflüsse auf die Wahrnehmung einer Leistung

a) Einflüsse des Leistungsträgers

- **Produktqualität**
- **Servicequalität**

Die Qualität der erbrachten Leistungen ist von besonderer Bedeutung, weshalb ihr im Kapitel 4 breiter Raum gewidmet wird. Dort wird auch auf die verschiedenen Formen der Qualität eingegangen.

- **Kommunikation mit dem Kunden während der Leistungserstellung**

Im Verlauf der Erstellung der Hoteldienstleistungen kommt es zu einer Reihe von persönlichen Kontakten zwischen dem Dienstleister und dem Gast.[28] Diese sind für die Beurteilung der Servicequalität außerordentlich wichtig.

b) Einflüsse beim Kunden

- **Involvement**

Einzelne Hotelleistungen sind unterschiedlichen Gästen unterschiedlich wichtig. Je bedeutsamer ein Ereignis erscheint (high involvement), desto stärker beeinflußt die Wahrnehmung seiner Qualität das Gesamturteil über das Hotel.

> **Beispiel**: Personen mit Schlafstörungen achten stärker auf Ruhe im Hotel oder gute Verdunkelung der Fenster als Gäste mit gutem Schlaf.

- **individuelle Bedürfnisse, bisherige Erfahrungen, Mund-zu-Mund-Kommunikation, Kenntnis von Alternativen**

Die genannten Faktoren sind ebenso für die Bildung der Erwartungshaltung wie für die subjektive Wahrnehmung von Leistungen relevant.

c) nicht beeinflußbare Faktoren

- **situative Faktoren**

Situative Faktoren sind Rahmenbedingungen, auf die ein Beherbergungsbetrieb keinen Einfluß besitzt. Zu ihnen zählen z.B. Verkehrsbehinderungen bei der Anreise, das Wetter oder Baulärm vom Nachbargrundstück. Dem Hote-

---

[28] siehe auch Kap. 5.2 zur Kontaktpunktanalyse

lier bleibt die Möglichkeit, mit geeigneten Maßnahmen von ihm nicht zu vertretende Mißstände zu überspielen.

Beispiel: Bei Regenwetter wird in einem Urlaubshotel im Norden Teneriffas zum Frühstück ein Glas Sekt als Aufmerksamkeit des Hauses serviert und es gibt Schlechtwetter-Animationsprogramme für unterschiedliche Altersgruppen.

Abbildung 3.1-3
Einflußfaktoren auf die Wahrnehmung einer Leistung

a) Einflüsse des Leistungsträgers
- Produktqualität
- Servicequalität
- Kommunikation mit dem Kunden während der Leistungserstellung

b) Einflüsse beim Kunden
- Involvement
- individuelle Bedürfnisse
- bisherige Erfahrungen
- Mund-zu-Mund-Kommunikation
- Kenntnis von Alternativen

c) nicht beeinflußbare Faktoren
- situative Faktoren

3.2 Intensität und Auswirkungen der Kundenzufriedenheit

Das Ausmaß von Zufriedenheit ist differenziert zu betrachten. Die Skala reicht von „äußerst zufrieden", was auf eine Übererfüllung der Erwartungen schließen läßt, bis zu „sehr unzufrieden". Im folgenden werden verschiedene Stufen der (Un-)Zufriedenheit aufgeführt:

- **Progressive Zufriedenheit**
Die Ansprüche werden erfüllt und der Kunde erhöht sukzessive seine Erwartungshaltung.

- **Stabilisierte Zufriedenheit**
Die Ansprüche werden erfüllt und der Kunde hält seine Erwartungshaltung in gleichem Ausmaß aufrecht.

- **Resignative (Un-)Zufriedenheit**
Die Ansprüche werden nicht zur vollen Zufriedenheit erfüllt und der Kunde senkt sein Anspruchsniveau, um die Differenz zwischen seiner Erwartung und Wahrnehmung gering zu halten.

> **Beispiel**: „Eigentlich hätte ich doch gar nicht erwarten können, daß ich mein Essen innerhalb von 15 Minuten erhalte..."

- **Pseudo- (Un-)Zufriedenheit**
Die Ansprüche werden nicht zur vollen Zufriedenheit erfüllt. Der Kunde senkt jedoch sein Anspruchsniveau nicht, sondern verfälscht im Zuge der Vermeidung kognitiver Dissonanzen seine Wahrnehmung im positiven Sinne, um zu einer größeren Zufriedenheit zu gelangen. Er redet sich die Leistung „schön".

> **Beispiel**: „Eigentlich ist das Hotel doch gar nicht so schlecht. Und auch Franz Beckenbauer hat hier schon gewohnt..."

- **Konstruktive Unzufriedenheit**
Die Erwartungen werden nicht erfüllt, aber der Kunde beschwert sich. Das Unternehmen erhält daher die Möglichkeit der Nachbesserung. Hier zeigt sich, was ein gutes Beschwerdemanagement wert ist.

- **Fixierte Unzufriedenheit**
Die Erwartungen werden nicht erfüllt und der Kunde äußert seine Beschwerde nicht. Dieser Zustand ist für ein Unternehmen fatal, denn der Kunde ist verloren und wird darüber hinaus möglicherweise auch noch weitere negativwerbung betreiben.[29]

Bei der Betrachtung von Kundenzufriedenheit darf natürlich die Grundprämisse aller Wirtschaftsunternehmen nicht außer Acht gelassen werden. Das Streben nach Kundenzufriedenheit muß demnach ökonomisch sinnvoll sein, d.h. mehr Gewinn bringen als Kosten verursachen.[30] Zahlreiche empirische Untersuchungen haben belegt, daß das Erreichen von Kundenzufriedenheit zahlreiche ökonomische Vorteile für Unternehmen mit sich bringt. *Müller/Riesenbeck* führen aus, daß Kundenzufriedenheit zu deutlichen Kosteneinsparungen führt. Die Pflege loyaler Kunden erfordert nur 15-20% der Aufwendungen, die die Akquisition von Neukunden zur Folge hätte.[31]

---

[29] Lingenfeld, M., Schneider, W. (1991b), S. 30
[30] Vgl. Simon, H.; Homburg, C. (1997), S.28.
[31] Vgl. Müller, W.; Riesenbeck, H.-J. (1991), S.69f.

Kundenzufriedenheit beeinflußt aber auch direkt den Gewinn eines Unternehmens. Nach *Reichheld/Sasser* können abhängig von der jeweiligen Branche die Gewinne um 25-85% gesteigert werden, wenn es gelingt die Kundenabwanderungsquote um 5% zu senken.[32] Darüberhinaus sind Stammkunden wesentlich preisunempfindlicher als Neukunden und würden beispielsweise bei einer 5%en-Preiserhöhung nicht eine zufriedenstellende Geschäftsbeziehung aufs Spiel setzen.[33] Von positiver Mund-zu-Mund-Propaganda zufriedener Kunden profitieren im besonderen Maße Direktvertriebssysteme. Eine Marktanalyse der *Eismann Tiefkühl-Heimservice GmbH* belegt, daß 100 zufriedene Kunden durchschnittlich 30 neue Kunden werben.[34] Diese Form der Werbung bzw. Weiterempfehlung stellt für ein Unternehmen eine äußerst preisgünstige Form der Werbung bzw. Kundenakquisition dar. Nachweislich führt eine hohe Kundenzufriedenheit auch zu einer höheren Wiederverkaufsrate, einer höheren Cross-Selling-Rate und errichtet Barrieren für den Eintritt neuer Wettbewerber in den Markt.[35] Zusammenfassend kann gesagt werden, daß Kundenzufriedenheit und die dadurch hervorgerufene Stärkung der Loyalität gegenüber dem Unternehmen sich positiv auf den Gewinn auswirken.

Tritt der umgekehrte Fall ein, ist der Kunde also unzufrieden mit der erhaltenen Leistung, wird er sich, im für das Unternehmen günstigsten Fall, beschweren. Damit wird dem Anbieter die Möglichkeit eingeräumt, den Grund der Unzufriedenheit zu erfahren und zu beseitigen und er erhält gleichzeitig die Chance, durch eine erfolgreiche Abwicklung den unzufriedenen Kunden zufrieden zu stellen. Zumeist wird der Kunde aber mitteilungslos abwandern.[36] Das Unternehmen wird nie den Grund der Umorientierung erfahren und kann sich so dem Kunden gegenüber nicht rehabilitieren.

---

[32] Vgl. Reichheld, F.F.; Sasser, W.E. (1991), S.113.
[33] Vgl. Homburg, C.; Rudolph, B. (1995), S.43.
[34] Vgl. Müller, W., Riesenbeck, H.-J. (1991), S.69.
[35] Vgl. Meyer, A.; Dornach F. (1992) S.121.
[36] Vgl. Lingen, von T. (1994), S.5.

Abb. 3.2-1
Effekte der Gästezufriedenheit

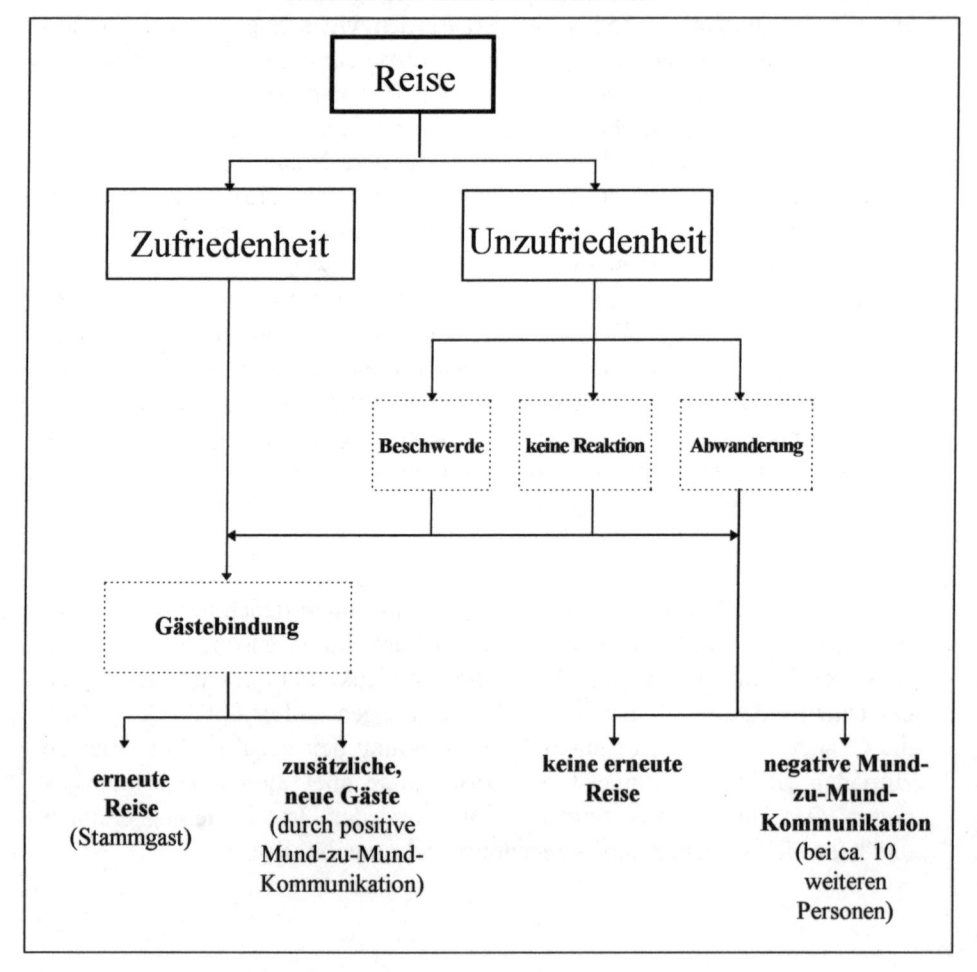

```
                        Reise
                       /     \
              Zufriedenheit   Unzufriedenheit
                                /     |      \
                         Beschwerde keine  Abwanderung
                                    Reaktion
                    
              Gästebindung
              /         \                   |              |
        erneute    zusätzliche,        keine erneute   negative Mund-
        Reise      neue Gäste          Reise           zu-Mund-
        (Stammgast) (durch positive                    Kommunikation
                   Mund-zu-Mund-                       (bei ca. 10
                   Kommunikation)                      weiteren
                                                       Personen)
```

Einen Einblick in die für eine Abwanderung von Kunden entscheidenen Gründe liefert *Keaveney*. Er hat in einer Untersuchung folgende Faktoren ermittelt, die für den Wechsel des Dienstleistungsanbieters entscheidend sind:[37]

- Schwächen in der Dienstleistung
- Unhöfliches und/oder gleichgültiges Verhalten der Mitarbeiter
- Unzufriedenheit mit der Preispolitik
- Sonstige Unannehmlichkeiten (z.B. Wartezeiten)
- Beschwerdemanagement des Unternehmens.

---

[37] Vgl. Keaveney, S: (1995), S.71ff.

Im Rahmen dieser Studie wurde darüberhinaus ermittelt, daß nur 10% der Befragten das Unternehmen wechselten, weil ihnen das Angebot eines anderen Unternehmens attraktiver erschien. Die deutliche Mehrheit der Probanden war mit der bisherigen Bezugsquelle der Dienstleistung unzufrieden.

3.3 Abgrenzung zur Dienstleistungsqualität

Obwohl Dienstleistungsqualität und Kundenzufriedenheit gleichermaßen im Ansatz über das C/D-Paradigma gemessen werden, herrscht in der Literatur die Auffassung vor, daß Dienstleistungsqualität und Kundenzufriedenheit unterschiedliche Konstrukte seien. Als Mindermeinung ist daher die Annahme anzusehen, daß es sich bei Dienstleistungsqualität und Kundenzufriedenheit um identische Begriffe handelt.[38] Während die wahrgenommene Dienstleistungsqualität eine Art Einstellung darstellt, also als eine „long-run"-Beurteilung anzusehen ist, handelt es sich hingegen bei Kundenzufriedenheit um einen transaktionsspezifischen Zustand.[39]

Die Verwendung verschiedener Erwartungsbegriffe stellt eine weitere Unterscheidungsmöglichkeit dar. Bei der Messung von Dienstleistungsqualität wird die aktuelle Leistung mit der sogenannten „should-Erwartung" verglichen. Die „should-Erwartung" bezieht sich dabei auf den von Kundenseite erwarteten Soll- bzw. Idealzustand der betrachteten Leistung.
Bei der Kundenzufriedenheitsmessung wird dagegen die aktuelle Leistung mit der sogenannten „will-Erwartung" zum Vergleich gezogen.[40]
Es stellt sich also die Frage, in welcher Form Kundenzufriedenheit und Dienstleistungsqualität miteinander verbunden sind bzw. welche Komponente der anderen vor- bzw. nachgelagert ist.

Bitner, Bolton, Drew und auch *Oliver* sind der Meinung, daß Kundenzufriedenheit zu Dienstleistungsqualität führt und somit der Dienstleistungsqualität vorgelagert ist. *Bitner* unterstreicht diese Theorie in ihrer Studie durch einen signifikanten Kausalpfad im Rahmen einer strukturellen Gleichungsanalyse.[41]
Bolton/Drew und Oliver bauen ihre Modellen auf der Annahme auf, daß Dienstleistungsqualität und Einstellung ähnliche Konstrukte sind. Diese Annahme dient ihnen als Basis zu der Aussage, daß Kundenzufriedenheit der

---

[38] Vgl. Hentschel, B. (1990), S.233.
[39] Vgl. Bolton, R.N., Drew, J.H. (1991), S.2; siehe dazu auch Bitner, M.J. (1990), S.70; siehe dazu auch Cronin, J.J.Jr.; Taylor, S.A. (1992), S.63.
[40] Vgl. Boulding, W.; Kalra, A.; Staelin, R.; Zeithaml, V. (1993), S.8.
[41] Vgl. Bitner, M.J. (1990), S.77.

Dienstleistungsqualität vorgelagert sei. Die vom Kunden wahrgenommene Dienstleistungsqualität (Einstellung) in der laufenden Periode stellt demnach eine Funktion der wahrgenommenen Dienstleistungsqualität (Einstellung) der Vorperiode und der Zufriedenheit mit der aktuellen Leistung dar. Die Kundenzufriedenheit ist somit vorgelagerter Bestandteil der Dienstleistungsqualität.[42]

Die Theorie, daß Kundenzufriedenheit als Folge von Dienstleistungsqualität anzusehen ist, vertreten *Cronin und Taylor* und belegen dieses auch empirisch. *Meyer* schließt sich dieser Meinung an und definiert den Zusammenhang beider Komponenten folgendermaßen: „We will define satisfaction as being superior to quality because quality dimensions affect guests` satisfaction at the encounter-specific level."[43] Die Meinung, daß Kundenzufriedenheit durch hohe Dienstleistungsqualität erreicht wird, vertreten auch *Stauss/Hentschel* und berufen sich auf zahlreiche empirische Studien, die ihre These untermauern.[44] Die Verfasser schließen sich dieser Ansicht an, auch wenn die unterschiedlichen Diskussionsbeiträge zeigen, daß es weitere Untersuchungen geben wird, um alle Zusammenhänge zwischen Kundenzufriedenheit und Dienstleistungsqualität zu erklären.[45]

4. Dienstleistungsqualität

4.1 Definition von Dienstleistungsqualität

Aus dem produzierenden Gewerbe weiß man, wie wichtig die Qualitätskomponente eines Sachgutes einzuschätzen ist. Qualitätsnormen bei Produktionsprozessen und Endprodukten untermauern die Bedeutung, die diesem Komplex zugewiesen wird. Auch in der Dienstleistungsbranche ist erkannt worden, daß Qualität als eine der wichtigsten Komponenten bei der Befriedigung von Kundenwünschen anzusehen ist.
Die Bedeutung spiegelt sich auch in der Wissenschaft wieder. Die Zahl der Veröffentlichungen steigt auf diesem Gebiet kontinuierlich an. Des weiteren bildet der Bereich „Service Quality" regelmäßig den Themenschwerpunkt der *Service Marketing Conferences* und wurde den Forschungsprioritäten des *Marketing Science Institute* zugeordnet.[46]

---

[42] Vgl. Bolton, R.N.; Drew, J.H. (1991), S.2f.; siehe dazu auch Oliver, R.L. (1980), S.461.
[43] Meyer, A.; Westerbarkey, P. (1995b), S.2.
[44] Vgl. Stauss, B.; Hentschel, B. (1992), S.115.
[45] Vgl. Liljander, V.; Strandvik, T. (1992), S.15.
[46] Vgl. Stauss, B., Hentschel, B. (1991), S.238.

In der englischsprachigen Literatur wird der Dienstleistungsbegriff als „Service" bezeichnet. Aus diesem Grund werden „Service" und „Dienstleistung" häufig synonym verwendet.[47] Dagegen ist im allgemeinen Sprachgebrauch zu beobachten, daß den Begriffen „Dienstleistung" und „Service" eine unterschiedliche Bedeutung zugedacht wird.

Ein Obstkorb auf dem Hotelzimmer wird beispielsweise als „guter Service" empfunden, das Abnehmen der Mäntel durch Bedienungspersonal beim Betreten des Restaurants verdient diese Bezeichnung ebenso, wie das kostenlose Parken in der Hoteltiefgarage.

Service wird somit oft nur als **Zusatzleistung** eines umfassenden Produkts angesehen. Das **Kernprodukt (die Kerndienstleistung)** wird dagegen im Hotel in der Bereitstellung der originären **Hauptleistungen Beherbergung und Verpflegung** gesehen, die dann je nach Qualitätsniveau mit weiterem Service ausgestaltet werden.

Zur Differenzierung im Wettbewerb kommt den Zusatzleistungen eine durchaus wesentliche Rolle zu, da die Kernleistungen sich immer stärker ähneln. Eine Abhebung kann vornehmlich mit bedeutendem Serviceumfang und/oder guter Servicequalität gelingen. [48]

Obwohl es korrekt wäre, **Servicequalität** nach der vorstehend vertretenen Auffassung alleine auf die Qualitätseinschätzung von **Zusatzleistungen** zu beziehen und den Begriff der **Dienstleistungsqualität** der **Qualität von Kernprodukten** vorzubehalten, ist diese feine Differenzierung im allgemeinen Sprachgebrauch nicht zu beobachten. Stattdessen werden die Begriffe Dienstleistungsqualität und Servicequalität in der Regel synonym verwendet.[49]

Wenn also nachstehend eine Definition von Dienstleistungsqualität gegeben wird, so bezieht sich diese sowohl auf die Qualität von Kern- als auch Zusatzleistungen:[50]

„**Dienstleistungsqualität ist die Fähigkeit eines Anbieters, die Beschaffenheit einer primär intangiblen und der Kundenbeteiligung bedürfenden Leistung aufgrund von Kundenerwartungen auf einem bestimmten Anforderungsniveau zu erstellen.**"[51]

---

[47] Vgl. Meffert, H.; Bruhn, M. (1995), S.27.
[48] Vertiefend kann nachgelesen werden bei Freyer (1997a), S. 89ff und 452f sowie Freyer (1997b), S. 178f.
[49] Ebenso wird in der vorliegenden Veröffentlichung verfahren.
[50] Siehe auch Kap. 2.1.
[51] Meffert, H.; Bruhn, M. (1995), S.199 (keine Hervorhebungen im Original).

Diese Definition stellt die kundenbezogene Qualität in den Vordergrund. In der Literatur werden allerdings weitere Ansätze zur Definition von Dienstleistungen diskutiert. Die Hauptursache liegt in der kontrovers geführten Diskussion der Begriffe Dienstleistung und Qualität.[52] Definitorische Ansätze müssen von den spezifischen Charakteristika einer Dienstleistung, die sie von Sachgütern abgrenzen, ausgehen. Hervorzuheben sind dabei besonders die Immaterialität der Leistung und die Integration eines externen Faktors (Objekt bzw. Nachfrager) bei der Dienstleistungserstellung.[53]
Die Auffassungen des Qualitätsbegriffs werden im folgenden erläutert.[54]

- **kundenorientierte Qualität („user-based")**

Die aus Kundensicht erfolgende Beurteilung von Dienstleistungsqualität ist subjektiv und hängt von der Wahrnehmung der Eigenschaften einer Leistung ab.[55] Der kundenorientierte Qualitätsbegriff stellt die Basis zur Messung von Kundenzufriedenheit und Dienstleistungsqualität im Sinne dieses Buches dar. Qualität wird hier mit Qualitätswahrnehmung gleichgesetzt und es wird diejenige Leistung am höchsten bewertet, die die individuellen Bedürfnisse des Nachfragers am ehesten befriedigt.[56] Der kundenorientierte Qualitätsbegriff trägt sowohl der Immaterialität von Dienstleistungen durch die Erschwerung der Festlegung objektiver Qualitätskriterien Rechnung, als auch der Integration eines externen Faktors, der die vollkommene Steuerung des Ergebnisses einer Leistung durch den Anbieter unmöglich macht.[57]

- **produktorientierte Qualität („product-based")**

Es wird abgestellt auf die anbieterseitig vorgenommene Spezifikation einzelner Merkmale einer Angebotsleistung. Die Betrachtung bezieht sich auf die „fertige" Dienstleistung. Von Bedeutung sind
a) der Umfang einer Leistung (Leistungsbreite) und
b) das Ausmaß einzelner Leistungsbestandteile (Leistungshöhe)

Beispiele:
a) Leistungsbreite
Ein 1-Stern-Hotel bietet einen geringeren Leistungsumfang als ein 5-Sterne-Hotel:
- Die Ausstattung der Zimmer und der Hoteleinrichtungen ist weniger aufwendig.
- Es gibt weniger additive Serviceleistungen, z.B. keinen Bügelservice und keinen Zimmerservice.

---

[52] Vgl. Stauss, B.; Hentschel, B. (1991), S.238f.; siehe dazu auch Bruhn, M. (1995), S.21ff.
[53] Vgl. Stauss, B.; Hentschel, B. (1991), S.238.; siehe dazu auch Benkenstein, M. (1993), S.1097f.
[54] Vgl. Garvin, D.A. (1984), S.25ff und Scharitzer (1997), S. 58f.
[55] Vgl. Zeithaml, V.A.; Parasuraman, A.; Berry, L.L. (1992), S.29.
[56] Vgl. Haller, S. (1993), S.20f.
[57] Vgl. Haller, S. (1993), S.21.

Leistungen, die allerdings von beiden Qualitätsklassen angeboten werden (evtl. Weckservice), können möglicherweise auch von einem 1-Stern-Haus besser erbracht werden als von einem 5-Sterne-Wettbewerber.

b) Leistungshöhe
Betrachtet man eine einzelne Leistung, so wird diese möglicherweise unterschiedlich intensiv erbracht. So geht z.B. der Check in in dem einen Hotel schneller und/oder freundlicher vonstatten.

Für die Feststellung der Produktqualität lassen sich objektivierte Meßkriterien finden, wie sie z.B. in Checklisten verwendet werden.

- **erstellungsorientierte Qualität („manufacturing-based")**

Der erstellungsorientierte Qualitätsbegriff bezieht sich auf die Einhaltung betrieblicher Qualitätsstandards. Die in diesem Zusammenhang angestellten Qualitätsbetrachtungen basieren auf der Frage, ob die Leistungen wie in der Planung vorgesehen erstellt werden. Es interessiert in erster Linie nicht die Einschätzung des Kunden, sondern ob der Erstellungsprozeß gemäß den betrieblichen Anforderungen erfolgt. Natürlich werden diese Anforderungen dennoch an den Bedürfnissen der Kunden, die im Vorfeld durch geeignete Marktforschungsmaßnahmen herausgefunden werden müssen, orientiert.

Beispiel: Bei „Ritz-Carlton" wurde durch analytisches Prozeßmanagement die Zimmerreinigung von 30 auf 8 Minuten verkürzt. Zu diesem Erfolg trug bei, daß in Ablaufplänen die erforderlichen Handgriffe und Tätigkeiten genau festgelegt wurden.[58]

- **absolute Qualität („transcendent")**

Bei diesem Ansatz wird von einem allgemeinen Qualitätsverständnis ausgegangen, das die allgemeine Güte eines Produktes im Vergleich zu Wettbewerbsprodukten beschreibt. Damit kann zwar die Qualitätsführerschaft aus Kundensicht festgestellt werden („Hotel X ist besser als Hotel Y"), für die Zwecke der Qualitätsverbesserungen ist dieser Ansatz jedoch nicht zu gebrauchen. Die absolute (vergleichende) Qualität vermischt nämlich Kundenmeinungen mit objektiv unterschiedlichen Produktqualitäten sowie erstellungsorientierten Problemen und läßt daher einen einheitlichen, für die Messung geeigneten Qualitätsmaßstab vermissen.

- **wertorientierte Qualität („value-based")**

Dieser Ansatz bezeichnet Qualität als Ergebnis eines günstigen Preis-Leistungs-Verhältnisses. Trotz Untermauerung dieses Ansatzes anhand einer Untersuchung von *Lewis/Booms* sehen *Stauss/Hentschel* den wertorientierten Qualitätsbegriff als problematisch an, da dieser die Wechselbeziehung zwischen Qualität und Preis betrachtet und das Ergebnis desselben gleichsam als

---

[58] Vgl. Beckett, N.P. (1996, S. 184f.

Qualität bezeichnet.[59] Für die Qualitätsmessung und deren Umsetzung in konkrete Verbesserungsvorschläge ist die Wertorientierung daher allerdings nicht zu nutzen. Dennoch vermittelt die Beantwortung der Frage nach der Angemessenheit eines Preis-Leistungs-Verhältnisses Aufschluß über die subjektive Kundensicht dieses Faktors, der als Baustein für die Kundenzufriedenheit gilt.[60]

4.2 Faktoren der Dienstleistungsqualität

Bei der Wahrnehmung von Dienstleistungsqualität handelt es sich um ein komplexes Problemfeld, da die Qualität von Dienstleistungen sowohl vom Dienstleistungsanbieter als auch vom Dienstleistungsnachfrager beeinflußt wird. In der Literatur wird sich erst seit relativ kurzer Zeit mit diesem Phänomen befaßt. Dabei haben sich einige bedeutende Modelle herausgebildet, die im folgenden kurz vorgestellt werden.

Anfang der 80er Jahre stellt *Donabedian* eines der ersten Qualitätsmodelle für den Dienstleistungsbereich auf. Dabei unterteilt er eine (medizinische) Dienstleistung in drei aufeinanderfolgende Handlungsstufen[61]. Die zur Erbringung einer Dienstleistung notwendigen sachlichen, organisatorischen und persönlichen Leistungsvoraussetzungen (z.B. Gebäude, Transportmittel, menschliche Arbeitskraft etc.) werden in der „**structure**"-**Phase** (Potentialphase) zusammengefaßt, die die Vorstufe zur eigentlichen Dienstleistungserstellung darstellt. Diese Phase nennt sich dann „**process**"-**Phase** und beeinhaltet den zeitlichen Rahmen der tatsächlichen Dienstleistungserstellung und weist dabei alle Merkmale einer Dienstleistung auf (uno actu-Prinzip, Fremdfaktor etc.). In der „**outcome**"-**Phase** (Ergebnisphase) wird schließlich das Ergebnis bzw. die Wirkung der vollbrachten Dienstleistung betrachtet. Die letzte Phase kann sich über einen längeren Zeitraum erstrekken, unter der Voraussetzung, daß eine bestimmte auftretende Aktivität als Folge der entsprechenden Dienstleistung anzusehen ist.

Beispiel: Die Erholung eines Menschen als Ergebnis seines Hotelaufenthaltes hält einige Zeit vor.

Bedeutsam für die Qualität einer Dienstleistung ist nicht nur das Ergebnis einer erbrachten Leistungserstellung, sondern vor allem auch der zu ihm füh-

---

[59] Vgl. Stauss, B.; Hentschel, B. (1991), S.239.
[60] siehe Kap. 3.1
[61] In der Definition von Dienstleistungen (Kap. 2.2) wurden diese Phasen bereits kurz erwähnt.

rende Erstellungsprozeß selbst. Für die Qualität der Leistungserstellung wiederum sind die strukturellen Gegebenheiten von besonderer Bedeutung.

Im Modell von *Grönroos* wird zwischen zwei Qualitätsdimensionen unterschieden, der technischen und der funktionalen. Die technische Dimension **(Tech Quality)** befaßt sich mit der Fragestellung, „was" der Nachfrager einer Dienstleistung erhält. Dieses bezieht sich im Hotelgewerbe beispielsweise darauf, ob ein Room-Service angeboten wird.
Die funktionale Dimension **(Touch Quality)** erfaßt, „**wie**" die Dienstleistung dargeboten wird und unterliegt damit im Gegensatz zur Tech Quality sehr stark der subjektiven Wahrnehmung.[62] Bezogen auf o.g. Beispiel umfaßt die funktionale Dimension „wie" die Leistung des Room-Services erbracht wird (z.B. zuvorkommend, schnell, vollständig etc.).

Aufbauend auf die hier dargestellten Modelle entwickelten *Meyer/Mattmüller* ein weiterführendes Qualitätsmodell, das sich durch das Zusammenspiel von vier Subqualitäten auszeichnet. Die erste Phase (Potentialphase) des Dienstleistungsprozesses gliedert sich danach in zwei Subphasen, nämlich der Potentialqualität der Anbieter und der Potentialqualität der Nachfrager.

Die **Potentialqualität der Anbieter** wird durch die subjektive Einschätzung der Dienstleistungsangebote durch die Nachfrager determiniert und bezieht sich auf interne Faktoren, die sowohl das Angebot menschlicher Arbeitskraft als auch technischer Ausrüstung, Hilfsmittel etc. umfassen. Der Nachfrager erwartet zudem, daß auf seine Wünsche individuell reagiert wird (Spezifizierungspotential). Der zweite Teilbereich der Subqualität, das Kontaktpotential, ist rein dienstleistungsspezifisch. Es beschreibt den notwendigen Kontakt zwischen dem Nachfrager und den internen Qualitätseinflußfaktoren des Dienstleisters, die während der Leistungserstellung eingesetzt werden.[63]

Die **Potentialqualität der Nachfrager** beschreibt die Wirkung des Nachfragers, und somit des externen Faktors, auf den Dienstleistungsanbieter. Interaktivitätspotentiale beschreiben Auswirkungen auf die Qualitätswahrnehmung, die durch Kontakte und Interaktivitäten zwischen mehreren Nachfragern hervorgerufen werden, und beeinflussen neben den Integrationspotentialen, die sich auf Wünsche, Probleme und Erfahrungen der Nachfrager beziehen, die Wirkung von Nachfragern auf den Dienstleistungsanbieter.

---

[62] Vgl. Grönroos, C. (1984), S. 38f.
[63] Vgl. Meyer, A.; Mattmüller, R. (1987), S.193.

Die anschließende Prozeßphase macht deutlich, daß zu diesem Zeitpunkt die Qualitätswahrnehmung entscheidend vom Zusammenspiel der internen Produktionsfaktoren (Mitarbeiter) mit dem externen Produktionsfaktor (Kunde) determiniert wird. Das für den Kunden ausschlaggebende Ergebnis bzw. die Folgen des gesamten Prozesses lassen sich in der Ergebnisqualität erfassen.[64]

Abbildung 4.2-1:
Qualitätsmodell für Dienstleistungen von Meyer/Mattmüller

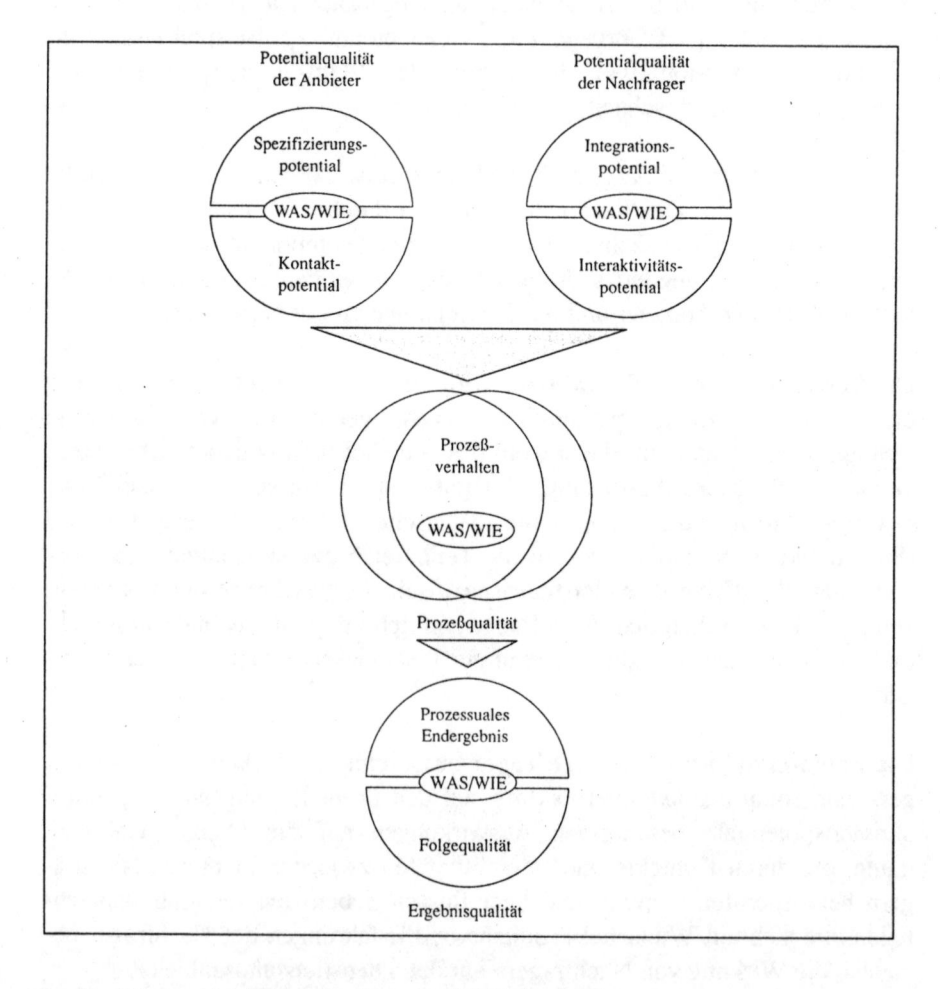

Quelle: Meyer, A.; Westerbarkey, P. (1995a), S.87.

---

[64] Vgl. Meyer, A.; Westerbarkey, P. (1995a), S.87ff.

4.3 Formen der Qualitätswahrnehmung in der Hotellerie

Das auf dem Modell von *Grönroos* basierende und von *Meyer/Mattmüller* erweiterte Dienstleistungsqualitätsmodell wird in der tourismuswirtschaftlichen Literatur verwendet, um Beispiele für Dimensionen der touristischen Dienstleistungsqualität darzustellen.[65]

Die Qualitätswahrnehmung in Hotels soll folgerichtig ebenfalls in eine **Tech-** und eine **Touch-Dimension** unterteilt werden. Interessant ist, daß Tech- und Touch-Dimensionen einen unterschiedlichen Einfluß auf die Qualitätswahrnehmung des Hotelgastes haben. *Morris* fand im Rahmen einer kanadischen Hotelstudie heraus, daß sich 44% aller Beschwerden auf Komponenten der **Tech-Dimension, 56%** aber auf Faktoren, die der **Touch-Dimension** zuzuordnen sind, bezogen.[66] Der Touch-Dimension kommt also eine große Bedeutung bei der Qualitätswahrnehmung der Gäste zu. Das Problem hierbei besteht darin, daß die Sicherstellung eines gleichbleibenden standardisierten Qualitätsniveaus gerade in der Touch-Dimension große Schwierigkeiten bereitet. Diese zeichnet sich durch ein hohes Maß an menschlichen Interaktionshandlungen zwischen Mitarbeitern und Gästen aus. Immer wieder entstehen neue Situationen, die sehr subjektiv vom Gast und von den Mitarbeitern erlebt werden (z.B. Gesprächsatmosphäre, Servicebereitschaft, Freundlichkeit).

Beispiel: Gast X gefällt beispielsweise ein wortkarger, aber effizient arbeitender Bartender, während Gast Y sich denselben als „Informationsstelle" und Gesprächspartner vorstellt.

Die Qualität der Tech-Dimension kann dagegen mit statistischen Methoden überwacht werden, da die Qualitätswahrnehmung auf weitgehend objektivierbaren Faktoren beruht. Die im Rahmen des Total Quality Managements bekanntesten Qualitätssicherungssysteme stellen die DIN ISO 9000 Zertifikate dar, die in der Bundesrepublik Deutschland von der Deutschen Gesellschaft zur Zertifizierung von Qualitätssicherungssystemen (DQS) vergeben werden.[67] Prozesse oder Produkte, die unter dem geforderten Qualitätsniveau liegen, können so anhand der Untersuchung identifiziert und verändert bzw. eliminiert werden. Im Hotelgewerbe werden heutzutage häufig Umweltverträglichkeitsprüfungen auf DIN ISO 9000-Basis durchgeführt, die Dienstleistungsqualität wird jedoch selten auf diesem Wege untersucht bzw. zertifiziert.

---

[65] Vgl. Dreyer, A. (1997a), S.4.
[66] Vgl. Morris, S. (1985), S.53.
[67] Vgl. Pepels, W. (1995), S.80.

Parasuraman/Zeithaml/Berry haben fünf Dimensionen aufgestellt, die ihrer Ansicht nach die Dienstleistungsqualität determinieren:[68]

- **Annehmlichkeit des tangiblen Umfelds („tangibles")**
Damit ist das gesamte physische Umfeld einer Dienstleistung gemeint, also zielgruppenadäquate Einrichtung des Hotels, moderne Ausstattung der Büroräume, ansehnlich gekleidete Mitarbeiter und auch die ansprechende Gestaltung von Drucksachen (Briefe, Broschüren etc.)

- **Verläßlichkeit („reliability")**
Der Kunde erwartet, daß die Leistung, wie versprochen, ausgeführt wird. Dies beinhaltet Termintreue, das aufrichtige Interesse, ein Kundenproblem zu lösen und auch den Anspruch, Leistungen gleich beim ersten Mal richtig auszuführen.

- **Reaktionsfähigkeit („responsitiveness")**
Diese Dimension spricht die Reaktionsfähigkeit an, auf spezifische Kundenwünsche einzugehen und sie zu erfüllen. Sie beinhaltet Hilfsbereitschaft und die Anforderung der umgehenden Erledigung.

- **Leistungskompetenz („assurance")**
Vor allem durch Wissen, Vertrauenswürdigkeit und Höflichkeit der Mitarbeiter sollen Dienstleistungen korrekt erbracht werden.

- **Einfühlungsvermögen („empathy")**
Damit ist die Bereitschaft und Fähigkeit, auf individuelle Kundenwünsche einzugehen, gemeint. „Denken wie der Kunde denkt"[69] sollte das Leitmotiv für die Mitarbeiter sein.

Einfühlungsvermögen setzt nicht nur die Fähigkeit von Mitarbeitern voraus, sich in die Lage und damit das Denken der Kunden hineinzuversetzen, sondern erfordert zunächst einmal ein hohes Maß an **Menschlichkeit**, die in den westlichen Industrieländern immer mehr verloren zu gehen scheint. Solange die Selbstverwirklichung als Lebensziel ein wichtige Rolle spielt und die Ichorientierung groß ist, besteht die Gefahr, daß soziale Werte auf der Strecke bleiben. Hoffnung besteht insofern, als *Opaschowski* einen bemerkenswerten Wunsch der Deutschen festgestellt hat, anderen helfen zu wollen.[70] Ob dies

---

[68] Parasuraman, A; Zeithaml, V.A.;Berry, L.L. (1985), S.41ff, auch bei Scharnbacher, K.; Kiefer, G. (1996), S. 75.
[69] Born, K. (1997)
[70] Vgl. Opaschowski, H.W. (1997), S. 196.

der Anfang neuer sozialer Verantwortung und ein Zeichen für mehr Menschlichkeit ist, muß noch beantwortet werden.
Wer jedenfalls als Unternehmer oder Mitarbeiter in einem Kunden/ Hotelgast nur den Umsatzbringer sieht, wird seinen Erfolg überall dort, wo Serviceorientierung überhaupt eine Rolle spielt, auf Dauer nicht garantieren können.

Bezüglich der Annehmlichkeit des tangiblen Umfeldes ist die Forderung von *Silberer/Jaekel* zu unterstreichen, die zu bedenken geben, daß Stimmungen des Menschen im unternehmerischen Marketing stärker berücksichtigt werden sollten. Stimmungen werden als „relativ ungerichtete subjektiv erfahrene Befindlichkeit" oder kürzer ausgedrückt als „ungerichtete Befindlichkeit" aufgefaßt[71] und sie beeinflussen - unter anderem - die Wahrnehmung des Menschen. Da die Wahrnehmung wiederum für die Zufriedenheit entscheidende Bedeutung besitzt, sollte den Stimmungen im touristischen Marketing breiterer Raum gewidmet werden. In guter Stimmung sieht man die Welt durch eine „rosarote Brille" und die Chance auf Zufriedenheit steigt.[72]

Aus Sicht der Tourismusbetriebe ist zu fragen, wie die Stimmungen ihrer Kunden positiv beeinflußt werden können. Da Stimmungen abfärben ist zunächst einmal die Stimmung der Interaktionspartner wichtig.[73]

> **Beispiel**: Bereits der Blickkontakt zwischen Mitarbeiter und Hotelgast und ein „kann ich ihnen helfen?" oder „ich wünsche ihnen einen schönen Tag!" verfehlen ihre positive Wirkung nicht.

Es gibt vielfältige Optionen für das **Stimmungsmanagement**.[74] Für die Hotelbetriebe lassen sich aus den Erkenntnissen u.a. wesentliche Informationen für die Innengestaltung von Zimmern und Aufenthaltsräumen gewinnen, um eine Atmosphäre[75] zu erzeugen, die der Gast als wohltuend empfindet. So wird bei der Gestaltung von Hotelhallen immer häufiger eine Lichtarchitektur umgesetzt, bei der Tages- und Kunstlicht kombiniert werden. Grundsätzlich fühlen sich Menschen bei Tageslicht wohler als bei Kunstlicht. Tageslicht ermöglicht einen sichtbaren Kontakt nach draußen und läßt Freiheit sowie Kontrollmöglichkeiten empfinden, während Menschen sich in ausschließlich künstlich beleuchteten Räumen eher eingesperrt fühlen, erst recht wenn diese auch noch klein und dunkel wirken. Allerdings kann Tageslicht das Kunstlicht nicht vollständig ersetzen, denn vor allem in den Abendstunden oder in

---

[71] Silberer, G.; Jaekel, M. (1996), S. 20.
[72] Vgl. Silberer, G.; Jaekel, M. (1996), S.72f.
[73] Daher sollten Beherbergungsbetriebe eine systematische, auf persönlicher Basis beruhende Kundenintegration betreiben. In Kap. 4.4 wird dem Thema Kundenintegration aus unterschiedlichen Gesichtspunkten breiter Raum gewidmet.
[74] Siehe dazu ausführlich Silberer, G.; Jaekel, M.(1996), S.186ff.
[75] Es bestehen vielfältige psychologische Implikationen, siehe dazu auch Schober, R. (1993), S.199ff.

den Wintermonaten ist eine künstliche Beleuchtung erforderlich. Dieser Wechsel erfordert eine flexible Abstimmung beider Lichtquellen und ist daher eine anspruchsvolle Aufgabe für Innenarchitekten.[76]

> Ein ästhetisch schönes Beispiel ist das *Hotel El Andaluz im Europapark Rust*, wo die Hotelhalle mehrere Ebenen umfaßt und in einem Glasdach gipfelt. Die Zimmer sind rechteckig in allen Etagen um diesen geschlossenen Innen- und Lichthof gruppiert. Von jedem Stockwerk aus hat man - gesichert durch ein schmiedeeisernes Geländer - einen Blick in die Hotelhalle.
> Diese ist mit viel Aufwand im spanischen Stil gestaltet und rechtfertigt zusammen mit der übrigen Hoteleinrichtung von den Zimmern bis zur Bar den Marktauftritt als „Erlebnishotel". Das *„El Andaluz"* ist ein hervorragendes Beispiel für die Erzeugung positiver Stimmungen durch ansprechende Architektur.

Mit diesem Beispiel wird schon angedeutet, daß allein die atmosphärischen Aspekte der Innengestaltung aus Sicht des Stimmungsmanagement vielfältig sind. An dieser Stelle soll nur auf einige weitere Aspekte hingewiesen werden:

- Dekorationen und der Einsatz von Farben und Formen
- Musikalische Untermalung
- Raumklima und Beduftung von Räumen[77]

In der nachstehenden Übersicht zu den Dimensionen der Hotelqualität wurden die Grundzüge der vorangegangenen Ausführungen zusamenfassend berücksichtigt:

---

[76] Vgl. Silberer, G.; Jaekel, M.(1996), S. 258f.
[77] Für weitere Informationen zum Marketing mit Duftstoffen siehe Knoblich, H.; Schubert, B. (1993).

Abbildung 4.3-1:

Dimensionen der Hotelqualität

Qualitätsdimensionen Teilqualitäten	Tech Dimension	Touch Dimension
Potentialqualität	• Anzahl der Mitarbeiter • Hotelarchitektur • Technische Ausstattung (z.B. Klimaanlage) • Kommunikationsmedien (z.B. Telefonanlage, Fax) • Qualitätsgradings • Erreichbarkeit mit Auto/ Bus/ Bahn, etc.	• Aussehen und Persönlichkeit der Mitarbeiter, etc.
Prozeßqualität	• Anzahl der Mitarbeiter • Zimmerangebot • Tagungseinrichtungen • Sport- und Freizeiteinrichtungen • Serviceangebot • Restaurantangebot • Lage der Zimmer • Zimmereinrichtung • Matratzenqualität • Sauberkeit • Technischer Zustand (von TV, Klimaanlage etc.) • Ausschilderung innerhalb des Hotels • Kreditkartenakzeptanz, etc.	• Hotel-Atmosphäre • Zimmeratmosphäre (Farbgestaltung, Duft, etc.) • Einstellung, Serviceorientierung, Hilfsbereitschaft und Freundlichkeit der Mitarbeiter • Verläßlichkeit, Reaktionsfähigkeit, Kompetenz, Einfühlungsvermögen der Mitarbeiter • Betriebsklima
Ergebnisqualität	• Check-out, • Transfer zum Bahnhof/ Flughafen, • Folgebuchungen, etc.	• Gästezufriedenheit (Übereinstimmung von Werbeaussagen und Realität, Preis-/ Leistungsverhältnis, etc. • Beschwerdereaktion des Unternehmens • kommunikative Nachbetreuung, etc.

Quelle: Eigene Darstellung in Anlehnung an Meyer, A.; Westerbarkey, P. (1995b), S.5.

Das Ziel eines jeden Hotelbetriebes muß es auf jeden Fall sein, die Qualitätserwartungen seiner Gäste zu erfüllen und vielleicht ein wenig zu übertreffen. Dabei darf es jedoch nicht zu einem sog. **"quality overkill"** kommen, der entsteht, wenn die Gästeerwartungen in zu hohem Maße übertroffen werden. Neben den vermeidbaren Kosten stellt der Kunden (zu) hohe Erwartungen an den nächsten Aufenthalt, die es dann zu befriedigen gilt. Eine daraus folgende Nichterfüllung würde dann zu Enttäuschung bei den Gästen führen, auch wenn sich das offerierte Dienstleistungsangebot auf einem hohen Qualitätsniveau befindet.[78]

Welches Qualitätsniveau nun das richtig ist, läßt sich zwar nicht zweifelsfrei voraussehen, dennoch ist es hilfreich, sich in die Denkweise des Kunden bezüglich seiner Erwartungshaltung hineinzuversetzen. Man kann von drei Anforderungsstufen an eine Dienstleistung ausgehen.[79] Es sind die Basisanforderungen („basics"), die vom Kunden als selbstverständlich angesehen werden, die vom Kunden bewußt als typische Leistungsmerkmale aufgefassten Durchschnittsanforderungen („standards") und die Begeisterung hervorrufenden Anforderungen („attractions"). Wie diese in bezug auf Restaurantleistungen aussehen können, zeigt die folgende Abbildung:

Abbildung 4.3.-2:
Qualitätsanforderungen an ein Restaurant aus Sicht der Kundenerwartungen

Qualitätsdimensionen Anforderungsniveaus	Tech Quality	Touch Quality
Basics	• intakte Bestuhlung • saubere Tische • unbeflecktes Besteck • beheizbare Räume • heiß servierte Hauptgerichte • wohltemperierte Getränke	• ansehnliche und saubere Bekleidung des Servicepersonals • Höflichkeit und Freundlichkeit
Standards	• klimatisierte Räume • Kinderstühle • Sonderbesteck • getränkedifferenzierte Gläser • gut sortierte Speise- und Getränkekarte	• Getränkeberatung • Speiseempfehlungen • guter Geschmack der Speisen • schneller und unaufdringlicher Service
Attractions	• außergewöhnliche Speise- und Getränkeangebote • außergewöhnlich angerichtete Speisen • große Portionen • Getränke etwas über dem Füllstrich eingeschenkt • Vorspeise/ Getränk auf Kosten des Hauses	• außergewöhnliche Tischdekorationen • hohes Maß an Reaktionsfähigkeit bei Sonderwünschen • besondere, aber unauffällige Aufmerksamkeit

---

[78] Vgl. Meyer, A.; Westerbarkey, P. (1995b), S.3.
[79] Vgl. Bailom et al. (1993), Günter/ Huber (1997), S. 250 und Töpfer, A.;Greff, G. (1995), S. 83.

Qualitätspolitik am Beispiel des Ritz-Carlton

Bei Ritz-Carlton handelt es sich um ein 1983 gegründetes amerikanisches Hotelunternehmen, das seinen Firmensitz in Atlanta hat. Ritz-Carlton ist ein eigenständiges Unternehmen und besteht z.Zt. aus 32 Hotels der Luxusklasse, von denen sich 25 in den USA, zwei in Australien sowie je eines in Mexico, Hongkong, Korea, Singapur und Spanien befinden. Insgesamt verfügt die Hotelgruppe weltweit über ca. 10.000 Zimmer und fast 15.000 Mitarbeiter.

Die Ritz-Carlton-Hotelgruppe scheint durch ihre weltweit errungenen Qualitätspreise (z.B. in den USA, Mexico, Australien) besonders gut als Untersuchungsobjekt geeignet, wenn es darum geht, Wege zur Messung von Kundenzufriedenheit und Dienstleistungsqualität in der Dienstleistungspraxis zu finden. 1993 gewann mit Ritz-Carlton erstmals ein Hotel die höchste Qualitätsauszeichnung, die in den USA vergeben wird, den „Baldrige Quality Award". Um diesen „Wirtschafts-Oskar" bewerben sich jährlich mehr als 20.000 Unternehmen. Ritz-Carlton erreichte in den zu bewertenden Qualitätsbereichen Dienstleistung, Produktion und Kleinbetrieb die jeweils höchste Wertung.[80] 1996 wird Ritz-Carlton zum insgesamt vierten Mal vom Cunard Travel Guide durch Jury-Entscheid und Leser-Votum zur besten Hotelkette der Welt gekürt.[81]

Nachfolgend werden die wesentlichen Bestrebungen der Ritz-Carlton Hotelgruppe, die auf eine Erfassung von Kundenzufriedenheit abzielen, aufgezeigt.[82]
Das bei Ritz-Carlton zur Anwendung kommende Kundenzufriedenheitssystem basiert auf 6 Faktoren, die folgendermaßen aussehen:

Abbildung 4.3-3:
Komponenten des Kundenzufriedenheitssystems bei Ritz-Carlton

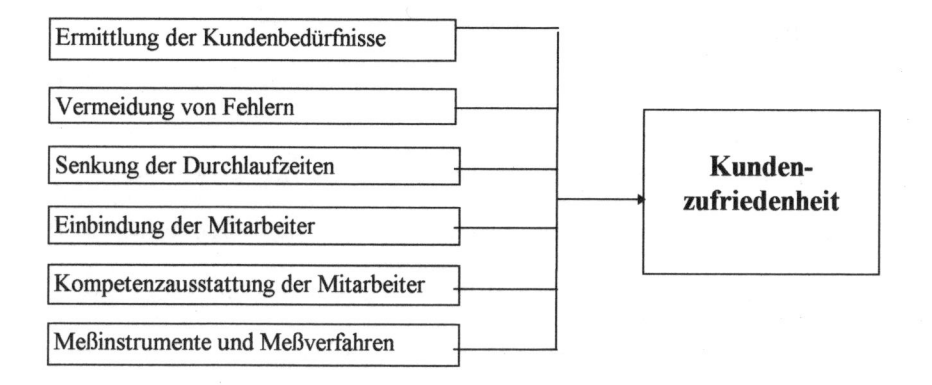

- Ermittlung der Kundenbedürfnisse
- Vermeidung von Fehlern
- Senkung der Durchlaufzeiten
- Einbindung der Mitarbeiter
- Kompetenzausstattung der Mitarbeiter
- Meßinstrumente und Meßverfahren

→ **Kundenzufriedenheit**

---

[80] Vgl. Horrmann, H. (1997), S.R3.
[81] Vgl. Horrmann, H. (1997), S.R3.
[82] Vgl. Beckett, N.P. (1996), S.175ff.

Da es bei einem Hotelaufenthalt bis zu 100 Interaktionen zwischen dem Gast und dem Hotelpersonal geben kann, gilt es, einen Schwerpunkt beim Streben nach Kundenzufriedenheit beim Hotelpersonal zu setzen.
Ritz-Carlton verwirklicht dieses durch folgende Maßnahmen:

- Bei der Einstellung von Mitarbeitern wird besonders auf soziale Kompetenz (Fähigkeit zur Arbeit im Team, positiver Umgang mit Kunden und Mitarbeitern) Flexibilität, Belastbarkeit und Kundenorientierung geachtet.
- Vermittlung der Qualitätsziele und Unternehmensleitsätze an die Mitarbeiter im Rahmen von Seminaren.
- Den Mitarbeitern werden anhand von Fehlerkostenanalysen aufgezeigt, welche Vorfälle welche finanziellen Auswirkungen haben.
- Es ist die Aufgabe jedes Mitarbeiters, Fehler im Hotel aufzudecken, die wesentliche Gründe für Qualitätsmängel sein können.
- Jeder Mitarbeiter ist berechtigt, Anweisungen an Kollegen anderer Abteilungen zu erteilen, wenn deren Einsatz zur Zufriedenstellung des Gastes notwendig erscheint.
- Jeder Mitarbeiter kann über einen Betrag von bis zu 2.000US$ pro Beschwerdefall verfügen, wenn es darum geht, einen Beschwerdegrund zu kompensieren.
- Jeder Mitarbeiter hält nach einem Beschwerdefall auf der sog. „Guest Incident Action Form" Lösungsprozeß und Verbesserungsvorschläge fest.
- Mitarbeiter können auf in Arbeitsräumen installierten „Good Idea Boards" Verbesserungsvorschläge einbringen.
- Alle Mitarbeiter bekommen durch einen „Daily Quality Production Report" den jeweiligen Leistungsstand in Bezug auf Fehlererkennung und -vermeidung mitgeteilt.
- Alle Mitarbeiter werden halbjährlich mit Hilfe eines 150 Fragen umfassenden Fragebogens zu ihrer Arbeitszufriedenheit befragt.

Qualitätspolitik am Beispiel der Steigenberger Hotelgruppe

Genau wie die Ritz-Carlton Hotelgruppe verfügt auch die deutsche Steigenberger Hotelgruppe über ein spezielles System zur Erfassung von Kundenzufriedenheit und Dienstleistungsqualität.
Im Qualitätsmanagement von Steigenberger existieren drei Qualitätsbereiche:

- der Bereich Bau und Einrichtung/Innenarchitektur, dessen Hauptabteilungen Bau und Einrichtung sowie Technik und Einkauf sind.
- der Bereich Personal/Service, dessen Hauptabteilungen Schulung, Personal und Gastronomie sind.
- der Bereich Gastronomisches Angebot, dessen Hauptabteilungen Gastronomie und Kellerei sind.

Der Hauptabteilungsleiter jeder qualitätsrelevanten Hauptabteilung ist verantwortlich für die Einhaltung eines hohen Qualitätsstandards in seinem Bereich. Zusätzlich finden sog. „Quality Circles" statt, in denen Hoteldirektoren, Hauptabteilungsleiter sowie Abteilungsleiter aus Betrieben und Hauptverwaltung Informationen über qualitätsrele-

vante Maßnahmen in den Bereichen Wein, Gastronomie, Schulung/Motivation sowie Bau und Einrichtung austauschen.
Einmal pro Jahr werden dann Zieldefinitionen für Haus- und Fachabteilungen aufgestellt, die, nach einer Abstimmung zwischen Haus- und Fachabteilung, verbindliche Qualitäts- und Wirtschaftlichkeitsziele darstellen. Trotz dieser verbindlichen Vorgabe bleibt jedoch auch Spielraum für ein flexibles Eingehen auf unvorhergesehene Ereignisse bzw. Vorfälle.

Auch bei Steigenberger nimmt der Mitarbeiter in der Qualitätspolitik, die als Ziel eine umfassende Kundenzufriedenheit hat, eine zentrale Stellung ein. Anders als bei Ritz-Carlton stellt Steigenberger jedoch nicht starre Qualitätssicherungssysteme und Schulungsprogramme in den Vordergrund, sondern setzt auf die persönliche Ansprache durch den Mitarbeiter, der keineswegs scheinperfekt erscheinen muß, sondern ruhig mit menschlichen Schwächen behaftet sein darf. Ziel eines jeden Mitarbeiters sollte es vielmehr sein, sich immer um eine bessere Lösung bei der Bearbeitung eines Problems bzw. einer Beschwerde zu bemühen.[83]

---

[83] Vgl. Momberger, W. (1995), S.551ff.

4.4 Qualität durch Kundenintegration

4.4.1 Grundlagen der Kundenintegration

Begriffsbestimmung und Zielsetzung der Kundenintegration

Eine zunehmende Zahl von Unternehmen stellt die Kundenorientierung in den Mittelpunkt ihrer Unternehmensgrundsätze. Damit beweisen die Unternehmen, daß sie die entscheidende Rolle der Kunden für ihre Existenz nicht nur erkannt haben, sondern daß sie auch bereit sind, die Kundenorientierung mit vielen einzelnen Maßnahmen umzusetzen.

> **Beispiele**: Bei der TUI heißt es u.a. im Unternehmensleitbild "Der Gast bestimmt unser Handeln" und die Autovermietung AVIS formuliert in ihren Grundsätzen u.a. "Unsere Kunden stören nicht bei unserer Arbeit, sie sind der Inhalt unserer Arbeit. Wir erweisen ihnen keinen Gefallen, indem wir sie bedienen. Sie geben uns Gelegenheit sie bedienen zu dürfen."

Wünsche der Kunden möglichst kompetent, schnell und freundlich zu erfüllen, ist die Grundvoraussetzung eines erfolgreichen Dienstleistungsunternehmens. Das Konzept der Kundenintegration geht in der im folgenden näher erläuterten Weise ganz wesentlich darüber hinaus, denn

> Kundenintegration bedeutet die Einbeziehung und vor allem auch die Eingliederung des Kunden in den Dienstleistungsprozeß.

Es geht also nicht nur um die passive Einbeziehung des Kunden, z.B. dergestalt, daß er korrekt bedient wird, sondern vielmehr noch um die aktive Eingliederung in die Anbahnung und Erstellung von Dienstleistungen. Wie noch genau zu zeigen sein wird, sollen u.a. Erfahrungen und Erwartungen eines Kunden im Dienstleistungsprozeß berücksichtigt werden, um das Ziel einer optimalen Kundenzufriedenheit zu erreichen.

Kunden werden mit unterschiedlicher Intensität in Vorgänge von Unternehmen einbezogen. Es bietet sich an, grundsätzlich von passiver und aktiver Kundenintegration zu sprechen. Die aktive Kundenintegration unterscheidet sich dabei von der passiven dadurch, daß der Kunde **physisch oder intellektuell bzw. emotional** am Prozeß der Dienstleistungserstellung teilnimmt (eine Art von „Mitarbeit" an der Erstellung einer Leistung!). Damit ist der Kunde in die Erstellung einer Unternehmensleistung involviert und beeinflußt ihr Ergebnis mehr oder weniger maßgeblich mit.[84]

---

[84] Vgl. Meyer, A.; Westerbarkey, P. (1995) S. 94.

Beispiel:
Gäste eines Clubhotels nehmen an einer Animationsveranstaltung teil.

Das erste Beispiel zeigt, daß ein Unternehmen bestimmte Unternehmensfunktionen auf den Kunden ausgliedern kann. Man spricht hier von einer Externalisierung objektbezogener menschlicher Dienstleistungen.[85] Eines der bekanntesten Beispiele für die Einschränkung des Dienstleistungsangebotes und die gleichzeitige Übertragung von zu erbringenden Leistungen auf den Nachfrager im Nachkriegsdeutschland ist die Einführung des Selbstbedienungsprinzips im Handel.

Im Rahmen der Externalisierung überträgt der Anbieter ein bestimmtes Maß an physischen Aktivitäten auf den Nachfrager. Damit kann er nicht mehr alleine auf die Einhaltung der Qualität der Leistungserstellung Einfluß nehmen, sondern ist auf die Fähigkeiten des Kunden zur Erbringung der ausgegliederten Teilleistungen angewiesen. Von der Güte seiner Aktivitäten hängt schließlich die tatsächliche Dienstleistungsqualität ab, während die subjektiv wahrgenommene Qualität sich davon noch einmal unterscheiden kann.

Zur Erläuterung dieses Sachverhaltes kann eine Ausweitung des obigen **Beispiels** beitragen:
So wird der animierte Gast die Qualität einer Animationsveranstaltung möglicherweise als qualitativ besser beurteilen, wenn er mit seiner eigenen Beteiligung zum Gelingen beiträgt, als wenn durch sein relativ passives Verhalten die Veranstaltung mit weniger Schwung verläuft.

Die passive Integration stellt hingegen auf herkömmliche Methoden der Einbeziehung von Nachfragern ab, bei denen weder eine direkte Kommunikation mit dem Unternehmen und seinen Mitarbeitern noch eine Externalisierung von Leistungen erfolgt. Der (passive) Aspekt der Kundenintegration liegt in der indirekten Beeinflußung der Qualitätserwartung über die zu erbringende Dienstleistung und in der Beeinflußung der Qualitätsbeurteilung nach der erfolgten Leistungserstellung. Insbesondere die verschiedenen Formen der klassischen Werbung (durch Anzeigen, Plakate etc.) werden zu diesem Zweck eingesetzt. Was ihnen jedoch fehlt ist die Interaktion mit dem Kunden und die Einbeziehung seiner Potentiale in die Leistungserstellung. Dies wiederum stellt im Sinne der eingangs formulierten Definition den Kern der Kundenintegration dar, sodaß auf die passive Integration im folgenden nicht weiter eingegeangen wird.

---

[85] Vgl. Corsten, H. (1995), S. 194f.

Kundenintegration auf den verschiedenen Ebenen der Unternehmenspolitik

Aus einem anderen Blickwinkel kann die Integration von Kunden auf verschiedenen Ebenen der Unternehmenspolitik betrachtet werden. Zumindest passiv werden Kundenmeinungen und antizipierte, durch Marktforschung herausgefundene Kundenbedürfnisse in der **normativen** Ausrichtung eines Unternehmens berücksichtigt, indem kundengerichtete Unternehmensphilosophien und -grundsätze formuliert werden.
Soll das Unternehmen erfolgreich sein, darf es nicht bei der Formulierung bleiben. Entscheidend für die Entwicklung einer kundenorientierten Unternehmenskultur ist es, daß die Grundsätze von den Führungskräften vorgelebt werden, damit der „Geist" bis zum letzten Mitarbeiter getragen werden kann.

> **Beispiel**: *Born* formulierte es bildhaft so: „Eine Treppe kehrt man von oben nach unten."[86]

Auch in die **strategische** Ausrichtung eines Unternehmens werden die Kundenansichten passiv einbezogen. Eine vollständige Integration von Kunden durch ihre tatsächliche, aktive Mitwirkung bei der Strategiebildung (z.B. bei umfassenden Produktinnovationen) ist in der deutschen Tourismuswirtschaft bislang ungebräuchlich.

Erst auf der **operativen** Ebene ist die aktive Mitwirkung von Kunden an der Unternehmenstätigkeit erkennbar. Wie für die einzelnen Phasen des Dienstleistungsprozesses noch genau gezeigt wird, gibt es im Rahmen des Marketing diverse Möglichkeiten der aktiven Kundenintegration.

> Einige Beispiele sollen die „Mitarbeit" des Kunden verständlich machen:
> - So ist das Konzept der "Prosumenten" bekannt. Dieses besagt, daß Konsumenten in die Produktion der Hauptleistung einbezogen werden, also ein ganzes Produkt aktiv mitgestalten.
> - Ebenso ist die Aktivität der Kunden gefragt, wenn es um moderne Formen des Direktmarketing geht, Kunden z.B. durch Werbung zu Telefonanrufen beim Unternehmen aufgefordert werden.
> - Im Planungsstadium ebenso wie jüngst auch im Nachkaufmarketing werden Gruppendiskussionen mit Kunden zur Verbesserung der Kundenzufriedenheit initiiert.

---

[86] Born, K. (1997).

4.4.2 Kundenintegration in den einzelnen Phasen des Dienstleistungsprozesses

Potentialphase

In der Potentialphase besteht für den **Dienstleistungsanbieter** die Möglichkeit über **Kommunikationsmaßnahmen** (z.B. Werbeversprechungen, Reisebeschreibungen, Hotelprospekte) die Entstehung der Erwartungshaltung beim Kunden zu beeinflussen. Darüber hinaus besitzt der **Preis** - neben anderen Faktoren (z.B. Unternehmensimage) - einen hohen Wert für die Prägung der Erwartungen. Dies gilt insofern für einen hohen Preis, als er die Erwartung hoher Qualität der Leistung zur Folge hat, während ein niedriger Preis nicht unbedingt zur Einsicht des Verbrauchers führt, daß die Leistung insgesamt einen geringeren Standard aufweist.
Entscheidend jedenfalls ist, daß der Kunde den Preis in Relation zur Leistungsbeschreibung setzt und daraus ein subjektives Preis-Leistungs-Verhältnis ableitet.

Beispiel: Eine einkommensstärkere Familie kann einen zweiwöchigen Aufenthalt in einem Robinson-Club für 12.000 DM als preiswürdig ansehen, während eine einkommensschwächere einen solchen Urlaub für teuer hält.

Einem Unternehmen muß es in der Potentialphase gelingen, die subjektiven Erwartungen in das **Preis-Leistungs-Verhältnis** zu steuern und darüber hinaus im Nachhinein den Wert der erbrachten Leistung zu untermauern, um keine kognitiven Dissonanzen aufkommen zu lassen.
Seitens des **Kunden** sind seine **individuellen Bedürfnisse**, seine **Erfahrungen** in der Vergangenheit (mit dem touristischen Leistungsträger, mit dem Zielgebiet etc.) und die **Mund-zu-Mund-Kommunikation** wesentliche Faktoren zur Bildung von Erwartungen.[87]

Prozeßphase

In der Prozeßphase der Leistungserstellung können alle bereits in der Potentialphase relevanten Anbieter- und Kundenfaktoren noch für eine Veränderung der Erwartungen beim Kunden sorgen. Denn die Bildung dieser Erwartungen ist einem dynamischen Prozeß unterworfen, der sich der Dauer der Leistungserstellung entsprechend (aufgrund des uno-actu-Prinzips) verlängert. So führen die sich verändernden Erwartungen zu einer im Zeitablauf verän-

---

[87] Siehe auch Kap. 3.1 zur Entstehung von Kundenzufriedenheit.

dernden Qualitätswahrnehmung, da sie stets mit den Wahrnehmungen der Leistungserstellung abgeglichen werden.

> **Beispiel**:
> Ein Hotelgast hat schon häufig schlechte Erfahrungen mit dem Service in Zwei-Sterne-Hotels gemacht, bucht diese Kategorie aber aus Preisgründen erneut. Er reist mit geringen Erwartungen an die Servicequalität an. Nun wird er durch einen besonders freundlichen Empfang überrascht und korrigiert für diesen Aufenthalt seine Erwartungen nach oben. Die folgende Handlungsweisen des Hotelpersonals werden an dieser neuen Erwartungshaltung gemessen.

Ergebnisphase

Schließlich nimmt der Kunde in der Ergebnisphase die erzeugte Dienstleistung als Ganzes wahr und vergleicht sie mit seinen vorab vorhanden und im Laufe der Erstellung veränderten Erwartungen. Nun zeigt sich z.B., ob ein Reisender mit einer Pauschalreise insgesamt zufrieden war oder nicht.

Auch in dieser Phase sind Einflüsse auf die Kundenmeinung vorhanden, die ein zunächst gefälltes Urteil über die Zufriedenheit mit der Dienstleistung noch beeinflussen können. Seitens des Kunden sind die Einflüsse Dritter nicht zu unterschätzen.

> **Beispiel**:
> Ein Urlauber schildert Freunden seine Erlebnisse auf einer Reise und äußert sich zu Leistungen des Hotels und anderer touristischer Leistungsträger, wobei nicht nur positive, sondern auch negative Erfahrungen geschildert werden. Die Zuhörer bestärken möglicherweise diese Meinungen oder kristallisieren Aspekte heraus, die vom Reisenden zuvor noch nicht beurteilt worden waren. Somit üben sie einen Einfluß auf die Beurteilung der Gesamtleistung aus.

Darüber hinaus besitzt ein Dienstleistungsanbieter mit zeitlich nach der Leistungserstellung liegenden Marketingmaßnahmen (after service-Marketing analog zum After Sales-Marketing) seinerseits Möglichkeiten, das Kundenurteil in seinem Sinne zu beeinflussen, indem er die positiven Aspekte seiner Leistungen noch einmal hervorhebt oder indem er versucht, aufkommende kognitive Dissonanzen zu beseitigen.

4.4.2.1 Kundenintegration in der Potentialphase

Ziele

Bereits bei der Anbahnung von Geschäftsbeziehungen ist die Einbeziehung der Kunden von größter Bedeutung, um die Kundenerwartungen "richtig" zu antizipieren, in der Folge auch das "richtige" Produkt zum "richtigen" Preis anzubieten und die angebotene Dienstleistung "richtig" zu kommunizieren. Es ist zu berücksichtigen, daß das Anspruchsniveau der Kunden vom Preis-Leistungs-Verhältnis abhängt und je nach Kulturkreis des Reisenden bzw. des anvisierten Zielgebietes variiert.[88]

> **Beispiel**: Ein deutscher Urlauber erwartet von einem Vier-Sterne-Hotel in Spanien in der Regel eine im Vergleich zu Deutschland etwas schlechtere Ausstattung des Hauses, dafür aber eher einen besseren Service.

Zur Ermittlung vorhandener Bedingungslagen der potentiellen Kundschaft bietet sich der Einsatz von **Marktforschungsmaßnahmen** an. Während der Grad der aktiven Kundenintegration bei massenhaften Primärerhebungen (Repräsentativbefragungen etc.) eher gering ist, bieten sich qualitative Formen der Marktforschung stärker an. Die gewonnen Erkenntnisse können dann in der **Produktpolitik** bereits zur Erstellung des "richtigen" Angebots und in der **Distributionspolitik** zum Einsatz der "richtigen" Vertriebswege oder Verkaufsförderungsmaßnahmen genutzt werden.

> So kann die Befragung potentieller Kunden helfen, Zimmereinrichtungen in Hotels bereits beim Bau zielgruppenadäquat zu gestalten, Pauschalangebote von Reiseveranstaltern besonders verkäuflich zu machen oder Ladeneinrichtungen von Reisebüros kundenfreundlich zu gestalten.

Ebenfalls bedeutsam ist zur Kreation der "richtigen" Erwartungshaltungen der gezielte Einsatz **kommunikativer Maßnahmen**. Im Sinne einer aktiven Kundenintegration ist hier insbesondere an interaktive Formen des Direktmarketing gedacht, aber auch die herkömmlichen Methoden der Kommunikation (Anzeigenwerbung etc.) stellen Bausteine der Erwartungsbildung dar. Wichtig ist, daß die **Glaubwürdigkeit** der Kommunikationsbotschaften[89] gewährleistet ist, was der Fall ist, wenn die wahrgenommene Leistung dem Verständnis nach der kommunizierten entspricht.

---

[88] Vgl. auch Horovitz, J. (1992), S. 39f.
[89] Vgl. Dreyer, A. (1994), S. 76.

Marketing-Maßnahmen

- **Bildung von Kundenclubs** (auch für die Ergebnisphase wichtig)

Kundenclubs sind ein Instrument der Kundenbindung und daher auch im Nachkaufmarketing von Bedeutung. Der kundenintegrierende Faktor der Clubs liegt in den dialogfördernden Maßnahmen, zu denen insbesondere Events zählen. Veranstaltungen bieten den Rahmen zur Herstellung direkter Kontakt zwischen den Kunden und dem initiierenden Unternehmen. Damit besitzen sie eine wichtige Funktion in der Potentialphase.

Die Ausgestaltung der Kundenclubs wird von den Unternehmen unterschiedlich gehandhabt. Über das normale Maß hinausgehende Serviceleistungen, finanzielle Vorteile (Rabatte, exklusiv günstige Merchandising-Produkte etc.) und regelmäßige Informationen (z.B. in einer Clubzeitschrift) werden den Clubmitgliedern geboten. Auf der Einnahmenseite verbuchen die Kundenclubs Mitgliedsbeiträge, Verkaufserlöse aus Clubprodukten, Lizenzgebühren aus Merchandising, Erlöse aus Anzeigen externer Firmen in der Clubzeitschrift, Vermietung von Clubadressen und Sponsoringerträge von Drittfirmen.[90] Verbunden wird die Clubmitgliedschaft mit der Ausgabe einer Clubkarte, die oftmals auch Kreditkartenfunktion besitzt.

> **Beispiel**: Im Tourismus werden Kundenclubs bisher fast nur von einigen großen Unternehmen eingesetzt.
> - Die *TUI* gibt eine Service Card, die nur mit der Funktion vereinfachter Bezahlung von *TUI*-Leistungen, einer Verkehrsmittel-Unfallversicherung und bargeldlosem Telefonieren ausgestattet ist. Außerdem hat sie eine *TUI*-Card auf dem Markt, die darüber hinaus Kreditkartenfunktion besitzt und einige weitere finanzielle Vergünstigungen (z.B. günstige Konditionen für Übernachtungen in Flughafennähe bei ausgewählten Hotelgesellschaften) ermöglicht.
> - Bei der *RIU*-Hotelgruppe, einer 50%igen Hoteltochter der *TUI*, wurde unlängst ebenfalls ein Kundenclub gegründet. Ein Vorteil für die Gäste liegt u.a. in der Sammlung von Punkte-Guthaben, die ab einer bestimmten Summe auf die Kosten künftiger Übernachtungen in einem *RIU*-Hotel angerechnet werden.

- **Nutzung des Event-Marketing**

Durch die zunehmende Erlebnisorientierung der Konsumenten und das Aufkommen des Veranstaltungs-Sponsoring entwickelte sich das Event-Marketing.[91] Darunter ist das Marketing mit Ereignissen und Veranstaltungen zu verstehen, die initiiert werden, um eine besonders enge Beziehung von Unternehmen und Produkten zu ihren Zielgruppen herzustellen.

---

[90] Vgl. Belau, K. (1996), S. 198
[91] Vgl. Kinnebrock, W. (1993), S. 64ff.

Bisher hat die Vermarktung von touristischen Leistungen mit Hilfe von Events keine große Bedeutung. Dabei geben Markenartikelhersteller anderer Branchen inzwischen bis zu 30% ihres Kommunikationsetats dafür aus, via Event mit ihren Zielgruppen (oder genauer: Szenen) kommunizieren zu können.

> **Beispiel** für eine der Ausnahmen im Tourismus: Der *Stuttgarter Airport* veranstaltete 1995 eine achtstündige Fiesta mit dem Thema Portugal. Etwa 50 portugiesische Folklore-Künstler traten auf, rund 150 Reisebüros stellten ihre neuesten Angebote vor, Spezialitätenbuffets luden zum Probieren ein und Dia- sowie Videoshows vermittelten einen Eindruck von den interessantesten portugiesischen Reisezielen.

Vorstellbar wäre es auch, daß große Hotelbetriebe oder -ketten zu einer thematischen Party für Stammgäste und solche, die es werden wollen, direkt in der Quellregion einladen. Während solcher Veranstaltungen hergestellte Kontakte sind ungleich besser als bei herkömmlicher Werbung. Denn erstens werden die Kunden direkt und persönlich angesprochen und zweitens können sie in ungezwungener Atmosphäre mit Informationsmaterialien über das Hotel und seine Produkte versorgt werden.[92]

- **Beteiligung an Messen**

Reisemessen sind in Deutschland dadurch geprägt, daß sie überwiegend als Konsummessen konzipiert sind. Dementsprechend haben alle touristischen Leistungsträger die Möglichkeit, potentielle Kunden auf den Messen zu erreichen. Vielfach entsteht hier für Reiseinteressierte erstmals die Möglichkeit, mit einem Reiseveranstalter, einer Hotelgruppe oder einer Destinationsvertretung direkt in Kontakt zu kommen. Umso wichtiger ist, daß dieser Kontakt in puncto Kompetenz und Freundlichkeit positiv ausfällt.

Zu einem echten, leistungsverbessernden Dialog mit den Endkunden werden die Reisemessen allerdings bisher wenig genutzt, obwohl sie sich für eine Reihe von Marktforschungs- und Kundenbindungsmaßnahmen besonders anbieten.

> Zum **Beispiel** könnten auf Messen verstärkt persönliche Interviews mit potentiellen Gästen durchgeführt werden. Oder es werden die Einkäufer von Reiseveranstaltern zu einem abendlichen „Come together" mit Bewirtung eingeladen. Beide Beispiele ermöglichen den persönlichen Dialog mit potentiellen Zielgruppen, bei dem Wünsche in Erfahrung gebracht werden können, die in Marketingmaßnahmen des Hotels umgemünzt werden können.

---

[92] Zu Events im Tourismus vertiefend Dreyer, A. (1997b) und Freyer, W. (1996).

- **Konsequentes Telefonmarketing** (in allen Phasen wichtig!)

Das Telefonmarketing zählt zu den wichtigen Faktoren des Direktmarketing. Bei Anfragen und Reservierungen kommt in der Hotellerie häufig der Dialog mit dem Kunden erstmalig zustande, was die Bedeutung einer guten Behandlung des Anrufers unterstreicht, da der erste Eindruck oftmals richtungsweisend ist.

Darüber hinaus wird das Telefon als Kommunikationsmedium im Marketing unterschiedlich genutzt. Im - aus Sicht des Unternehmens - aktiven Telefonmarketing werden von Unternehmen Kundenbetreuungen, Marktbefragungen, Neukundenakquisitionen, Adreß-Aktualisierungen oder Sonderverkaufsaktionen vorgenommen. Beim passiven Telefonmarketing geht die Aktivität von Kunden oder Interessenten aus. Es ist insbesondere geeignet für Adreßaufnahmen (zum Prospektversand), die Auftragsannahme (z.B. beim Verkauf von Veranstaltungstickets), als Servicetelefon zur Kundenpflege, für Informationsdienste und die Reklamations-Bearbeitung.

Die Technik eröffnet dem Telefonmarketing immer neue Möglichkeiten. Beispielsweise können Gespräche unpersönlich über sogenannte "Voice-Response-Systeme" abgewickelt werden. Der Anrufer besitzt die Wahlmöglichkeiten zwischen alternativen Handlungen durch das Drücken bestimmter Telefontasten.[93] Es kann die Auswahl bestimmter Gesprächspartner oder die Bearbeitung von Informationsanfragen vom Telefonisten auf den Anrufer übertragen werden. Der Kunde kommuniziert zunächst nur mit einem Automaten, indem er mit diesem ein (nach Ansicht der Verfasser) schwerfälliges Frage und Antwort-Spiel betreibt. Dessen Akzeptanz dürfte allenfalls bei Hotelbetrieben mit (vom Gast erwartet) sehr niedrigem Serviceumfang gegeben sein. Für die Drei- bis Fünf-Sterne-Hotellerie kommt der Einsatz solcher Systeme sicher nicht in Betracht.

Mehr Service bedeutete es, wenn Anrufer in die Lage versetzt werden, ihre Gespräche mit einem Unternehmen kostenlos zu führen. Zu diesem Zweck hat die Deutsche Telekom den Service der 0130-Rufnummern entwickelt.

Ein weiterer Schritt zur Serviceverbesserung ist eine kundenfreundliche Telefonpolitik, bei der es gilt individuelle Lösungen für eine Reihe von Problemen zu finden. Zu diesen zählen u.a.:

---

[93] Vgl. Gottschling, S.; Rechenauer, H.O. (1994), S. 100ff und Töpfer/ Greff (1995), S. 96f.

- Das Telefon im Hotel muß stets besetzt sein, denn fünf erfolglose Kontaktversuche pro Fall gelten als „K.o."-Kriterium, d.h. der Kunde ist für das Unternehmen verloren.[94]
- Telefonate sollten spätestens nach fünf Klingelzeichen entgegengenommen werden.[95]
- Das Telefongespräch muß ohne Verzögerungen abgewickelt werden.
- Anruf-Weiterleitungen sind zügig vorzunehmen und die Wartezeit ist angenehm und kurzweilig zu gestalten (keine nervtötende zielgruppenunadäquate Musik etc.).
- Der Gesprächsverlauf muß persönlich (u.a. Nennung des eigenen Namens), freundlich und höflich bei erkennbar aktivem Zuhören gestaltet werden.
- Im Ergebnis muß es eine zufriedenstellende Auskunft geben.
- Es muß entschieden werden, ob und ggf. wann Telefongespräche in persönliche Gespräche mit Gästen oder Kunden "hineinplatzen" dürfen.

Zu den Erfolgsfaktoren einer kundenorientierten Telefonkultur gehört, daß der Telefonservice zur **Chefsache** erklärt wird, um den Stellenwert im Unternehmen deutlich zu machen. Mit Hilfe von **Prozeßanalysen** müssen Schwachstellen identifiziert werden. Dies kann durch einfache quantitative Messungen (z.B. „Wieviele Anrufe gehen zu welchen Zeiten ein?" oder „Welche Anrufgründe gibt es?") geschehen, die durch Zufriedenheitsmessungen (z.B. mit Hilfe der Critical Incident Technique) ergänzt werden.
In der Folge müssen die **Ziele** des Telefonmarketing festgelegt werden (z.B. „durchschnittliche Erreichbarkeit nach dreimaligem Klingeln" oder „durchschnittliche Gesprächsdauer in der Reservierungsabteilung max. x Minuten").
Für die Gestaltung der Telefonate sind neben der Grundsatzentscheidung, ob bestimmte Aufgaben an externe Unternehmen vergeben werden sollen (z.B. **Outsourcing** im Hotel von Reservierung und Buchung), die Möglichkeiten der Hardware sowie die kommunikativen Leistungen des Telefonpersonals von entscheidender Bedeutung.[96] Bei emotionsgeladenen touristischen Produkten ist der **Gesprächsatmosphäre** eine besondere Bedeutung beizumessen. Die folgende Abbildung informiert über die Einflußfaktoren.

---

[94] Vgl. Töpfer/Greff (1995), S.34.
[95] Man geht davon aus, daß der Kunde nach fünfmaligem Klingeln auflegt. Vgl. Töpfer, A.;Greff, G. (1995), S.53.
[96] Vgl. Töpfer, A.;Greff, G. (1995), S.101ff.

Abbildung 4.4.2.1-1:
Grundlagen guter Gesprächsatmosphäre beim Telefonieren

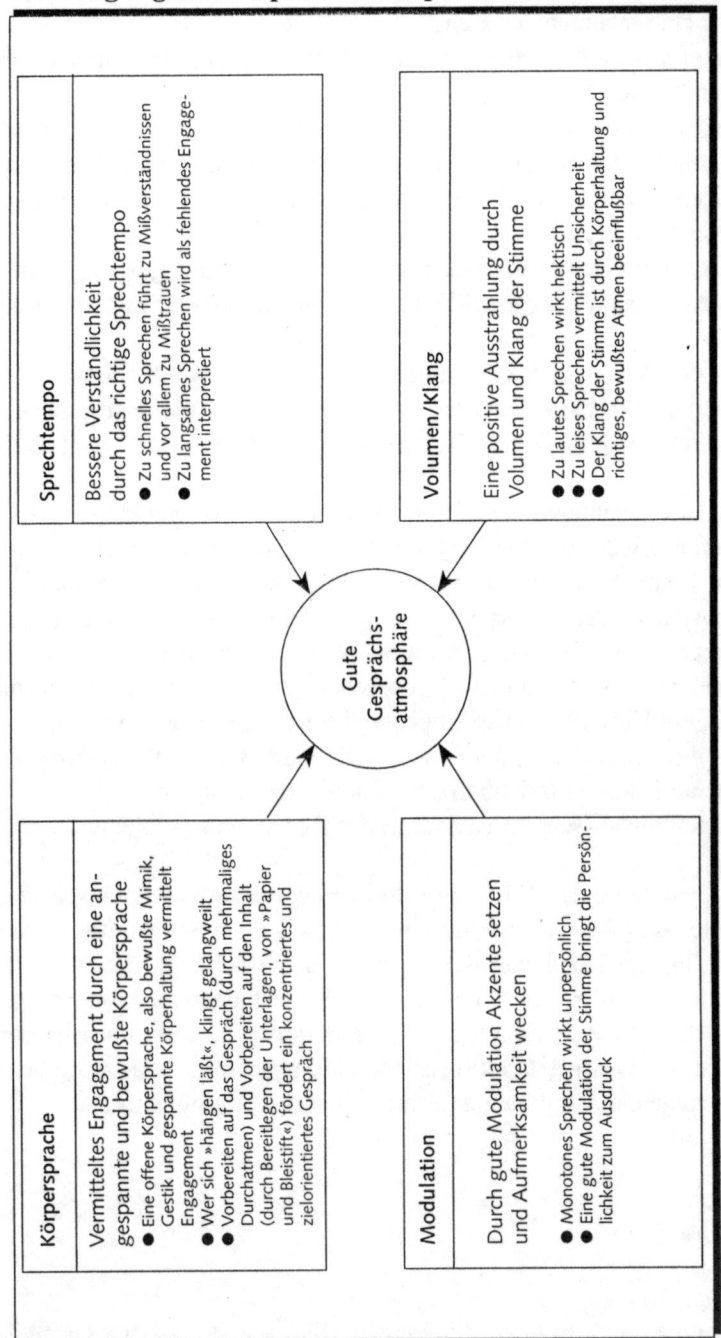

Sprechtempo

Bessere Verständlichkeit durch das richtige Sprechtempo
- Zu schnelles Sprechen führt zu Mißverständnissen und vor allem zu Mißtrauen
- Zu langsames Sprechen wird als fehlendes Engagement interpretiert

Volumen/Klang

Eine positive Ausstrahlung durch Volumen und Klang der Stimme
- Zu lautes Sprechen wirkt hektisch
- Zu leises Sprechen vermittelt Unsicherheit
- Der Klang der Stimme ist durch Körperhaltung und richtiges, bewußtes Atmen beeinflußbar

Körpersprache

Vermitteltes Engagement durch eine angespannte und bewußte Körpersprache
- Eine offene Körpersprache, also bewußte Mimik, Gestik und gespannte Körperhaltung vermittelt Engagement
- Wer sich »hängen läßt«, klingt gelangweilt
- Vorbereiten auf das Gespräch (durch mehrmaliges Durchatmen) und Vorbereiten auf den Inhalt (durch Bereitlegen der Unterlagen, von »Papier und Bleistift«) fördert ein konzentriertes und zielorientiertes Gespräch

Modulation

Durch gute Modulation Akzente setzen und Aufmerksamkeit wecken
- Monotones Sprechen wirkt unpersönlich
- Eine gute Modulation der Stimme bringt die Persönlichkeit zum Ausdruck

Gute Gesprächsatmosphäre

Quelle: Töpfer, A.; Greff, G. (1995), S. 155.

- **Einsatz von Internet/ T-online** (auch relevant in der Prozeßphase)

Diese und andere sogenannte "neue Medien" werden sehr unterschiedlich im Marketing eingesetzt, was u.a. an den technischen Möglichkeiten und deren Nutzung liegt. Die neuen Medien sind interaktiv, d.h. es kann ein Dialog zwischen dem Nutzer und dem Medium hergestellt werden, der darüber hinaus sogar in die Möglichkeit mündet, mit dem Anbieter des Mediums in Kontakt zu treten. Allerdings wird die Nutzbarkeit für das Marketing dadurch eingeschränkt, daß eine selektive Zielgruppenansprache nicht bei allen Medien möglich ist und daß die Verbreitung einiger Medien noch sehr gering ist. Es existieren vier Möglichkeiten der Kundenintegration mit unterschiedlicher Intensität:

1. Es können nur Informationen abgerufen werden, und es gibt keinen Rückkanal zum Medium bzw. zum Anbieter (z.B. CD-ROM, Videotext).
2. Der Mediennutzer hat zusätzlich zum Informationsabruf die Möglichkeit, weiterführende Informationen anzufordern. Zu diesem Zweck hinterläßt er seine Adresse im System (z.B. Fax-Polling, Internet).
3. Während man sich mit Punkt zwei immer noch in der Potentialphase befindet, kann der Mediennutzer in einem weiteren Schritt in die **Prozeßphase** integriert werden, indem er z.B. Kaufinteresse dadurch signalisiert, daß er eine Reservierung vornimmt. Zum kompletten Vertriebsweg fehlt es hier nur noch an der Übersendung der Buchungsunterlagen und am Inkasso (z.B. Mobilfunknetze).
4. Gegenüber 3. werden nun auch noch die Verträge bzw. Reisedokumente versendet bzw. vom Terminal direkt ausgegeben. Damit wird der an Informationen Interessierte zum Käufer; aus dem Informations- bzw. Werbemedium ist ein Vertriebsweg geworden (z.B. Elektronisches Reisebüro oder Deutsche Bahn in T-Online, Tele-Shopping). Bei dieser Form der Buchung hat der Kunde wesentliche Funktionen der touristischen Leistungsträger selbst übernommen.[97]

- **Pauschalangebote im Baukastensystem**

Das Angebot von Reisebausteinen führt zu einer eigenständigen Kreation der Pauschalreise seitens des Kunden. Dadurch kann der Kunde seine eigenen Vorstellungen zu den einzelnen Leistungskomponenten in einer für ihn optimalen Form kombinieren, was zu einer größeren Chance auf eine zufrieden-

---

[97] Vgl. Pille (1995), zit. bei Dreyer, A. (1997a), S. 117f.

stellende Leistungserfüllung seitens des Reiseveranstalters führt, da unpassende Leistungsbestandteile von vornherein eliminiert werden.

4.4.2.2 Kundenintegration in der Prozeßphase

<u>Ziele</u>

Im Rahmen der Maßnahmen zur Kostensenkung besitzen Unternehmen möglicherweise produktpolitischen Spielraum zur Externalisierung von Dienstleistungen. Aus wettbewerbspolitischer Sicht können mit Hilfe der Kosteneinsparungen Preisvorteile angestrebt werden.

Unter der Voraussetzung, daß das Spektrum der Leistungen im Rahmen einer Dienstleistung sich nicht ändert (Isoleistungslinie), bedeutet die Externalisierung bzw. Internalisierung eine Umverteilung der zu erbringenden Leistungen zwischen Anbieter und Nachfrager. Übernimmt der Anbieter Leistungen des Kunden und weitet damit sein Dienstleistungsangebot aus, spricht man von einer Internalisierungsstrategie, während bei der Externalisierungsstrategie Teile der zu erbringenden Gesamtleistung auf den Kunden übertragen werden (stärkere Kundenintegration!).

Die Mindestaktivität eines Anbieters ist dabei eine Grundvoraussetzung, denn eine vollständige Verlagerung der Leistungserbringung auf den Kunden würde dafür sorgen, daß sich der Anbieter überflüssig macht. Würde sich eine Dienstleistung in ihrer Gesamtheit verändern, also das Dienstleistungsangebot ausgeweitet (bzw. verringert), so hätte das eine Verschiebung der Isoleistungskurve vom Ursprung weg (zum Ursprung hin) zur Folge.

Abbildung 4.4.2.2-1:
Isoleistungslinie

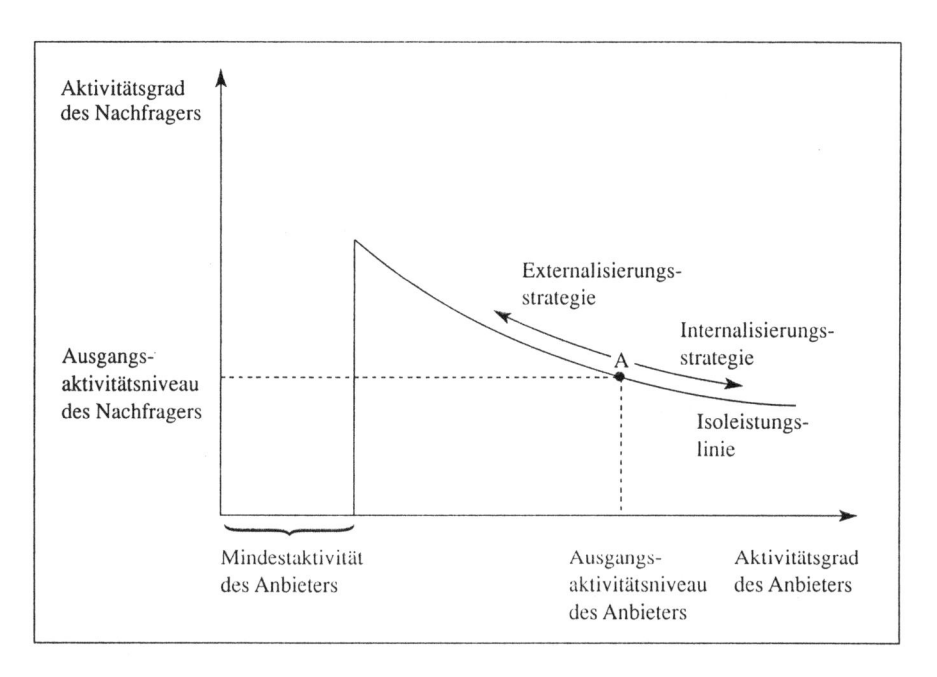

Diagramm: Aktivitätsgrad des Nachfragers (y-Achse) gegen Aktivitätsgrad des Anbieters (x-Achse). Eine fallende Kurve (Isoleistungslinie) verläuft durch Punkt A. Pfeile zeigen Externalisierungsstrategie (nach links oben) und Internalisierungsstrategie (nach rechts unten). Auf der y-Achse ist das Ausgangsaktivitätsniveau des Nachfragers markiert. Auf der x-Achse sind Mindestaktivität des Anbieters und Ausgangsaktivitätsniveau des Anbieters markiert.

Quelle: Corsten, H. (1997), S. 341.

Abgesehen von der grundsätzlichen Annahme, daß eine Gesamtdienstleistung zumindest teilweise zwischen Anbieter und Nachfrager substituierbar ist, hängt die Aufteilung der Funktionserfüllung von der jeweils anzutreffenden Bedingungslage bei Unternehmen und Kunden ab.

Seitens der Kunden muß die Akzeptanz und die Fähigkeit zur Übernahme von Funktionen gegeben sein. So kann z. B. die erhöhte Transparenz hinsichtlich des Leistungserstellungsprozesses für die Bereitschaft zur Übernahme von Funktionen ebenso förderlich sein wie die Erwartung, bei eigener Beteiligung einen geringeren Preis zu zahlen. Dagegen könnte es hinderlich sein, wenn die Übernahme von Aktivitäten als lästig empfunden wird, zu einer Reduzierung sozialer Kontakte zwischen Leistungsgeber und -nehmer führt oder die erhöhte Eigenverantwortlichkeit zu einer erhöhten Unsicherheit führt, ob die Realisation des Bedarfs angemessen erfolgen kann[98]

---

[98] Vgl. Corsten, H. (1995), S. 197.

Abbildung 4.4.2.2-2:
Kosteneinsparung durch Externalisierung

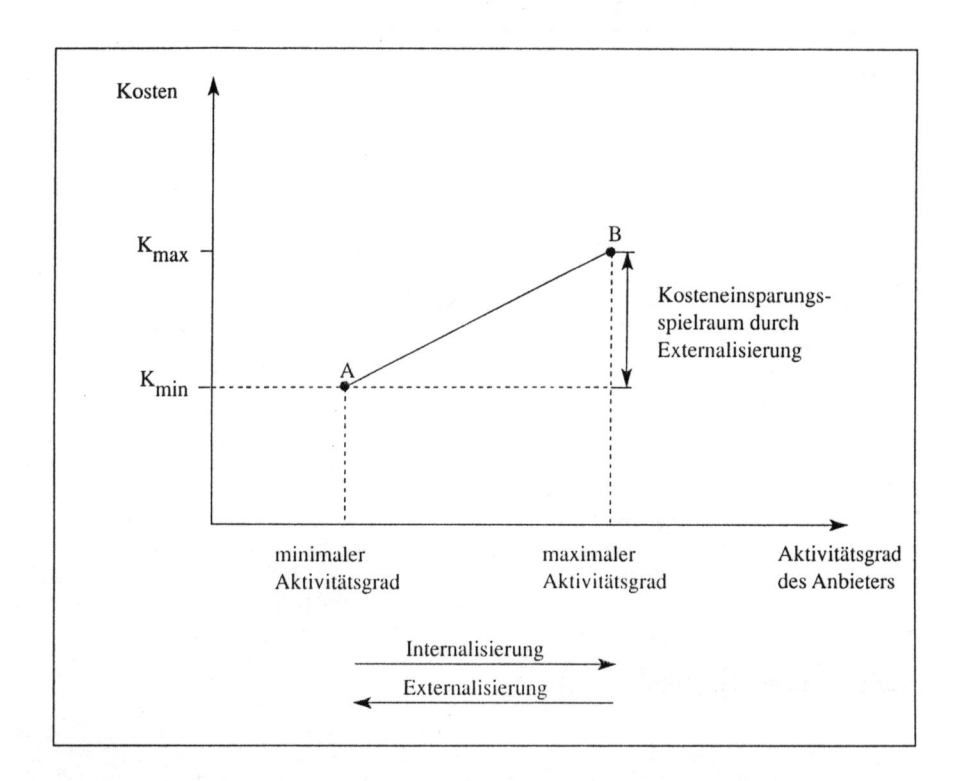

```
Kosten ▲
        │
        │
K_max   ┤              B
        │           ╱  ▲
        │        ╱     │ Kosteneinsparungs-
        │     ╱        │ spielraum durch
        │  A           │ Externalisierung
K_min   ┤──●───────────▼
        │  ┊           ┊
        │  ┊           ┊
        └──┴───────────┴──────────────▶
         minimaler   maximaler    Aktivitätsgrad
         Aktivitätsgrad Aktivitätsgrad des Anbieters

              Internalisierung ─────▶
              ◀───── Externalisierung
```

Quelle: Corsten, H. (1995), S. 202

Das Ausmaß der Kostensenkung durch Externalisierungsmaßnahmen wird bestimmt durch die mit der Verringerung der Anbieteraktivitäten einhergehenden Einsparungen, die zu einem Verlauf der Kurve von B nach A führen, wobei der Kosteneffekt auf der Ordinate abzulesen ist.

Neben Kosteneffekten ist aber gerade den Qualitätsaspekten im Rahmen der Integration von Kunden in den Prozeß der Leistungserstellung breiter Raum zu gewähren. Zu diesem Zweck muß den "Moments of Truth" große Aufmerksamkeit geschenkt werden. In den "Augenblicken der Wahrheit" kommt der Kontakt zwischen Dienstleister und Kunde zustande, weshalb man auch von der Identifikation von Kontaktpunkten als Bestandteil der Analyse spricht. Von der Art und Weise dieser Kontakte hängt die Qualitätsbeurteilung des Kunden wesentlich ab. Durch "richtige" Kundenintegration, sei es die Übertragung von Leistungen auf den Kunden oder die kommunikative Einbeziehung des Kunden durch den Dienstleister, kann die Qualitätsbeurteilung schließlich positiv beeinflußt werden.

Das bekannteste Instrument der Kontaktpunktidentifikation ist das Blueprinting-Verfahren.[99]

Marketing-Maßnahmen

- **Automatisierung von Kundenvorgängen**

Die Automatisierung von Vorgängen mit der anschließenden Ausgliederung der Funktion an den Kunden ist eine weit verbreitete Form der Externalisierung. Immer mehr touristische Leistungsträger übertragen Unternehmensfunktionen auf ihre Kunden und sorgen damit für ihre weitreichende Integration in einer aktiven Rolle.

Beispiel:
Unterschiedliche Unternehmensfunktionen werden der Bearbeitung des Kunden übergegeben:
- Aufstellung von Multimedia-Infoterminals im Eingangsbereich zur Entlastung des Personals an der Hotel-Rezeption.
- Hotel-Check out und Inkasso per Automat.

Für die Qualitätswahrnehmung ist die Bedienerfreundlichkeit der Softwaresysteme von entscheidender Bedeutung. Versteht der Kunde die Bedienerführung nicht sofort, gerät der Prozeß der Leistungserstellung ins Stocken und wird im schlimmsten Falle sogar abgebrochen.

- **Informationsaustausch an der Rezeption**

Das Gegenteil zur Automatisierung von Vorgängen stellt der persönliche Service dar. Anstatt den Kunden mit Infoterminals oder Prospekten alleine zu lassen, kann auch die Strategie verfolgt werden, Gäste an der Rezeption umfassend zu informieren und zu beraten. Insbesondere in Urlaubshotels ist diese Methode erfolgversprechend, da Gäste Informationen über Ausflugsmöglichkeiten und Aktivitäten häufig nachfragen.

---

[99] Aufürliche Informationen dazu in der Kontaktpunktanalyse von Kap. 5.

- **Personifizierung von Kundengesprächen**

Eine andere Form der emotional orientierten Kundenintegration ist - wo eben möglich - die Ansprache des Kunden mit seinem Namen. Da dies natürlich die Kenntnis des Namens voraussetzt, ist der Einsatz dieses Instruments nur bei einigen touristischen Leistungsträgern wie der Hotellerie oder den Reisebüros (bei Stammkunden) möglich.

Anbieter können darüber hinaus eine persönlichere Beziehung der Kunden zu ihren Mitarbeitern herstellen, indem sie z.B. den Mitarbeiternamen bei der Meldung am Telefon nennen lassen oder indem sie die Kleidung ihrer Dienstleister mit Namensschildern schmücken. Dabei ist zu berücksichtigen, daß die gewünschte emotionale Wirkung vornehmlich über die Nennung des Vornamens funktioniert.

Die Kommunikation des Dienstleisters mit seinem Kunden muß aber nicht immer ergebnisorientiert verlaufen. Urlaubsgäste (weniger Geschäftsreisende) erwarten am Hotelcounter auch unspezifische Gespräche, die ein Eingehen auf den Gast erkennen lassen und ein menschlicheres Miteinander bedeuten. Hier kommt der Ausstrahlung und dem Auftreten des Mitarbeiters sowie der Sympathie, die ihm seitens des Gastes entgegengebracht wird, in bezug auf die wahrgenommene Qualität besondere Bedeutung zu.

Unfreundlichkeit der Mitarbeiter wird häufig als der größte „Qualitätskiller" und Zerstörer der Kundenorientierung eines Unternehmens angesehen. Der Denkweise von Mitarbeitern, zunächst einmal einen „guten Job" zu machen und obendrein, quasi als Zugabe, auch noch freundlich zu sein, ist entgegenzutreten.[100] Freundlichkeit muß als das oberste Gebot gelten. Sie ist gleichsam die Eintrittskarte zur Gefühlswelt eines Gastes und stärkt dessen positives emotionales Erleben der erbrachten Dienstleistung.

Gleichzeitig muß durch geeignete Maßnahmen der Personalentwicklung (Schulung, Incentives etc.) sichergestellt werden, daß diese geforderte Freundlichkeit nicht aufgesetzt wirkt. Sie muß vielmehr langfristig aus der tatsächlichen inneren Überzeugung eines Mitarbeiters entstehen, daß Dienstleistungen eine zutiefst menschliche Angelegenheit sind.

---

[100] Vgl. Born, K. (1997).

- **Begrüßungscocktail mit der Direktion**

Eine gerne von der Hotellerie genutzte Variante der Gästeintegration wird mit der Einladung zu einem Begrüßungscocktail verfolgt. In einer angestrebt ungezwungenen Atmosphäre sucht die Hotelleitung den Dialog mit den neu angereisten Gästen. Dabei ist darauf zu achten, daß es nicht zu verkrampften Gesprächsverläufen kommt, was dem Ziel der positiv wirkenden Integration zuwiderlaufen würde. Beobachtungen zeigen allerdings, daß diese Gefahr je nach den Persönlichkeiten des Hoteldirektors und der anwesenden Gäste nicht selten besteht.

- **Weitergehende Kundenbeteiligungen an der Leistungserstellung**

Über die Automatisierung von Vorgängen hinaus gehen andere Formen der Externalisierung:

- Beherbergungsbetriebe: Bei Apartementübernachtungen übernimmt der Reisende das Erstellen des Frühstücks und das Bettenmachen.
- Gastronomie: Das Angebot eines Frühstücksbüffets führt zur Verminderung der Bedienungsfunktion seitens des Anbieters. In Schnellrestaurants (z.B. *McDonalds*, *Karstadt Restaurants*) herrscht das Prinzip der Selbstbedienung.

- **Einsatz von Animateuren**

Auch bei der Animation werden Reisegäste in die Leistungserstellung aktiv einbezogen. Die Qualitätswahrnehmung wird dabei von verschiedenen Faktoren beeinflußt. Die Bereitschaft des Gastes zum Mitmachen ist ein wesentlicher Faktor. Darüber hinaus ist die Zusammensetzung der Gruppe und die Interaktion der Gruppenmitglieder bedeutsam, wobei der Animateur eine entscheidende Rolle als Integrationsfigur spielt.

Beispiel: Club-Hotels zeichnen sich durch ein systematisches **Kontaktmanagement** aus, indem sie das Zustandekommen und die Effizienz von Interaktionen systematisch fördern. Zwar sind die Gäste größtenteils selbst dafür verantwortlich, aber ihr Verhalten läßt sich durch die Gestaltung der Rahmenbedingungen beeinflussen bzw. katalysieren. Dazu sind Animationsveranstaltungen, bei denen die Menschen einander nähergebracht werden können, gut geeignet.
Die Animateure müssen dabei ständig gute Laune verbreiten, da dies der beste Garant für die gute Stimmung anderer ist und prosoziale, das heißt hier: auf Gemeinschaft oder Geselligkeit ausgerichtete Verhaltensweisen, hervorruft.[101]

---

[101] Vgl. Silberer, G.; Jaekel, M. (1996); S. 165.

- **Inszenierung von Wartezeiten**

Aus Sicht der Kunden kommt dem Zeitmanagement in Dienstleistungsprozessen eine besondere Bedeutung zu. Das Konzept des Zeitmanagement kennt vier Zeitformen:

1. Transferzeiten
   Diese entfallen auf den Transport zum Ort der Erstellung der Hauptleistung und zurück. Der Transport kann mit dem Reisebus, dem Shuttle Service des Hotels, dem Taxi, zu Fuß etc. erfolgen. Je nach Transferart fallen die Transferzeiten unterschiedlich lang aus und werden unterschiedlich bewertet. Im Regelfall ist davon auszugehen, daß diese Zeiten möglichst minimiert werden sollten.
2. Abwicklungszeiten
   Diese werden zur Erledigung von Formalitäten benötigt, die zwar mit der eigentlichen Leistung in direktem Zusammenhang stehen, aber nicht als ihr Bestandteil anzusehen sind. Hierzu zählen z.B. der Check-in im Hotel oder der Kauf von Eintrittskarten.
3. Wartezeiten
   In den Wartezeiten kommt normalerweise der Prozeß der Leistungserstellung zum Stillstand. Es finden keine Transaktionen statt. Dies ist etwa beim Warten auf den nächsten freien Mitarbeiter an der Hotelrezeption oder beim Warten auf das Essen im Restaurant der Fall.
4. Transaktionszeiten
   Diese Zeiten sind der Erbringung der eigentlichen (Haupt-)leistung vorbehalten.[102]

Es gilt entweder diese Wartezeiten zu minimieren oder sie eventuell in den (zu erweiternden) Dienstleistungsprozeß einzubeziehen, indem Inszenierungen vorgenommen werden, die ein Aufkommen von Langeweile verhindern und sogar für neue Eindrücke bei den Kunden sorgen (emotionale Kundenintegration).

Beispiele:
- An der Rezeption stehen Zeitschriften oder Prospekte zur Verfügung.
- Im Restaurant vertreiben Musiker den Gästen die Zeit.

---

[102] Vgl. Stauss, B. (1991), S. 82 und Meffert, H.; Bruhn, M. (1995), S. 266.

- **Hotelsprechzeiten einer Zielgebiets-Reiseleitung**

Eine Form der Kommunikation über die Dienstleistung während der Erstellung derselben ist das Gespräch mit dem Reiseleiter. In Feriengebieten, in denen Reiseveranstalter eine größere Zahl an Hotels belegen, werden z.B. Sprechzeiten in den einzelnen Hotels eingerichtet, um Fragen und eventuell aufkommende Probleme gleich vor Ort lösen zu können.

Beispiel: Die *TUI* hat das Aufgabenspektrum ihrer Zielgebiets-Reiseleitung dahingehend erweitert, daß Beschwerden nicht nur entgegengenommen werden, sondern möglichst sofort kompensiert werden, sofern keine kurzfristige Abhilfe möglich ist. Diese Maßnahmen laufen bei der *TUI* unter dem Kürzel „ZAK - Zielgebiets-Abhilfe und -Kompensation".

Zusammenfassender Überblick

Abbildung 4.4.2.2-3 zeigt die Wirkung und Intensität der Kundenintegration in der Prozeßphase. Eine negative Integrationswirkung ist grundsätzlich in keinem der Beispiele zu erwarten; sie tritt z.B. erst dann auf, wenn ein Beratungsgespräch nicht erfolgreich verläuft (emotional negativ) oder sich ein Gast bei einer sportbezogenen Animationsveranstaltung eine Verletzung zuzieht (physisch negativ).

Abbildung 4.4.2.2-3:
Wirkung und Intensität der Kundenintegration in der Prozeßphase

positiv			neutral	negativ		
stark	mittel	schwach		schwach	mittel	stark
+++	++	+	o	-	--	---

Integrationsformen **Beispiele für Marketing-Maßnahmen**	physisch	intellektuell	emotional
Automatisierung von Kundenvorgängen	+	++	o
Informationsaustausch an der Rezeption	+	++	+
Personifizierung von Kundengesprächen	o	o	++
Begrüßungscocktail mit der Direktion	o	+	+
Frühstücksbüffet	+	o	o
Sport-Animation	+++	+	++
Inszenierung von Wartezeit	+	+	o
Hotelsprechzeiten einer Zielgebiets-Reiseleitung	++	+	o
Entgegennahme von Beschwerden	+	++	+++

Quelle: Dreyer (1997a), S. 125, in Anlehnung an Meyer/Mattmüller (1995), S. 95.

4.4.2.3 Kundenintegration in der Ergebnisphase

Ziele

Die Erhaltung und Verbesserung der Kundenzufriedenheit steht im Mittelpunkt der Zielsetzungen des Nachkaufmarketing. Sollten nach dem Konsum der Leistung kognitive Dissonanzen beim Kunden auftreten, so sind geeignete Maßnahmen zu deren Beseitigung zu ergreifen. Dies führt zur Gestaltung der unternehmerischen Beschwerdepolitik, die sich zum Ziel setzen muß, aus einem unzufrieden Kunden einen Stammkunden zu machen.

Marketing-Maßnahmen

- **Konstruktives Beschwerdemanagement**

Wichtigste Aufgabe des Beschwerdemanagements ist die Herstellung einer hohen Beschwerdezufriedenheit und damit die Vermeidung von Kundenabwanderungen bzw. negativer Mund-zu-Mund-Kommunikation. Außerdem soll das Dienstleistungsimage als "kulantes Unternehmen" herausgearbeitet werden und es sollen Kundeninformationen als Grundlage für die Leistungsverbesserung gewonnen werden.
Zu den weiteren Phasen im Prozeß des Beschwerdemanagements zählen die Beschwerdebearbeitung, die Beschwerdeanalyse zur Aufdeckung wiederkehrender Fehlerquellen und die Informationsweitergabe, damit die Fehlerbeseitigung erfolgen kann.[103]
Ein wesentliches Problem des Beschwerdemanagements besteht darin, unzufriedene Kunden erst einmal zur Äußerung einer Beschwerde zu bewegen, um zu vermeiden, daß sie stillschweigend zur Konkurrenz abwandern. Daher sollten Unternehmen ihren Kunden Beschwerdeaktivitäten erleichtern.

- **Einsatz von Instrumenten zur Kundenbindung**

(Ausführlichere Informationen zum Beschwerdemanagement in Kap. 8 und weitere Hinweise zu Instrumenten der Kundenbindung in Kap. 9).

---

[103] Vgl Meffert, H.; Bruhn, M.(1995), S. 258, Hansen, U. et al. (1995).

4.5 Fehlerquellen bei der Erstellung der „richtigen" Qualität

Zeithaml, *Berry* und *Parasuraman*[104] haben durch ihre Untersuchungen vier Problemfelder identifiziert, die dazu führen können, daß nicht die „richtige" Qualität von Dienstleistungen im Unternehmen erzeugt wird.

1. Das Management nimmt die Erwartungen der Kunden nicht richtig wahr.
Erforderlich ist eine konsequente am Kundennutzen ausgerichtete Unternehmensführung, von der die Kundenorientierung entsprechend „vorgelebt" wird. Eine wesentliche Möglichkeit zur Vermeidung von Fehlern ist dabei die systematische Durchführung von Marktforschungen, um Kundenwünsche und -erwartungen sowie deren Veränderungen im Zeitablauf erkennen zu können. Neben der kontinuierlichen Erfassung von Kundenanforderungen ist eine Unternehmenskultur erforderlich, in der Informationen in der umgekehrten hierarchischen Reihenfolge, also von unten nach oben, regelmäßig weitergegeben werden.

2. Die Erwartungen werden in der Planung von Produkt- und Serviceleistungen falsch umgesetzt.
Möglicherweise wird von Seiten des Management angenommen, daß die Erwartungen der Kunden nicht in die konkreten Planungen zu integrieren seien.

3. Die tatsächlich geplanten Dienstleistungen werden bei der Leistungserstellung schlecht umgesetzt.
Neben den grundsätzlichen Voraussetzungen einer Verbesserung der Kundenorientierung bei allen Mitarbeitern kann Abhilfe in konkreten Fällen durch Schulung der Mitarbeiter, Einsatz von Anreizsystemen und verbesserten technischen Mitteleinsatz (leistungsstärkere Telefonanlage, besserer PC etc.) erreicht werden. Die laufende Qualitätsüberwachung kann z.B. im Hotel bei Routinevorgängen durch Checklisten-Kontrollen erfolgen.

---

[104] Vgl. Zeithaml, V.A.; Berry, L.L.; Parasuraman, A. (1991b), S. 137ff.

4. Die Dienstleistungen stimmen nicht mit der an den Kunden gerichteten Kommunikation über diese Dienstleistungen überein.
An dieser Stelle ist besonders auf die Gefahr übertriebener Werbeversprechen hinzuweisen. Natürlich muß Werbung seinen akquisitorischen Charakter bewahren, aber bei allzu weitgehenden Werbeaussagen besteht die Gefahr, daß aufgebaute Erwartungshaltungen nicht mehr erfüllbar sind und Unzufriedenheit geradezu „vorprogrammiert" ist.[105]

Im Ergebnis entspricht in allen vier dargestellten Fällen die wahrgenommene Qualität nicht den Erwartungen.
Infolgedessen entsteht Unzufriedenheit, die nun nur noch durch gutes Beschwerdemanagement zu beseitigen ist.

---

[105] Siehe auch Kap. 3.1 zur Entstehung von Erwartungshaltungen.

5. Messung von Kundenzufriedenheit und Dienstleistungsqualität

5.1 Überblick über verschiedene Meßansätze

In der Literatur finden sich zahlreiche Meßansätze und Verfahren mit der Intention, Auskunft über den Grad von Kundenzufriedenheit und Dienstleistungsqualität zu geben. Diese werden häufig als Alternativmodelle angesehen und deshalb isoliert eingesetzt. Um eine vollständige Erfassung des Untersuchungsgegenstandes zu gewährleisten, empfiehlt es sich aber verschiedene Meßmethoden **komplementär** zu berücksichtigen.[106]

Vor der eigentlichen Messung von Kundenzufriedenheit und Dienstleistungsqualität sollte eine umfassende **Kundenanalyse** durchgeführt werden, bei der die Ermittlung von Wünschen, Problemfeldern und Bedürfnissen der Kunden im Vordergrund steht.[107] Dieses Wissen erleichtert es dem Unternehmen, die Leistungserwartungen seiner Kunden besser einschätzen zu können.
Es sollte keine Beschränkung auf die Analyse bestehender Kunden erfolgen. Besonders die Befragung von **Nicht-Kunden** (Non-Customer-Analysis) und **verlorenen Kunden** (Lost-Customer-Analysis) bietet sich zur Informationsgewinnung an. Darüberhinaus geben Lead-User-Analysen Aufschluß über zukünftige Trends. Bei allen Analysemethoden eignen sich als Untersuchungsformen persönliche Tiefeninterviews und Fokusgruppen besonders.[108]

Die Meßmethoden lassen sich in objektive und subjektive Verfahren einteilen. **Subjektive Meßmethoden** erfassen individuelle, subjektiv wahrgenommene Faktoren der Zufriedenheit von Kunden (z.B. Erwartungshaltungen, geäußerte Beschwerden).
Bei der Messung mit **objektiven Verfahren** werden dagegen eindeutig über unterschiedliche Kunden gemeinsam feststellbare Kriterien erhoben. Unter der Prämisse, daß zufriedene Kunden Markentreue implizieren bzw. unzufriedene Kunden abwandern, werden daraus resultierende Größen wie Umsatz, Marktanteil und Gewinn gemessen. Die Validität bezüglich der Kundenzufriedenheit wird als recht gering angesehen, da o.g. Größen von vielen weiteren Faktoren (z.B. Aktivitäten der Konkurrenz) beeinflußt werden und sich nicht auf die Zufriedenheit von Kunden reduzieren lassen.[109] Trotzdem stellen die objektiven Verfahren die von Unternehmen am häufigsten benutz-

---

[106] Vgl. Homburg, C.; Werner, H. (1996), S.92.
[107] Vgl. Homburg, C.; Werner, H. (1996), S.92.
[108] Vgl. Homburg, C.; Werner, H. (1996), S.93f.
[109] Vgl. Homburg, C.; Rudolph, B. (1997), S.44.

ten Meßverfahren zur Messung von Kundenzufriedenheit und Dienstleistungsqualität dar.[110]

Homburg/Rudolph et al. untergliedern die subjektiven Meßmethoden wiederum in merkmalsbezogene- und ereignisorientierte Ansätze.[111] Beim **merkmalsbezogenen Ansatz** werden bestimmte Merkmale wie beispielsweise Produkt- und Servicemerkmale einzeln und relativ standardisiert untersucht. Innerhalb des merkmalsorientierten Untersuchungsansatzes wird noch einmal zwischen der impliziten und der expliziten Methode unterschieden.
Die Messungen der **impliziten** (unternehmensinternen oder vertriebskanalorientierten) Methoden beziehen sich schwerpunktmäßig auf Beschwerdeanalysen und hängen somit weitgehend vom aktiven Beschwerdeverhalten der Kunden ab. Mit Hilfe von **explizit** (bei Kunden) durchgeführten Untersuchungen erwartet man sich Aufschluß über den Erfüllungsgrad von Kundenerwartungen und dem Maß an Kundenzufriedenheit, das anhand von Zufriedenheitsskalen erhoben wird.

Während bei den merkmalsgestützten Verfahren die Ergebnisorientierung im Vordergrund steht, heben die ereignisorientierten Verfahren auf den prozessualen Charakter der Dienstleistungserstellung ab. Die Erfassung und Untersuchung als besonders wichtig empfundener Kundenkontaktereignisse bilden den Schwerpunkt der **ereignisorientierten Messung**. Diese soll Aufschluß über Einstellungen, Bedürfnisse und Wünsche der Kunden geben. Den Grundgedanken des ereignisorientierten Ansatzes bildet die Annahme, daß das Qualitätsempfinden des Kunden durch die im Laufe des Dienstleistungsprozesses entstehenden Situationen bzw. Ereignisse maßgeblich beeinflußt wird und dieses zu einem abschließenden Qualitätsurteil führt.[112]

---

[110] Vgl. Lingenfelder, M.; Schneider, W. (1991a), S.110.
[111] Vgl. Homburg, C.; Rudolph, B. (1997), S.44f; siehe dazu auch Stauss, B.; Hentschel, B. (1992), S.115.; siehe dazu auch Homburg, C., Werner, H. (1996), S.92f.
[112] Vgl. Stauss, B.; Hentschel, B. (1992), S.117.

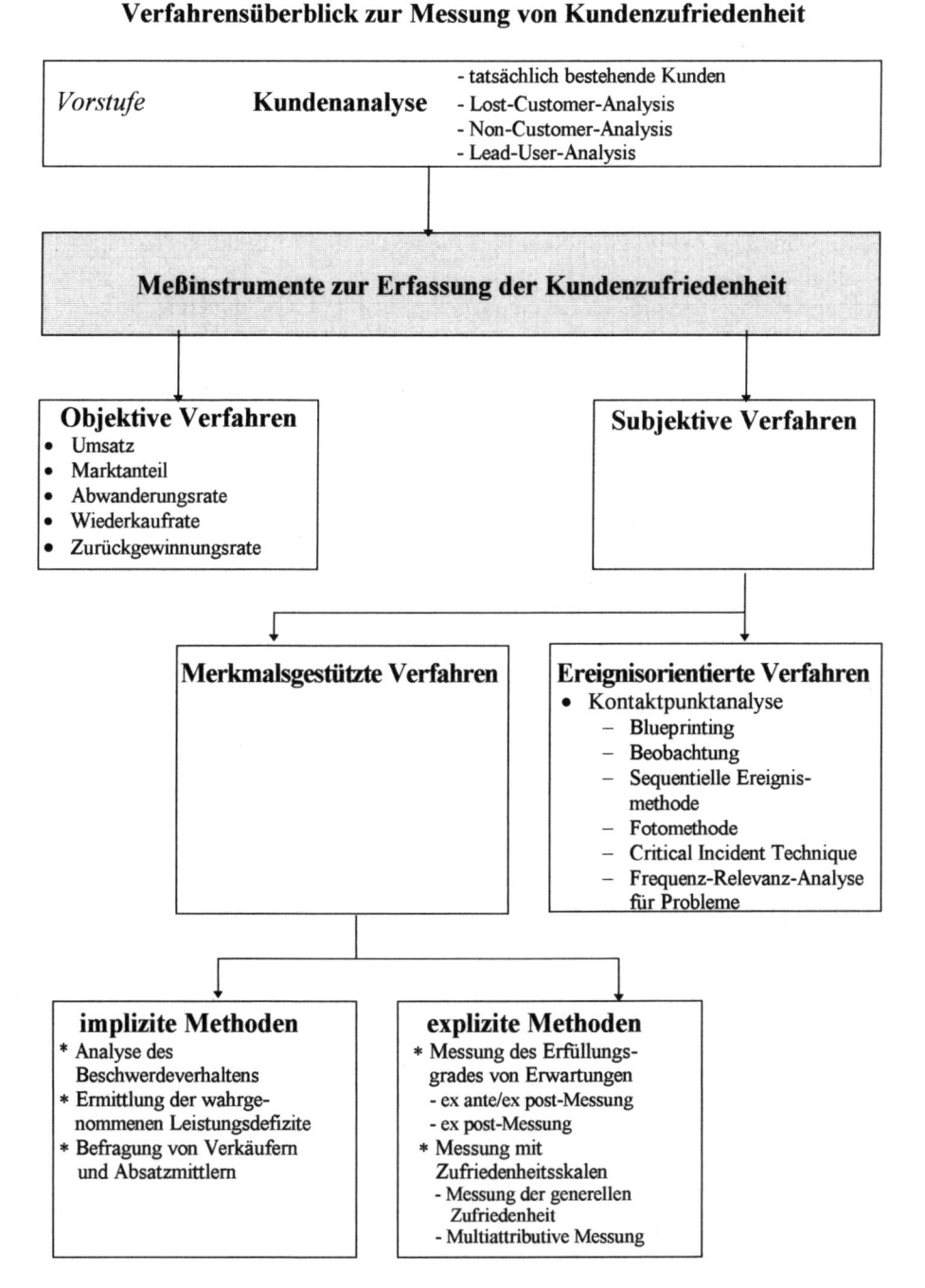

Abbildung 5.1-1:
Verfahrensüberblick zur Messung von Kundenzufriedenheit

Vorstufe	**Kundenanalyse**	- tatsächlich bestehende Kunden - Lost-Customer-Analysis - Non-Customer-Analysis - Lead-User-Analysis

Meßinstrumente zur Erfassung der Kundenzufriedenheit

Objektive Verfahren
- Umsatz
- Marktanteil
- Abwanderungsrate
- Wiederkaufrate
- Zurückgewinnungsrate

Subjektive Verfahren

Merkmalsgestützte Verfahren

Ereignisorientierte Verfahren
- Kontaktpunktanalyse
  - Blueprinting
  - Beobachtung
  - Sequentielle Ereignismethode
  - Fotomethode
  - Critical Incident Technique
  - Frequenz-Relevanz-Analyse für Probleme

implizite Methoden
* Analyse des Beschwerdeverhaltens
* Ermittlung der wahrgenommenen Leistungsdefizite
* Befragung von Verkäufern und Absatzmittlern

explizite Methoden
* Messung des Erfüllungsgrades von Erwartungen
  - ex ante/ex post-Messung
  - ex post-Messung
* Messung mit Zufriedenheitsskalen
  - Messung der generellen Zufriedenheit
  - Multiattributive Messung

Quelle: Eigene Darstellung in Anlehnung an Homburg, C.; Rudolph, B. (1997), S.45.

Die eingangs des Kapitels vorgeschlagene Entwicklung eines Meßsystems wird - beispielhaft für größere Betriebsformen der Hotellerie - im folgenden vorgenommen. Anschließend ist aufgeführt, welche Meßmethoden in der Praxis einiger Betriebe tatsächlich zum Einsatz kommen.

1. Regelmäßige multiattributive Befragung der Gäste über ihre Zufriedenheit in schriftlicher Form oder per Telefon (z.B. jährlich).
2. Regelmäßige Beschwerdeanalyse (ca. monatlich).
3. Regelmäßige Analyse von Standardereignissen durch checklistengestützte Beobachtung.
4. Regelmäßige persönliche Befragung ausgewählter Gäste mit Hilfe der sequentiellen Ereignismethode zur Gewinnung von Hintergrundinformationen (z.B. jährlich).
5. Bei Identifikation von kritischen Ereignissen empfiehlt sich dann eine fortgesetzte Analyse mit Hilfe der Critical Incident Technique bis das Problem beseitigt ist.[113]

Beispiele: Messung der Kundenzufriedenheit bei *Ritz-Carlton* und *Steigenberger*

Bei der Messung von Kundenzufriedenheit verwendet *Ritz-Carlton* eine zufriedenheitsorientierte Meßmethode. In Zusammenarbeit mit einem Marktforschungsinstitut werden monatlich ca. 1000 Gäste, etwa 30 Tage nach Abreise, zu einem ca. 5-minütigen **telefonischen Interview** gebeten. Dabei werden sie gezielt nach ihren Erfahrungen während des Hotelaufenthaltes befragt. Das Hauptaugenmerk liegt darauf, wie der Kunde die Problemlösungskompetenz des Hotels bzw. seines Personals einschätzt. Die Lösung eines eventuell aufgetretenen Problems soll der Proband dann auf einer Skala, die von 1 bis 5 reicht, bewerten. Darüberhinaus wird dem Kunden die Möglichkeit gegeben, sich zu beschweren und mit Hilfe dieser Form des aktiven Beschwerdemanagementes wird der Anteil der „unvoiced complainers" unter den unzufriedenen Kunden verringert. Am Ende des Gespräches wird der Proband noch um eine Einschätzung der Leistung von *Ritz-Carlton* im Vergleich zu Wettbewerbern gebeten.

Als weiteres zufriedenheitsorientiertes Instrument zur Messung der Kundenzufriedenheit kommen „**Comment Cards**" zum Einsatz. Dort können die Gäste angeben, was ihnen am Hotelaufenthalt nicht gefallen hat und ihrerseits Verbesserungsvorschläge äußern.

Zusätzlich zu „normalen" Hotelkunden werden auch Veranstalter von Tagungen nach ihrer Zufriedenheit mit den Leistungen des Hotels befragt. Als Instrument dient hierbei ein ca. 15-minütiges Telefoninterview, das 40 Fragen umfaßt. Die Fragen stammen aus dem Bereich Planung und Organisation und beziehen sich auf die „Pre-Event-Phase", die „Event-Phase" und die „Past-Event-Phase". Auch bei dieser Befragung wird dem Tagungskunden die Gelegenheit gegeben, Verbesserungsvorschläge einzubringen.

---

[113] Vgl. Homburg, C.; Werner, H.(1996), S. 98.

Des weiteren erfolgt eine vierteljährliche Befragung der Mitarbeiter von Reisebüros, Reiseveranstaltern etc., um auch hier Schwachstellen in der Qualität der Hotelleistung aufzudecken.

Neuesten Erhebungen der Hotelgruppe zufolge liegt die Kundenzufriedenheit von Ritz-Carlton bei 94%. Darüberhinaus würden 92% der Kunden ein *Ritz-Carlton* Hotel jederzeit weiterempfehlen.[114]

Steigenberger bedient sich unterschiedlicher Instrumente bzw. Informationsquellen, um Kundenzufriedenheit und Servicequalität zu kontrollieren. Dazu gehören
- Gästefragebögen,
- Beschwerdeanalysen,
- externe Silent-Shopper,
- Auswertung von Presseberichten, Hotel- und Restaurantführern.[115]

Zum Vergleich: Beispiel für ein umfassendes Meßsystem des Autovermieters *AVIS*:

Bei *AVIS* wird die Kundenzufriedenheit mit Hilfe von **Fragebögen** analysiert, die **monatlich** europaweit an die Kunden nach Erhalt der Rechnung versendet werden. Auf diese Weise wird ein **Kundenzufriedenheitsindex** (Customer Satisfaction Index - CSI) ermittelt, mit dessen Hilfe Zufriedenheitsentwicklungen im Zeitablauf festgestellt werden können. *AVIS* kann bei einer Rücklaufquote von ca. 20-25% bei 175.000 verschickten Fragebögen auf eine Basis von ungefähr 40.000 Kundeninformationen zurückgreifen.

Mittels DV-gestützter Auswertung werden **kontinuierlich Beschwerden erfaßt** und in ein ständig aktualisiertes Raster von Beschwerdegründen überführt, so daß Informationen über Schwachstellen im Unternehmen vorliegen.
Nach der Bearbeitung von Reklamationen werden darüber hinaus **monatlich Fragebögen** zur Ermittlung der **Beschwerdezufriedenheit** verschickt.[116]

Im folgenden werden die subjektiven Meßverfahren näher betrachtet, wobei der Schwerpunkt auf den Charakteristika des Untersuchungsablaufes sowie auf den Vor- und Nachteilen der jeweiligen Meßsysteme liegt.

---

[114] Vgl. Beckett, N.P. (1996), S.188ff.
[115] Vgl. Momberger, W. (1995), S.551ff.
[116] Vgl. Meffert/Bruhn (1995), S. 419ff.

Dabei müssen folgende Überlegungen zur Beurteilung der jeweiligen Verfahren herangezogen werden:

- **Relevanz** in bezug auf die Kundenzufriedenheit: Sind die zur Messung herangezogenen Kriterien überhaupt wichtig für die Entstehung der Zufriedenheit?
- **Vollständigkeit**: Werden alle denkbaren Zufriedenheitsaspekte erfaßt?
- **Aktualität**: Spiegeln die gewonnenen Ergebnisse die aktuelle Situation der Kundenzufriedenheit wieder?
- **Eindeutigkeit**: Lassen die Ergebnisse eindeutige und exakte Rückschlüsse auf Zufriedenheitsaspekte zu?
- **Steuerbarkeit**: Liefern die Ergebnisse gezielte und umsetzbare Anhaltspunkte für eine Verbesserung der Kundenzufriedenheit?
- **Kosten**: Rechtfertigen die zu erwartenden Ergebnisse den finanziellen und personellen Aufwand des Meßverfahrens?[117]

5.2 Kontaktpunktanalyse

Bei der Kontaktpunktanalyse handelt es sich um ereignisorientierte Ansätze zur Messung von Kundenzufriedenheit.[118] Im Vordergrund dieser Verfahren steht die Kontaktmessung zwischen Kunden und Dienstleistungspersonal.[119] *Stauss et al.* sehen in der Kontaktpunktanalyse ein Instrument zur Messung von Dienstleistungsqualität.[120] Daran wird deutlich, daß die zur Kontaktpunktanalyse notwendigen Meßinstrumente sowohl zur Messung von Kundenzufriedenheit als auch zur Messung von Dienstleistungsqualität eingesetzt werden können. Die Kontaktpunktanalyse basiert nicht auf einer einzigen Meßmethode; vielmehr besteht sie aus einem **Methoden-Mix**[121], der in nachfolgender Abbildung spezifiziert wird.

---

[117] In Anlehnung an Meffert, H.; Bruhn, M. (1995), S. 204.
[118] Vgl. Homburg, C.; Werner, H. (1996), S.94.
[119] Vgl. Meffert, H.; Bruhn, M. (1995), S.215.
[120] Vgl. Stauss, B. (1995), S.379ff; siehe dazu auch Stauss, B.; Seidel, W. (1995), S.188ff.
[121] Vgl. Stauss, B. (1995), S.395.

Abbildung 5.2-1:
Die Kontaktpunktanalyse als Meßmethoden-Mix

1. Kontaktpunkt-identifikation	☐ Blueprinting ↙ ↘	
	Übliches-Kundenerlebnis ↓	*Kritisches-Kundenerlebnis* ↓
2. Qualitative Kontaktpunkt-messung	☐ Beobachtung ☐ Fotomethode ☐ Sequentielle Ereignismethode	☐ Critical Incident Technique ☐ Beschwerdeanalyse
	↓	↓
3. Quantitative Kontaktpunkt-messung	☐ Frequenz-Relevanz-Analyse für Probleme (FRAP)	

Quelle: In Anlehnung an Stauss, B. (1995), S.395.

Der Prozeß der Kontaktpunktanalyse läßt sich also in die Kontaktpunktidentifikation, qualitative- und quantitative Kontaktpunktmessung einteilen. Im folgenden werden die dazugehörigen Verfahren vorgestellt.

5.2.1 Kontaktpunktidentifikation

Mit Hilfe der Kontaktpunktidentifikation sollen Kontaktsituationen zwischen Kunden und Mitarbeitern eines Unternehmens vollständig und systematisch erfaßt werden. Ein hervorragendes Instrument zur Realisierung dieses Vorhabens stellt das von *Shostak* entwickelte „**Service Blueprinting**" dar, das den Dienstleistungsprozeß in einzelne Prozesse zerlegt und visualisiert.[122] Dieses erfolgt im Rahmen eines Ablaufdiagrammes, wodurch eine vollständige graphische Erfassung der verschiedenen Kundenkontaktsituationen gewährleistet wird.[123] Im Ablaufdiagramm wird dabei der Dienstleistungsprozeß in zwei verschiedene Bereiche unterteilt und graphisch kenntlich gemacht. Die „**Line of visibility**" kennzeichnet alle Abläufe des Dienstleistungsprozeßes, die für den Kunden unmittelbar sichtbar sind, in systematischer Abfolge. Diese dient

---
[122] Vgl. Shostak, G.L. (1987), S.34ff; siehe dazu auch Shostak, G.L. (1984), S.93ff.
[123] Vgl. Stauss, B.; Hentschel, B. (1991), S.242.

dann auch als Identifikationsinstrument für alle Kundenkontaktsituationen, die vor, während und nach der eigentlichen Dienstleistungserstellung auftreten können. Abläufe, die sich für den Kunden unsichtbar gestalten, werden, ebenso in systematischer Abfolge, außerhalb der „**Line of visibility**" plaziert und vervollständigen den Blueprint.

Der Blueprint ist geeignet, in die Ausbildung bzw. das Training von Hotelpersonal einbezogen zu werden, um die entscheidenden Momente des Mitarbeiter-Kunden-Kontaktes zu veranschaulichen.[124] *Zollner* schränkt ein, daß das Blueprinting nur bei der Darstellung von weniger komplexen Dienstleistungen (wie z.B. im Schnellrestaurant oder beim Check in am Flugschalter) als Hilfestellung zur Identifizierung von Kontaktpunkten dienen kann. Komplexere Dienstleistungen (Steuerberater, Bankgeschäfte etc.) können aber nach seiner Meinung nicht mehr ohne Informationsverluste in anschaulicher und prägnanter Form graphisch dargestellt werden.[125]

Die Kontaktpunktidentifikation findet Ergänzung in der quantitativen Abschätzung von Interaktionen.[126] Berechnungen zufolge kommt es während eines Hotelaufenthaltes zwischen Gast und Personal zu bis zu 100 Kontaktsituationen.[127]
Diese lassen sich im Rahmen des internen Informationswesens durch Auswertung von Kundenanrufen, Kundenbesuchen, Bearbeitungsvorgängen etc., aber auch durch Beobachtungen beim Kontaktpersonal erfassen und geben Aufschluß über die quantitative Relevanz bestimmter Kontaktpunkte, die dann genauer betrachtet werden müssen.[128]

Dem Blueprinting kommt in der Messung von Kundenzufriedenheit und Dienstleistungsqualität große Bedeutung zu, da es die Basis für weiterführende Kontaktpunktanalysen darstellt.
Kunden bzw. Hotelgäste werden beispielsweise im Rahmen der Sequentiellen Ereignismethode, die als Instrument der qualitativen Kontaktpunktmessung auf die Kontaktpunktidentifikation aufbaut, aufgefordert, den Dienstleistungsablauf anhand von Phasen des Prozesses der Leistungserstellung, wie er in Blueprints abgebildet wird, nachzuvollziehen und dabei über ihre positiven bzw. negativen Erfahrungen zu sprechen.

---

[124] Vgl. Meyer, A.; Westerbarkey, P. (1995b), S.7.
[125] Vgl. Zollner, G. (1995), S.109.
[126] Vgl. Cina, C. (1990), S.42.; siehe dazu auch Collier, D.A. (1989), S.217ff.
[127] Vgl. Beckett, N.P. (1996), S.181.
[128] Vgl. Zollner, G. (1995), S. 108f.

Während es *Shostack* beim **Blueprinting** zunächst um die systematische Analyse, Wiedergabe und Visualisierung der Unternehmensprozesse ging, damit interne Ursachen für Leistungsmängel identifiziert werden konnten, wollten *Gummesson, Kingman-Brundage* und später *Bitner* in einer Weiterentwicklung unter der Bezeichnung **Service Mapping** den Kundenprozeß noch stärker in den Mittelpunkt rücken.

Obwohl sich die visualisierten Kernprozesse beider Methoden nicht wesentlich unterscheiden, so wird mit einem Service Map doch versucht, aus Kundensicht qualitätsrelevante Faktoren in die Visualisierung einzubeziehen. Die Abbildung 5.2.1.-2 zeigt in der horizontalen Darstellung der Zeile „Kunde" beispielhaft den Dienstleistungsprozeß einer Hotelübernachtung. Darüber hinaus wird in einer Zeile darunter (Bezeichnung „Kontaktpersonal") dargestellt, mit welchen Mitarbeitern des Hotels der Gast im Rahmen seines Aufenthaltes in Kontakt kommt. Des weiteren soll die Abbildung der nicht wahrnehmbaren Prozesse weitere Einflüsse auf die Qualität der Dienstleistungserstellung ebenso dokumentieren, wie die Identifikation des physischen Umfeldes aus Gästesicht.

Im folgenden werden mit Hilfe von drei „Blueprints" und einer „Service Map" die hotelspezifische Dienstleistungsabläufe

(1) eines **Hotelaufenthaltes**,
(2) eines **Hotelrestaurantbesuches**
(3) und einer **Etagenservicebestellung**

dargestellt. Die Hotelbereiche werden einzeln betrachtet, da aufgrund der Komplexität aller im Hotel ablaufenden Dienstleistungen ein sehr unübersichtliches und kompliziertes Gesamtschaubild entstehen würde.[129]
Durch die Wahl der isolierten Darstellung bleibt die Anschaulichkeit und Prägnanz des Modells jedoch gewahrt. Die einzelnen Darstellungen lassen sich jederzeit ohne Schwierigkeiten in den Gesamtdienstleistungsapparat des Hotels einordnen und gewähren somit einen umfassenden Einblick in wichtige Dienstleistungssequenzen mit Kundenkontakt.

(1) Blueprint und Service Map eines Hotelaufenthaltes

Der Kontakt zwischen Gast und Hotelmitarbeitern entsteht in der Regel schon vor dem „Eindringen" in die räumliche Sphäre des Hotels. Der Eindruck, den der Gast bei diesem - meist telefonischen - Erstkontakt vom Re-

---

[129] Vgl. Shostack,G.L. (1984), S.94.; siehe dazu auch Zollner, G. (1995), S.109.

servierungsmitarbeiter bekommt, nimmt dabei eine zentrale Stellung ein.[130] Gemäß der Aussage „You never get a second chance to make a first impression" ist es daher von elementarer Bedeutung, bereits das erste Telefonat zu einem starken Glied in der Leistungskette zu machen (Potentialphase). Die Bedeutung, die der telefonischen Kommunikation zwischen Gast und Mitarbeiter zugedacht wird, machen folgende „Dienstanweisungen" unmißverständlich deutlich:

> **Beispiele:** In den Unternehmensgrundsätzen von *Ritz-Carlton* heißt es zum Thema Verhalten am Telefon: „Lassen Sie das Telefon nie länger als dreimal klingeln und nehmen Sie jedes Gespräch mit einem ‚Lächeln' entgegen. Wenn es nicht anders geht, bitten Sie den Anrufer einen Augenblick zu warten. Schirmen Sie keinen Anruf ab. Vermeiden Sie, Anrufer weiterzuverweisen."[131]
> Bei *Steigenberger* liegt die Qualitätsgrenze zur Annahme von Telefongesprächen bei maximal fünfmaligem Klingeln.[132]

Dem Hotelbesuch unmittelbar vorgelagert ist - gegebenenfalls nach dem Reservierungstelefonat - der Anfahrtsweg des Gastes, der überwiegend mit dem Auto zurückgelegt wird. Daher ist großer Wert auf eine übersichtliche Ausschilderung zu legen, die in der Literatur als Hilfsmerkmal zur Bestimmung von Servicequalität aufgeführt wird[133] und dem Gast ermöglicht, das Hotel ohne Schwierigkeiten zu erreichen. Das Vorfinden großräumig angelegter und durch Bewachungspersonal oder technische Überwachungssysteme abgesicherter Parkplätze vermittelt dem Gast gleich das Gefühl, daß sein Auto während des Hotelaufenthaltes gut und sicher aufgehoben ist. Als Alternative zur eigenständigen Parkplatzsuche bietet sich das „valet parking" an, bei dem ein Hotelangestellter das Abstellen des Fahrzeuges übernimmt.

Erst jetzt beginnt der Gast, sich mit der Kernleistung des Hotels „auseinanderzusetzen"[134] und betritt, nachdem er einen ersten Eindruck des Gebäudes bekommen hat, die Hotelhalle. In diesem Augenblick beginnt der unmittelbare Kontakt mit den Hotelangestellten. Also gilt es, dem Hotelgast vom ersten Augenblick an mit einer freundlichen Grußformel („Guten Tag"), der Hilfe beim Gepäcktransport und dem Empfang an der Rezeption das Gefühl zu geben, willkommen zu sein.[135] Freundlichkeit des Personals ist ein entscheidender Faktor für Servicequalität und sollte in Dienstleistungsberufen selbstverständlich sein.

---

[130] Vgl. Pepels, W. (1995), S.71.
[131] Vgl. Beckett, N.P. (1996), S.179.
[132] Vgl. Fidlschuster (1997), S. 263.
[133] Vgl. Dreyer, A. (1996a), S. 17.
[134] Die „Auseinandersetzung" geschieht unbewußt.
[135] Vgl. Horovitz, J.; Panak, M.J. (1993), S.58.

Die Transaktionszeit am Empfang läßt sich im Sinne des Kunden verringern, indem das obligatorische Anmeldeformular unterschriftsreif vorbereitet ist und durch vorheriges Abfragen der Kundendatei eventuelle Vorlieben des Gastes bei der Zimmervergabe schon berücksichtigt sind (nur bei Stammgästen möglich).

Ein Angestellter führt den Gast auf sein Zimmer, das bezugsfertig sein muß, da ein nichtbezugsfertiges Zimmer ein hohes Unzufriedenheitspotential in sich birgt.[136] Das Hotelzimmer dient dem Gast als Ausgangspunkt für eine Vielzahl zusätzlicher Dienstleistungsabläufe, die anhand weiterer Blueprints nachfolgend vorgestellt werden. Eventuell wird vom Gast der vom Hotel angebotene persönliche Weckservice in Anspruch genommen. Dadurch daß der Empfang persönlich oder telefonisch über die gewünschte Uhrzeit zu informieren ist, kommt ein weiterer Kontakt zustande. In weniger serviceorientierten Hotels ist der Weckservice automatisiert und der Hotelgast gibt die Weckzeit in das Telefon ein bzw. stellt den Wecker.

Der erste Kontakt des folgenden Tages kommt gegebenenfalls durch den gewünschten Weckanruf zustande. Dabei ist ein vom Empfangsmitarbeiter persönlich geführtes, kurzes Weckgespräch einer unpersönlichen Tonbandansage oder gar einem Tonsignal vorzuziehen.

Viele der genannten Fakten klingen banal, bergen in der Praxis aber durchaus potentielle Qualitätsfallen. Schließlich kommt es darauf an, daß ein Weckruf pünktlich erfolgt oder daß ein Wecker leicht zu bedienen ist, was vielfach nicht der Fall ist.

Das Ende des Hotelaufenthaltes beginnt mit dem Check out. Hierbei ist darauf zu achten, daß in den Check out-Stoßzeiten der Empfang mit ausreichend Personal besetzt ist, um dem Gast häufig als lästig empfundene Wartezeiten zu ersparen. Der Gast soll mit sehr höflichen Formulierungen, etwa „vielen Dank für Ihren Besuch" verabschiedet werden.[137] In besonders serviceorientierten Häusern wird sein Gepäck auch noch zum Auto transportiert.

Zusammenfassend gesagt muß es das oberste Ziel des Unternehmens sein, „dem Gast den Aufenthalt zum Vergnügen zu machen und sicherzustellen, daß jeder Kontakt mit den Hotelangestellten angenehm ist."[138]

Die Auswahl der Kundenkontaktsituationen bezieht sich in den nachstehenden Blueprints auf Hotelbetriebe der gehobenen Kategorie, die sich durch eine hohe Serviceintensität (Leistungsbreite) auszeichnen. Kofferträger oder Valets sind beispielsweise in der Low-Budget Hotellerie nicht anzutreffen. Low-Budget Hotels wie z.B. die *ETAP-Hotels* der *Accor-Gruppe* in Europa

---

[136] Vgl. Beckett, N.P. (1996), S.186.
[137] Vgl. Horovitz, J.; Panak, M.J. (1993), S.58.
[138] Horovitz, J.; Panak, M.J. (1993), S.58.

oder der *Motel 6-Kette* in den U.S.A. weisen eine sehr viel geringere Anzahl an Kundenkontaktsituationen auf, da das Serviceangebot und die Mitarbeiterzahl aus ökonomischen Gründen klein gehalten wird und es somit kaum zu Begegnungen zwischen Gast und Hotelpersonal kommt.

Abbildung 5.2.1-1: Blueprint eines Hotelaufenthaltes

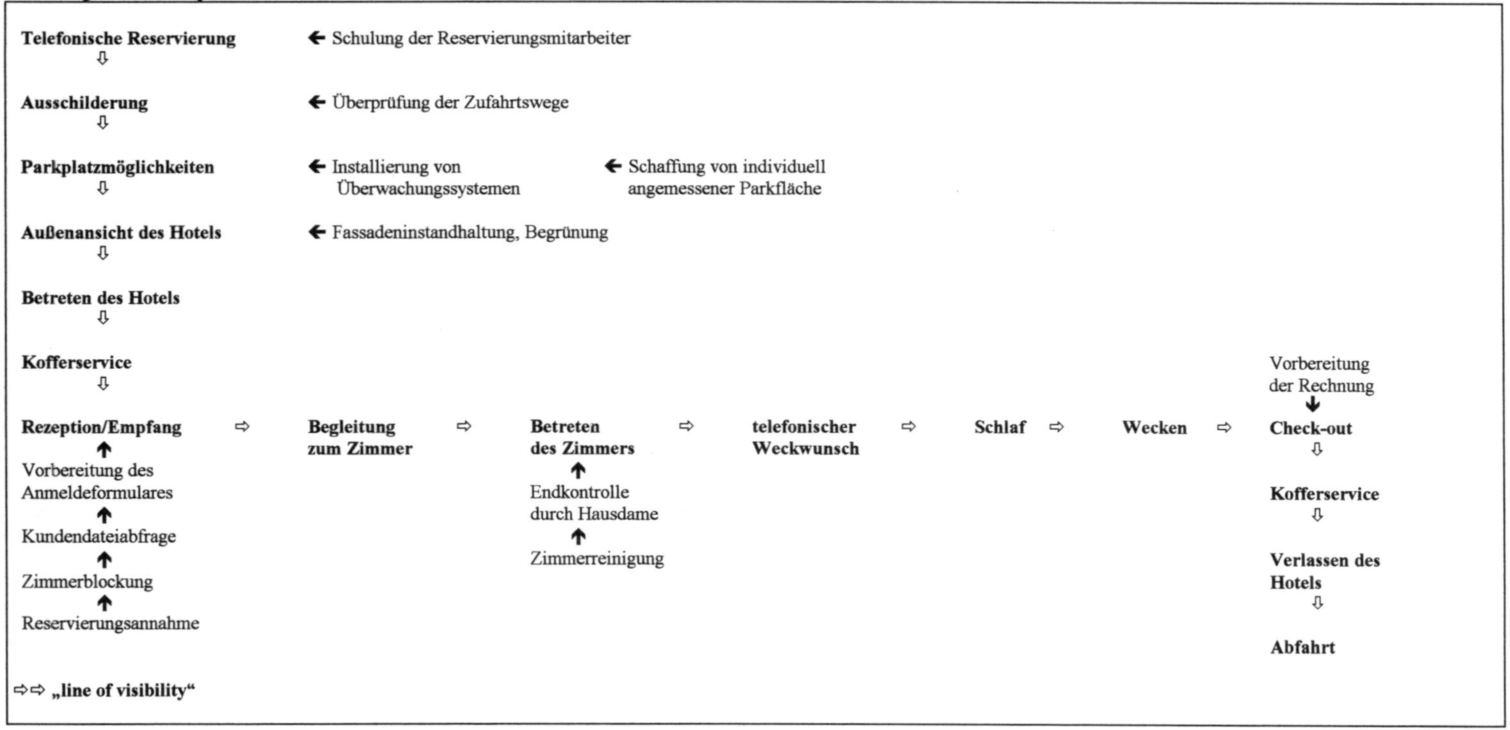

Telefonische Reservierung ⇩ ← Schulung der Reservierungsmitarbeiter

Ausschilderung ⇩ ← Überprüfung der Zufahrtswege

Parkplatzmöglichkeiten ⇩ ← Installierung von Überwachungssystemen ← Schaffung von individuell angemessener Parkfläche

Außenansicht des Hotels ⇩ ← Fassadeninstandhaltung, Begrüßung

Betreten des Hotels ⇩

Kofferservice ⇩

Rezeption/Empfang ⇧ **Begleitung zum Zimmer** ⇧ **Betreten des Zimmers** ⇧ telefonischer Weckwunsch ⇧ **Schlaf** ⇧ **Wecken** ⇧ Vorbereitung der Rechnung → **Check-out** ⇩ **Kofferservice** ⇩ **Verlassen des Hotels** ⇩ **Abfahrt**

Vorbereitung des Anmeldeformulares ←
Kundendateiabfrage ←
Zimmerblockung ←
Reservierungsannahme ←

Endkontrolle durch Hausdame ←
Zimmerreinigung ←

⇩⇧ „line of visibility"

Abbildung 5.2.1-2:
„Dienstleistungsatlas" (Service Map) am Beispiel einer Hotelübernachtung

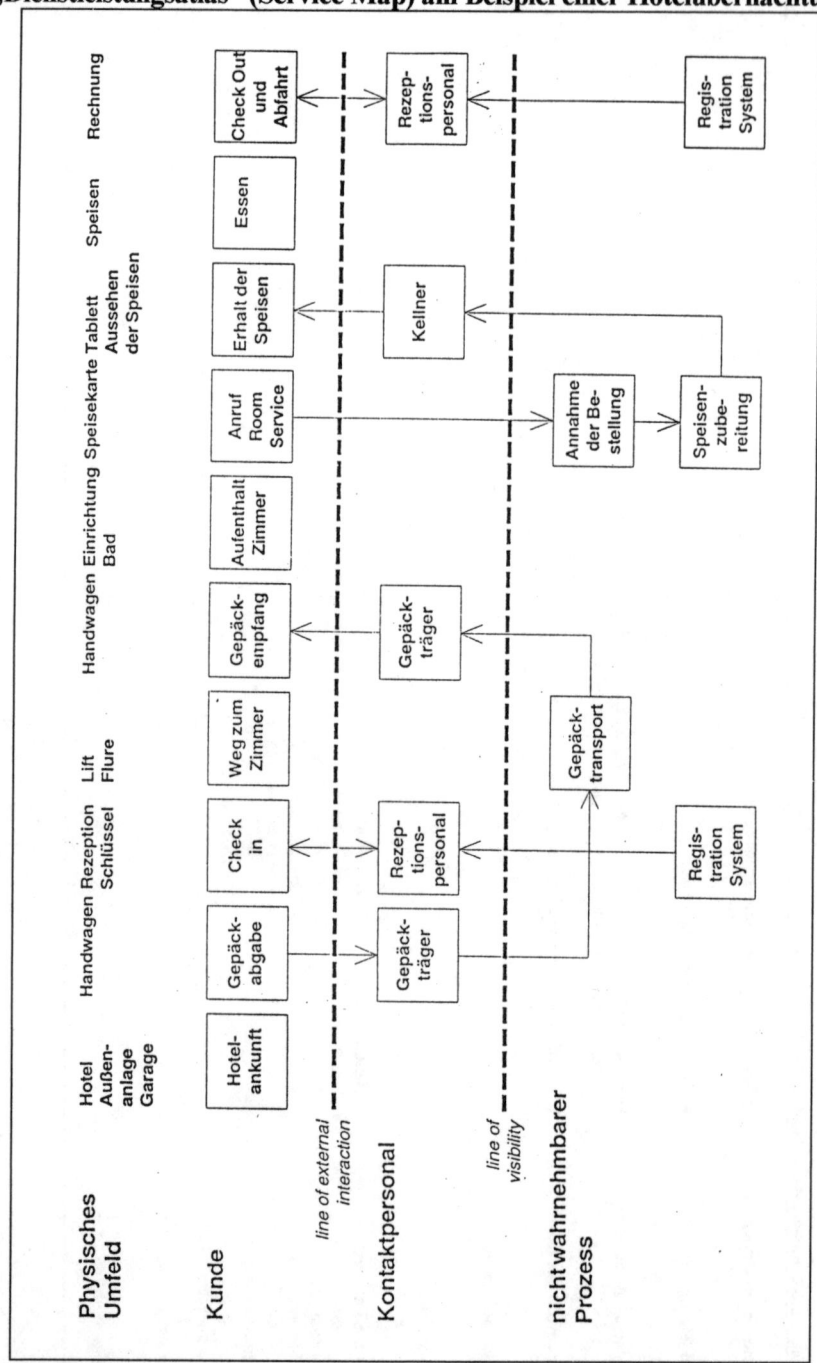

Quelle: Bitner (1993), zit. bei Stauss, B.; Seidel, W. (1997), S. 196.

(2) Blueprint eines Restaurantbesuches

Der nachfolgend beschriebene Blueprint des Besuches eines Hotelrestaurants stellt eine Ergänzung des Blueprints eines Hotelaufenthaltes dar. Den Ausgangspunkt bildet der Aufenthalt des Gastes in seinem Zimmer, das dieser verlassen muß, um in den Restaurantbereich zu gelangen. Der Ausschilderung kommt dabei, vor allem in großen Hotels, die über mehrere Restaurants verfügen, eine zentrale Bedeutung zu. *Schaetzing* rät, den Gast schon beim Betreten des Hotels, durch deutliche Hinweise auf Restaurants und Bars, mit den zentralen Einrichtungen vertraut zu machen.[139] Dies geschieht vielfach nur ungenügend, wenn Beherbergungsbetriebe kurze und übersichtliche Informationen über die Hoteleinrichtungen und den angebotenen Service (z.B. als sichtbar auf dem Zimmer liegender Flyer) vermissen lassen.

Nach dem Betreten des Restaurants findet der erste Kontakt mit dem Servicepersonal des Restaurants statt. Dabei gilt es, den Gast in höflicher und freundlicher Form zu begrüßen, ihm gegebenenfalls aus dem Mantel zu helfen und zu einem freien und bereits eingedeckten Tisch zu begleiten. Eine angenehme Atmosphäre zwischen Gast und Servicemitarbeiter schafft eine in den USA erfolgreich praktizierte Methode, bei der sich der Servicemitarbeiter namentlich vorstellt (Guten Abend, mein Name ist XY und ich bin Ihr zuständiger Servicemitarbeiter für heute abend...). Dem Gast wird dadurch gleich eine Kontaktperson vorgestellt, an die er sich bei eventuellen Fragen, Bestellwünschen und vor allem auch Beschwerden wenden kann.

> Häufiger als in Deutschland, wo in der Regel nur die „besseren" Restaurants so handeln, kennt man beispielsweise in den U.S.A. die Tatsache, daß der Gast am Eingang des Restaurants auf einen Servicemitarbeiter wartet, der ihn zu einem Platz geleitet (Schild:" Please wait to be seated"). Dieses Vorgehen soll für eine gleichmäßige Auslastung der Kellner sorgen und hat den zufriedenheitsfördernden Aspekt, daß einen freien Platz suchende Gäste die bereits Anwesenden nicht stören. Da die plazierende Serviceperson meist auch die Speisekarte vorlegt, kann es hier nicht zu Wartezeiten kommen. Stattdessen muß aber bei stärkerem Andrang möglicherweise auf den Plazierungsvorgang gewartet werden.[140]

In Deutschland beginnt regelmäßig der sehr serviceintensive Teil eines Restaurantbesuches erst nachdem der Gast Platz genommen hat. Die Speisekarten werden verteilt, die Bestellung aufgenommen und schließlich die Getränke und Speisen serviert.

---

[139] Vgl. Schaetzing, E.E. (1990), S.68.
[140] Wer mehr über amerikanische Gepflogenheiten wissen möchte, kann sich hervorragend im allgemeinen Teil der Reiseführer von Grundmann informieren, u.a. Grundmann, H.R. et al. (1997), S. 184f.

Um in diesem Bereich einen reibungslosen Ablauf zu gewährleisten, ist es wichtig, dem Servicepersonal Produktkenntnisse zu vermitteln und über Servier- und Verkaufstechniken Schulungen abzuhalten. „Aus der Sicht des Marketings stellen alle Servicetechniken ... einen Teil der „Produktverpackung" - der Präsentation - dar."[141] Um so wichtiger ist es, diese „Produktverpackung" im Dienstleistungsablauf zu optimieren. Dafür muß ein Verkaufsprogramm Schritt für Schritt ausgearbeitet werden, das alle Mitarbeiter überzeugend vertreten können. Dazu gehören nicht nur Produktkenntnisse und Verkaufstechniken; vielmehr muß jeder Mitarbeiter über das gesamte Leistungsangebot des Hotels informiert sein, um den Gast zu jeder Zeit - auch unter dem Aspekt der Verkaufsförderung - informieren zu können.[142]

> Eine Servicekraft im Restaurantbereich sollte auf Anfrage ohne weiteres Auskunft z.B. über die Herkunft des Rindfleisches, möglichst aber auch über die Öffnungszeiten des hoteleigenen Hallenbades geben können.

Die Speisekarte sollte täglich auf ihre Aktualität, Vollständigkeit und Sauberkeit geprüft werden, um den positiven Gesamteindruck zu verstärken. Eine Selbstverständlichkeit sollte es sein, daß Speisen und Getränke frisch zubereitet und der bestellten Reihenfolge entsprechend serviert werden. Trotzdem kann es gerade im Restaurantbereich leicht zu einer Kundenbeschwerde kommen (z.B. Fleisch zu stark durchgebraten, Überwürzung der Gerichte). Nun gilt es die Zufriedenheit des Gastes unmittelbar wiederherzustellen. Dazu eignen sich im besonderen Maße kleine Aufmerksamkeiten, wie die Einladung zu einem Gratis-Cocktail oder Gratis-Dessert.[143]

Nach dem Verzehr erbittet der Gast die Rechnung, die unverzüglich überbracht werden sollte. Bei der späteren Verabschiedung sollte darauf geachtet werden, daß sich nach der Zufriedenheit des Gastes erkundigt wird und der Wunsch zum Ausdruck gebracht wird, den Gast in Zukunft wieder begrüßen zu dürfen.[144] Dadurch erhält der Gast einen direkten Ansprechpartner, um einen Beschwerdegrund oder aber auch seine Zufriedenheit vortragen zu können. Diese Bemühungen um eine Beschwerdeaufforderung sind besonders wichtig, weil gerade im Restaurant die Zahl der unzufriedenen, sich jedoch nicht beschwerenden Gäste besonders groß zu sein scheint.

Der nachstehende Blueprint basiert zum Teil auf einer vorausgegangenen Veröffentlichung von *Stauss*.[145]

---

[141] Schaetzing, E.E. (1990), S.84.
[142] Vgl. Schaetzing, E.E. (1990), S.85.
[143] Vgl. Beckett, N.P. (1996), S.187.
[144] Vgl. Beckett, N.P. (1996), S.189.
[145] Vgl. Stauss, B. (1995), S. 387, leicht modifiziert von Westerbarkey, P. (1996), S. 51 bzw. Meyer, A.; Westerbarkey, P. (1997), S. 426.

Abbildung 5.2.1-3: **Blueprint eines Hotelrestaurantbesuches**

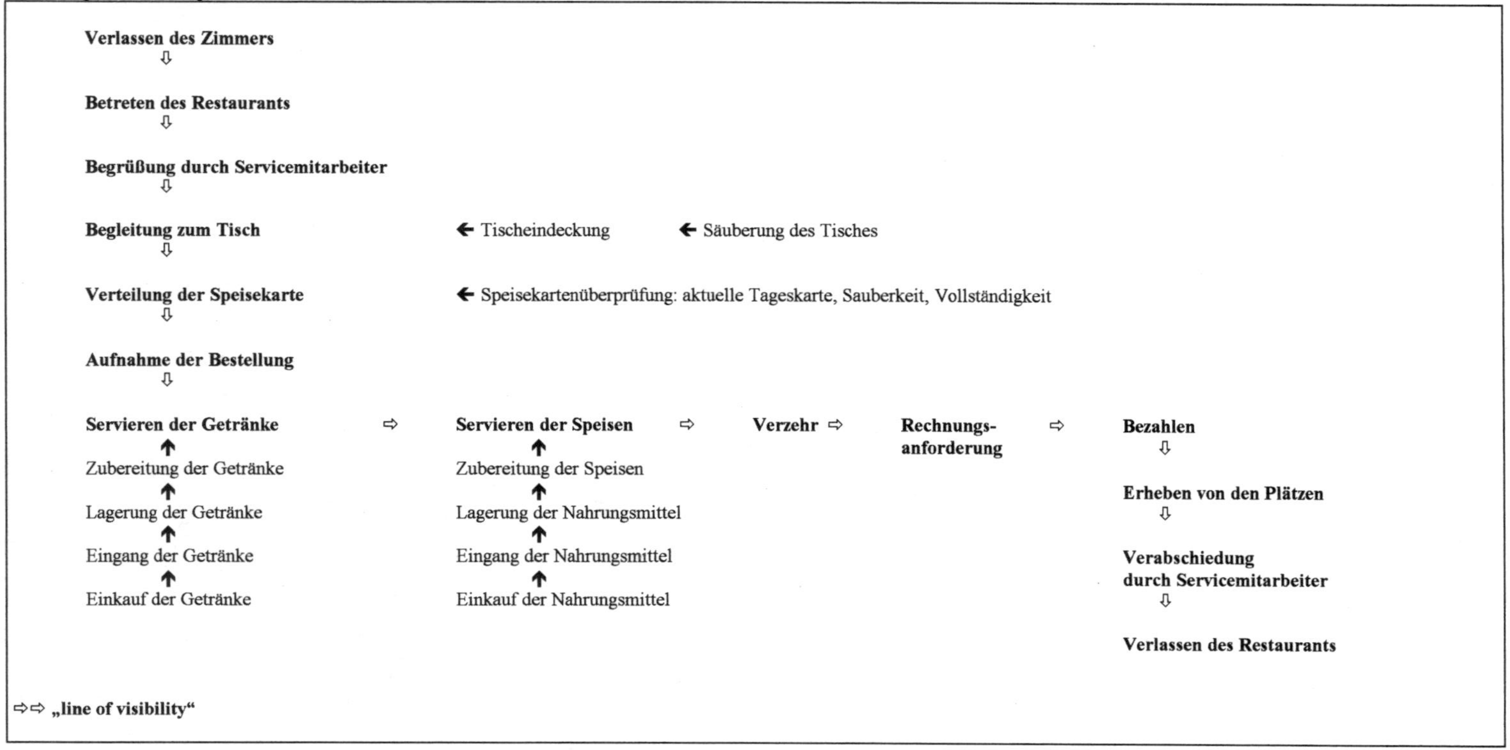
Verlassen des Zimmers
Betreten des Restaurants
Begrüßung durch Servicemitarbeiter
Begleitung zum Tisch
Tischeindeckung
Säuberung des Tisches
Verteilung der Speisekarte
Speisekartenüberprüfung: aktuelle Tageskarte, Sauberkeit, Vollständigkeit
Aufnahme der Bestellung
Servieren der Getränke
Zubereitung der Getränke
Lagerung der Getränke
Eingang der Getränke
Einkauf der Getränke
Servieren der Speisen
Zubereitung der Speisen
Lagerung der Nahrungsmittel
Eingang der Nahrungsmittel
Einkauf der Nahrungsmittel
Verzehr
Rechnungs-anforderung
Bezahlen
Erheben von den Plätzen
Verabschiedung durch Servicemitarbeiter
Verlassen des Restaurants
„line of visibility“

(3) Blueprint einer Etagenservicebestellung

Der Blueprint einer Etagenservicebestellung stellt eine weitere Variante im Rahmen aller Dienstleistungen eines Hotelaufenthaltes dar. Der Gast hält sich hierbei in seinem Hotelzimmer auf. Damit er überhaupt auf den Etagenservice aufmerksam gemacht wird, ist es von elementarer Bedeutung, die Etagenservice-Speisekarte sichtbar im Zimmer zu plazieren. Die Bestellung der Getränke und Speisen erfolgt in der Regel telefonisch. Dabei spielt das Verhalten des verantwortlichen Mitarbeiters eine große Rolle. Es ist beispielsweise wichtig, daß dieser das Telefon prompt bedient, den Gast angemessen begrüßt, bei der Auswahl von Speisen und Getränken behilflich ist, gegebenenfalls Empfehlungen ausspricht und über den zu erwartenden Zeitrahmen bis zum Servieren informiert.

Nach der entsprechenden Zubereitungsdauer werden Speisen und Getränke direkt auf das Zimmer des Gastes geliefert. Der Servicemitarbeiter sollte mit einer freundlichen Begrüßung eintreten und nach dem Eindecken des Tisches, Speisen und Getränke servieren. Da es sich beim Etagenservice um kein Restaurant „2.Wahl" handelt - der Preis der angebotenen Speisen und Getränke ist aufgrund der Personalintensität um einiges höher als im Hotelrestaurant - ist großer Wert darauf zu legen, daß dem Gast dieselbe Servicequalität zuteil wird, die diesem auch im Restaurant geboten würde. Geschirr und Gläser müssen sauber und einwandfrei sein, es müssen sauber gefaltete Servietten aufgedeckt werden und die Bestellung muß vollständig, frisch zubereitet und (bei warmen Gerichten) heiß serviert werden.

Bevor der Servicemitarbeiter das Zimmer verläßt, wird die Rechnung abgeglichen, die in der Regel durch die Unterschrift des Gastes bestätigt und der Gesamtrechnung zugebucht wird. Der Servicemitarbeiter bedankt sich, weist darauf hin, daß der Gast durch einen Anruf den Zeitpunkt der Geschirrabholung signalisieren kann und verabschiedet sich vor dem Verlassen des Zimmers.

Zu einem Zeitpunkt seiner Wahl bekundet der Gast dann den Wunsch, das benutzte Geschirr abgeräumt zu bekommen. Auch bei der Abholung muß die Servicequalität gewahrt bleiben. Die Komponenten, die das Servieren der Speisen determinierten, finden wiederholt Anwendung. Es gilt, den Gast nicht zu lange warten zu lassen, korrekt das Zimmer zu betreten, sich nach der Zufriedenheit mit der Qualität von Speisen und Getränken zu erkundigen, das Geschirr fachmännisch zusammenzustellen, sich nach weiteren Wünschen des Gastes zu erkundigen und sich anschließend höflich zu verabschieden. Bei der Verabschiedung gehört es sich, neben einer Dankesbekundung für die Inanspruchnahme des Etagenservices, auch noch einen guten weiteren Verlauf des Tages bzw. Abends zu wünschen.

Abbildung 5.2.1-4: **Blueprint einer Etagenservicebestellung**

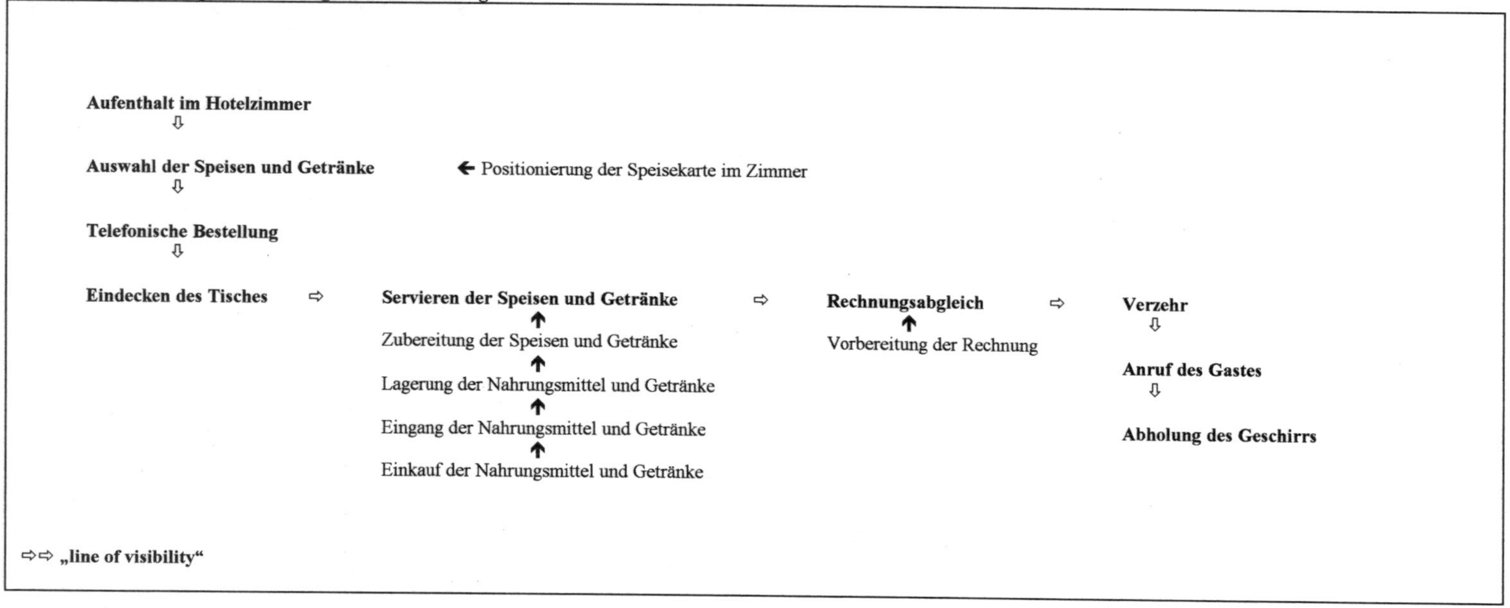

Aufenthalt im Hotelzimmer
⇩

Auswahl der Speisen und Getränke ← Positionierung der Speisekarte im Zimmer
⇩

Telefonische Bestellung
⇩

Eindecken des Tisches ⇩ **Servieren der Speisen und Getränke** ⇧ **Rechnungsabgleich** ⇧ **Verzehr**
  ←   ←
Zubereitung der Speisen und Getränke Vorbereitung der Rechnung **Anruf des Gastes**
  ← ⇩
Lagerung der Nahrungsmittel und Getränke **Abholung des Geschirrs**
  ←
Eingang der Nahrungsmittel und Getränke

Einkauf der Nahrungsmittel und Getränke

⇩ ⇧ „line of visibility"

5.2.2 Qualitative Kontaktpunktmessung

Nachdem mit Hilfe des Blueprints alle Kundenkontaktpunkte identifiziert worden sind, gilt es herauszufinden, wie diese Kontaktpunkte aus Kundensicht empfunden bzw. erlebt werden. Dabei werden die Kundenerlebnisse in übliche bzw. normale und kritische bzw. außergewöhnliche Erfahrungen unterteilt, um das gesamte Spektrum der Kundensicht abzudecken. Zur Messung dieser Erlebnisse haben sich verschiedene Verfahren herausgebildet. Übliche Kontakterlebnisse werden im Rahmen von Beobachtungen, der Sequentiellen Ereignismethode und der Fotomethode gemessen, kritische Kontakterlebnisse mittels der Critical Incident Technique und durch Beschwerdeanalysen.[146] Diese Verfahren werden im folgenden vorgestellt.

5.2.2.1 Beobachtung

Durch Beobachtung von Situationen an Kontaktpunkten können mögliche Problembereiche bzw. Mängel im Dienstleistungsprozeß aufgedeckt und die Wirkung derselben auf Kunden untersucht werden. Dabei kommen meist geschulte Sozialforscher zum Einsatz, die entweder den Handlungsablauf durch **passive** Beobachtung protokollieren **(nicht-teilnehmende Beobachtung)** oder **aktiv** am Dienstleistungsprozeß beteiligt sind **(teilnehmende Beobachtung)**.[147] Weiterhin kann unterschieden werden zwischen offenen Beobachtungssituationen, in denen die getesteten Personen wissen, daß sie beobachtet werden, und verdeckten Beobachtungssituationen, bei denen die getesteten Personen in Unkenntnis gelassen werden.

Die **nicht-teilnehmenden Beobachtungen** beziehen sich auf offensichtliche Handlungsabläufe wie z.B. Warteschlangen als Folge nichtbesetzter Hotelrezeptionen. Diese Methode unterliegt jedoch zur qualitativen Kontaktpunktmessung engen Grenzen, die die Gültigkeit der Ergebnisse stark beeinträchtigen. *Stauss* gibt zu bedenken, daß viele Kontaktpunkte nicht ohne Wissen des Untersuchten beobachtet werden können und es somit zu Beobachtungseffekten kommt, die dadurch entstehen, daß sowohl Kunden als auch Dienstleister in Kenntnis der Beobachtung anders handeln als ohne eine Beobachtungssituation. Eine Untersuchung sämtlicher Kontaktsequenzen stellt außerdem einen sehr hohen Aufwand dar, der in keinem Verhältnis zum Ergebnis steht. Darüberhinaus können die im Rahmen von Beobachtungen gewonne-

---

[146] Vgl. Stauss, B. (1995), S. 388ff.; siehe dazu auch Stauss, B.; Hentschel, B. (1991), S.241f.
[147] Vgl. Schnell, R.; Hill, P.B.; Esser, E. (1989), S.357.

nen Erkenntnisse nicht in vollem Maße auf das Erleben von Kunden in den entsprechenden Kontaktsituationen projiziert werden.[148]

Bevorzugt wird zur Analyse der Dienstleistungsqualität dagegen der Einsatz von **teilnehmenden Beobachtern**, die direkt als Dienstleistungskunden auftreten, den **„Silent shoppers"** oder „Mystery shoppers".[149] Bei ihnen „handelt es sich um verdeckte Interessenten/Käufer, die als Kunden auftreten und dabei eine reale Kaufsituation simulieren, um dadurch Hinweise auf wesentliche Verbesserungen der Leistungserstellung zu erhalten".[150] Zwar sind Scheinkunden in der Lage, eine bestimmte Anzahl situativer Faktoren und Verhaltensmerkmale beim Kontakt mit dem Dienstleistungspersonal aufzunehmen, aber es kann dennoch nur eine begrenzte Zahl an „Augenblicken der Wahrheit" untersucht werden.[151] Es stellt sich die Frage, inwieweit Silent shoppers in der Lage sind, sich in Wahrnehmungen und Empfindungen realer Kunden hineinzuversetzen.[152] Des weiteren beeinflussen die Tester den Ablauf der Handlungen durch ihr eigenes Verhalten, das nicht unbedingt dem tatsächlicher Kunden/ Hotelgäste entspricht.

Barth/Benden/Theis empfehlen ein standardisiertes Beobachtungsverfahren zu entwickeln, das die Durchführung über einen längeren Zeitraum ermöglicht und die Ergebnisse systematisch zusammenfaßt. Dazu eignen sich Checklisten besonders gut[153], die die systematische Erhebung von Tatbeständen ermöglichen. Mit Hilfe von Checklisten können Beobachtungen **objektiviert** werden, so daß Ergebnisse von Beobachtungen/Testkäufen (teilnehmend und verdeckt) an verschiedenen Orten (z.B. in verschiedenen Hotels einer Kette) vergleichbar gemacht werden können. Auf diese Weise kann die **Dienstleistungsqualität** unterschiedlicher Unternehmen relativ **gut** analysiert werden.

Dagegen sind die erzielbaren Ergebnisse für Aussagen über die **subjektive Kundenzufriedenheit nicht** nutzbar. Allenfalls bei der nicht-teilnehmenden und verdeckten Beobachtung lassen sich aus Verhaltensweisen von Kunden (Äußerungen, Mimik und Gestik) bedingte Rückschlüsse auf die Zufriedenheit ziehen.

---

[148] Vgl. Stauss, B. (1995), S.388.
[149] Vgl. Stauss, B. (1995), S.388.
[150] Pepels, W. (1995), S.59.
[151] Vgl. Stauss, B. (1995), S.388.
[152] Vgl. Meffert, H.; Bruhn, M. (1995), S.206.; siehe dazu auch Pepels, W. (1995), S.59.
[153] Vgl. Barth, K.; Benden, S.; Theis, H.J. (1994), S.60.

Abbildung 5.2.2.1-1:
Eignung von Beobachtungssituationen als Marktforschungsinstrument

Form der Beobachtungssituation	Beurteilungsgegenstand	Kundenzufriedenheit	Dienstleistungsqualität
teilnehmende Beobachtung	verdeckt (Silent shopper)	o	+/++
	offen	--	--
nicht-teilnehmende Beobachtung	verdeckt	o	+
	offen	--	--

Legende: ++ (sehr gut), + (gut), o (durchschnittlich), -- (nicht geeignet)

Abbildung 5.2.2.1-2:
**Beurteilung von „Silent guests"
für die Analyse der Dienstleistungsqualität in Hotels**

Vorteile	Nachteile
• Auskunftspersonen müssen nicht auskunftsbereit sein. • Ergebnisse sind unabhängig vom Auskunftsvermögen von Hotelmitarbeitern bzw. Gästen. • Es können Sachverhalte erfaßt werden, die den Testpersonen selbst nicht bewußt sind. • Mit dem Einsatz von Checkliste werden Beobachtungen objektiviert und damit vergleichbar gemacht mit anderen Hotels. • Die Feststellungen sind aktuell. • Die Untersuchungen sind relativ kostengünstig.	• Es kann kein eindeutiger Zusammenhang zur Kundenzufriedenheit hergestellt werden. • Die Ergebnisse können durch die subjektive und selektive Wahrnehmung der Beobachter beeinträchtigt werden. • Beobachtete Qualitätsaspekte können unterschiedlich interpretiert werden. • Es werden nicht unbedingt alle qualitätsrelevanten Aspekte erfaßt. • Die Aktualität der Ergebnisse im Hinblick auf die tatsächlichen Qualitätsbeurteilungen der Gäste ist nicht gesichert.

Eigene Darstellung, vgl. auch Scharf, A.; Schubert, B. (1995), S. 379 mit dort angegebener Literatur.

5.2.2.2 Sequentielle Ereignismethode

Der Blueprint bildet die Basis für die Durchführung der Sequentiellen Ereignismethode, die deshalb auch als dessen methodische Weiterentwicklung angesehen werden kann.[154] Der Blueprint wird für die Untersuchung modifiziert, indem nur die relevanten Kundenkontaktsituationen bzw. die „Line of visibility" graphisch dargestellt wird. Unterstützt werden kann diese Darstel-

---
[154] Vgl. Stauss, B.; Hentschel, B. (1991), S. 242.; siehe dazu auch Zollner, G. (1995), S.110.

lung durch Symbole und Fotos, die zur stärkeren Visualisierung des Dienstleistungsprozesses beitragen. Den an der Durchführung der Untersuchung beteiligten Kunden wird der modifizierte Blueprint vorgelegt und sie können somit den gesamten Dienstleistungsablauf, der in einzelne Kontaktsequenzen zerlegt ist, gestützt in Gedanken nachvollziehen. Dabei sollen die Personen sowohl über **positive** als auch **negative Erlebnisse, Gefühle, Empfindungen und Probleme** berichten, die sie in den jeweiligen Kontaktsituationen verspürt haben. Die Interviews basieren auf offenen strukturierten Fragen. Sie werden allerdings nicht selten von erklärungsbedürftigen Definitionen (Beschreibungen) einzelner Kontaktpunkte erschwert.[155]

Die **Vorteile** des Einsatzes der Sequentiellen Ereignismethode liegen in der Gewinnung relativ vollständiger und konkreter Einzelinformationen über das Qualitätserleben von Kunden in den verschiedenen Phasen des Dienstleistungsprozesses. Obwohl das begrenzte Erinnerungsvermögen der Kunden die Ergebnisse einschränken kann, ist die Entdeckung struktureller Ursachen für Qualitätsprobleme möglich, was diese Methode besonders wichtig erscheinen läßt.

Dennoch ist die Nutzung der Sequentiellen Ereignismethode nicht uneingeschränkt sinnvoll. Der hohe, durch die zeitintensive Erhebung und die komplexe, nicht-standardisierte Form der Auswertung bedingte Aufwand begrenzt den Einsatz auf längerfristige Untersuchungszyklen, so daß eine regelmäßige und standardisierte Form der Überwachung der Qualitätswahrnehmung mit ihr nicht vorgenommen werden kann.

Außerdem ist die Sequentielle Ereignismethode auf Dienstleistungen mit klar definierten und weitgehend standardisierten Kundenprozessen (z.B. im Hotel) beschränkt.[156]

Stauss hält eine differenzierte Form der Sequentiellen Ereignismethode für erfolgreich. Diese basiert auf der Überlegung, daß der Dienstleistungsprozeß aus einer Reihe von aufeinanderfolgenden Ereignissen und Kontaktsituationen besteht. Jedes Ereignis kann Zufriedenheit oder Unzufriedenheit hervorrufen und führt später zu einer kumulierten (Un-)Zufriedenheit mit der gesamten Dienstleistung.

---

[155] Vgl. Stauss, B. (1995), S.389, Homburg, C.; Werner, H. (1996), S.94.
[156] Quellen: Vgl. Stauss, B.; Weinlich, B. (1996), S.57, Stauss, B; Hentschel, B. (1991), S.242, Meffert, H.; Bruhn, M. (1995), S.215, Zollner, G. (1995), S.110f und Homburg, C.; Werner, H. (1996), S.94.

Als Ebenen des Dienstleistungsprozesses werden angesehen:

- Der Dienstleistungs**kontakt** als kleinste definierte Dienstleistungsepisode.
- Die Dienstleistungs**episode** als Teilprozeß einer Dienstleistungstransaktion (z.B. Ankunft, Check in, Gang aufs Zimmer,... beim Hotelaufenthalt)
- Die Dienstleistungs**transaktion** als vollständige Dienstleistung mit fixierbarem Beginn und Ende (z.B. der gesamte Hotelaufenthalt)
- Die Dienstleistungs**beziehung** als Geschäftsbeziehung mit mehreren Dienstleistungstransaktionen.

Unter Berücksichtigung dieser Überlegungen ist die Vorgehensweise bei der Erhebung mittels der Sequentiellen Ereignismethode folgendermaßen:

1. Ermittlung des Kundenpfades (Blueprinting)
Um sicherzugehen, daß die Phaseneinteilung und -bezeichnung dem Erleben und Verständnis der Befragten entspricht, ist es sinnvoll, diese Ermittlungen in einer Vorbefragung vorzunehmen.

2. Sammlung von Ereignissen auf der Basis des Kundenpfades
Typische Fragen:
„Können Sie bitte den Ablauf des Check in im Hotel schildern?"
„Haben Sie beim Check in irgendwelche positiven oder negativen Erlebnisse gehabt?"

3. Feststellung der Ereignis-Relevanz
Im Falle der Schilderung negativer Erkebnisse sollen die Befragten den Grad ihrer Verärgerung, z.B. von 1 (kaum geärgert) bis 5 (stark geärgert mit der Absicht, dieses Hotel nicht wieder zu buchen) bekanntgeben.

4. Ermittlung der Kontaktpunkt-, Episoden und Transaktionszufriedenheit
Da nicht nur kritische, sondern auch positive oder neutrale Ereignisse die Zufriedenheit beeinflussen, muß die Einschätzung der Qualität anhand einer Noten- oder Zufriedenheitsskala ermittelt werden Und zwar auf allen Ebenen des Dienstleistungsprozesses, um gegebenenfalls auch die kumulativen Wirkungen der Unzufriedenheit in einer Teilphase feststellen zu können. [157]

---

[157] Vgl. Stauss, B.; Weinlich, B. (1996), S.50ff und Stauss, B.; Seidel, W. (1997), S.196ff.

5.2.2.3 Fotomethode

Die Fotomethode ist ein Verfahren, das von *Silberer* zum Festhalten von Kundenkontakterlebnissen vorgeschlagen wird.[158] Dabei werden Kunden gebeten, besonders positiv oder negativ empfundene Kontaktsequenzen zu fotografieren und den Grund der Motivwahl zu erläutern. Somit lassen sich besonders gut tangible Elemente, die den Dienstleistungsablauf oder das Dienstleistungsumfeld beeinflussen, ermitteln. Das persönliche Beziehungsgeflecht zwischen dem Mitarbeiter und dem Kunden läßt sich jedoch nicht dokumentieren.[159]
Pepels gibt rechtliche Bedenken an, indem er bemerkt, daß es oft aus Vertraulichkeitsgründen unerwünscht ist, bestimmte Situationen zu fotografieren. Besonders gilt dies für Videoaufnahmen, die jedoch sehr viel aussagefähiger sind als Fotografien, da sie durch die Kombination von Bild- und Tonaufnahmen objektive Beobachtungen zulassen.[160]

5.2.2.4 Critical Incident Technique

Dieses Verfahren zur qualitativen Kontaktpunktmessung wurde in den 50er Jahren von *Flanagan* entwickelt und beschäftigt sich mit der Erfassung und Auswertung kritischer Ereignisse („*critical incidents*").[161] *Bitner/Booms/Tetreault* definieren kritische Ereignisse „as specific interactions between customers and service firm employees that are especially satisfying or especially dissatisfying".[162] Daran wird deutlich, daß sich die Methode der kritischen Ereignisse sowohl auf positive als auch negativ empfundene Ereignisse bezieht. Grundlage für diese Methode bilden mündliche Befragungen bzw. Tiefeninterviews mit Interviewleitfaden. Die Kunden werden mittels offener Fragen aufgefordert, über aus ihrer Sicht **besonders positive oder negative** Erlebnisse, die während des Dienstleistungsprozesses aufgetreten sind, zu berichten.[163] Dabei sollen sog. „delivery accidents", die oftmals unvergeßlich im Gedächnis des Kunden geblieben sind und eine langfristige positive oder negative Einstellungsbeziehung gegenüber dem Dienstleistungsbetrieb implizieren, aufgedeckt werden.[164] Die Betonung der außergewöhnli-

---

[158] Vgl. Silberer, G. (1989), S.72.
[159] Vgl. Stauss, B. (1995), S.390.
[160] Vgl. Pepels, W. (1995), S.62.
[161] Vgl. Flanagan, J.C. (1954), S.327ff.
[162] Bitner, M.J.; Booms, B.H.; Tetreault, M.S. (1990), S.73.
[163] Vgl. Stauss, B.; Hentschel, B. (1991), S.241.; siehe dazu auch Homburg, C.; Werner, H. (1996), S.96.; siehe dazu auch Zollner, G. (1995), S.112.
[164] Vgl. Meyer, A.; Westerbarkey, P. (1995b), S.6.

chen Ereignisse und der Untersuchungsansatz, der auf eine Ermittlung anhand des vorgegebenen Kundenpfades verzichtet, unterscheiden diese Methode von der Sequentiellen Ereignismethode.

Sehr wichtig ist es dabei, daß die Schilderungen der befragten Personen folgende Anforderungen erfüllen, damit sie aussagefähiges und verwertbares Untersuchungsmaterial liefern:[165]

- Die Kundenschilderung muß sich direkt auf eine Kunden-Mitarbeiter-Interaktion beziehen.
- Die Kundenschilderung muß auf Situationen beruhen, die zu starker Zufriedenheit oder Unzufriedenheit geführt haben.
- Bei der Kundenschilderung muß es sich um eine diskrete Situation handeln.
- Die Kundenschilderung muß ausführlich und detailliert sein, um vom Interviewer in richtiger Form aufgenommen werden zu können.

Nach der Erhebungsphase von kritischen Ereignissen erfolgt die mehrstufige Auswertungsphase. Dabei werden die geschilderten Ereignisse in thematisch passende Erlebniskategorien eingeteilt, die auf der Basis von Inhaltsanalysen gebildet worden sind. Auf dieser Basis läßt sich kategoriebezogen die Häufigkeit positiver oder negativer Erlebnisse aufzeigen.[166]

Messungen zur Dienstleistungsqualität, die auf der Methode der Kritischen Ereignisse basieren, sind schon in verschiedenen Dienstleistungsbranchen wie z.B. Hotels, Restaurants, Fluglinien etc. durchgeführt worden.[167]
Stauss/Hentschel führten anhand von Kraftfahrzeugwerkstätten eine empirische Studie durch, die Aufschluß darüber gibt, ob ereignisorientierte Verfahren den merkmalsorientierten Verfahren überlegen sind. Dabei kommt als Vertreter der ereignisorientierten Methoden die Critical Incident Technique zum Einsatz. Die Studie kommt zu dem Ergebnis, daß die ereignisorientierte Qualitätsmessung und damit die Critical Incident Technique konkretere und teilweise mehr Informationen als merkmalsorientierte Verfahren zur Verfügung stellt.[168] Ereignisorientierte Methoden wie die der Kritischen Ereignisse liefern Informationen „über die von den Kunden als besonders ärgerlich empfundenen Erlebnisse im Dienstleistungskontakt und bieten insofern konkrete Ansatzpunkte für die Einleitung von Maßnahmen zur zukünftigen Pro-

---

[165] Vgl. Bitner, M.J.; Booms, B.H.; Tetreault, M.S. (1990), S.73.
[166] Vgl. Stauss, B. (1995), S.390.; siehe dazu auch Meffert, H.; Bruhn, M. (1995), S.217.
[167] Vgl. Bitner, M.J.; Booms, B.H.; Tetreault, M.S. (1990), S.71ff.; siehe dazu auch Bitner, M.J.; Nyquist, J.D.; Booms, B.H. (1985), S.48ff.
[168] Vgl. Stauss, B.; Hentschel, B. (1992), S.115ff.

blemvermeidung."[169] Aber auch im umgekehrten Fall, der von besonders positiven Erlebnissen innerhalb des Dienstleistungsprozesses ausgeht, werden dem Unternehmen wertvolle Informationen zuteil, die dazu beitragen, den erkannten Nutzen auf andere Bereiche oder zukünftige Qualitätsplanung zu projizieren.[170]

Stauss sieht weitere Vorteile der Critical Incident Technique in der Konkretheit der gewonnenen Informationen und der breiten Abdeckung qualitätsentscheidender Aspekte. Als wesentlichen Nachteil empfindet dieser den beträchtlichen Erhebungsaufwand des Verfahrens.[171] *Zollner* hebt hervor, daß die Critical Incident Technique ein Verfahren darstellt, das sowohl kritische Kontaktpunkte identifiziert als auch diese einer qualitativen Beurteilung unterzieht und somit dem Dienstleister wichtige Informationen über Mindesterwartungen, Erfüllungsgrad von Erwartungen, Stärken und Schwächen der von ihm angebotenen Dienstleistung bietet. Das Erstellen eines Blueprints hält dieser demnach für entbehrlich.[172] *Pepels* sieht den Einsatz der Critical Incident Technique vor allem bei Ereignissen, die den Erstkontakt mit dem Dienstleistungsanbieter betreffen, als nützlich an, da dem Erstkontakt (Rezeption, Telefon etc.) bei vielen Unternehmen bislang noch nicht der zustehende Stellenwert eingeräumt wird und Mängel anhand dieser Methode gut aufgedeckt werden können.[173]

Meyer beschreibt den Einsatz der Critical Incident Technique im Hotelbereich. Dort werden keine mündlichen Befragungen durchgeführt, sondern mittels „Comment cards" nach besonders positiven oder negativen Erlebnissen gefragt. Der Vorteil dieser Methode wird darin gesehen, daß die Gäste nicht gezwungen werden, vorformulierte Problembereiche zu bewerten; vielmehr haben sie die Möglichkeit, in Eigeninitiative eigene Problembereiche zu nennen. Sie geben somit dem Hotelmanagement Gelegenheit, Bereiche, die für das Qualitätsempfinden der Gäste wichtig sind, zu identifizieren.[174] In dieser eigenständigen und unbeeinflußten Wahl von Erlebnissen, die von den Kunden frei geschildert werden können, sehen auch *Bruhn/Henning* einen entscheidenen Vorteil dieser Methode.[175]

---

[169] Stauss, B.; Hentschel, B. (1992), S.121.
[170] Stauss, B.; Hentschel, B. (1992), S.121.
[171] Vgl. Stauss, B. (1995), S.391.
[172] Vgl. Zollner, G. (1995), S.113.
[173] Vgl. Pepels, W. (1995), S.70f.
[174] Vgl. Meyer, A.; Westerbarkey, P. (1995b), S.7.
[175] Vgl. Bruhn, M.; Henning, K. (1993), S.224.

5.2.2.5 Beschwerdeanalyse

Die Einordnung der Beschwerdeanalyse in die Verfahren zur Messung von Kundenzufriedenheit und Dienstleistungsqualität erfolgt in der Literatur auf unterschiedliche Art und Weise.
Da die Beschwerdeanalysen einen Teil der Qualitativen Kontaktpunktmessung im Rahmen der Kontaktpunktanalyse darstellen, wird diese den ereignisorientierten Verfahren zur Messung von Dienstleistungsqualität zugerechnet.[176] *Homburg et al.* sowie *Meffert/Bruhn* schließen sich dieser Ansicht nicht an und sehen in der Beschwerdeanalyse als Instrument zur Messung von Kundenzufriedenheit ein Verfahren, das merkmalsorientiert ausgerichtet ist.[177]

Die Beschwerdeanalyse stellt einen Teil des **Beschwerdemanagements** dar. Bevor eine Beschwerdeanalyse überhaupt möglich ist, müssen Beschwerden zunächst einmal seitens der Kunden geäußert werden, was vielfach - gerade in Restaurationsbetrieben - nicht geschieht. Nach der Beschwerdebearbeitung kann es dann erst unternehmensintern zu einer Auswertung der Beschwerdegründe mit dem Ziel der Fehlerbeseitigung kommen.[178]

5.2.3 Quantitative Kontaktpunktmessung

Ausgehend von der Überlegung, daß ein kritisches Ereignis umso eher der Aufmerksamkeit des Management bedarf, je häufiger es auftritt und je ärgerlicher es für den Kunden ist, geht es bei der Quantitativen Kontaktpunktmessung um die Häufigkeit des Auftretens von problematischen Kontaktsituationen und deren vom Kunden empfundene Relevanz. Die hierfür erforderlichen Daten können durch Verfahren der Qualitativen Kontaktpunktmessung nur unzureichend erhoben werden, da Erhebungen im Rahmen der Sequentiellen Ereignismethode oder Critical Incident Technique zu aufwendig sind, Beobachtungen und Beschwerdeanalysen hingegen nicht alle problemrelevante Kontaktpunkte ausfindig machen.[179]

---

[176] Vgl. Stauss, B. (1995), S.388ff; siehe dazu auch Stauss, B.; Hentschel, B. (1991), S.241; siehe dazu auch Zollner, G. (1995), S.107ff.
[177] Vgl. Homburg, C.; Werner, H. (1996), S.94; siehe dazu auch Homburg, C.; Rudolph, B. (1997), S. 44f; siehe dazu auch Meffert, H.; Bruhn, M. (1995), S.213ff.
[178] Ausführliche Informationen zur Beschwerdeanalyse und zum gesamten Beschwerdemanagement in Kap. 8.
[179] Vgl. Zollner, G. (1995), S.115f.

Als Instrument der Quantitativen Kontaktpunktmessung dient die Frequenz-Relevanz-Analyse für Probleme (FRAP), bei der es sich um eine Weiterentwicklung der Problem Detecting Method handelt, die erstmals von der Werbeagentur *Batten, Barton, Durstine & Osborn (BBDO)* eingesetzt wurde.[180] Im Rahmen dieser Methode werden „Kunden auf der Grundlage einer Problemliste nach dem Auftreten der Probleme, dem Ausmaß der empfundenen Verärgerung und dem erfolgten bzw. geplanten Reaktionsverhalten befragt und die Ergebnisse zu Problemrelevanzwerten verdichtet."[181] Während also bei der Problem Detecting Method die Problemkategorien nicht ermittelt werden, sondern vielmehr bekannt sein müssen, stellt die Ermittlung der Problemliste den ersten Schritt der Frequenz-Relevanz-Analyse dar. Da auf diese Weise Probleme nicht unentdeckt bleiben, ist diese Methode vorzuziehen.

Der Ablauf der Frequenz-Relevanz-Analyse für Probleme im einzelnen:[182]

1. Ermittlung einer Problemliste
2. Komprimierung der Problemliste nach Relevanz- und Redundanzgesichtspunkten
3. Fragebogenerstellung mit Statements zu den jeweiligen Problemen
4. Mündliche, schriftliche oder telefonische Befragung
5. Auswertung, indem durch multiplikative Verknüpfung von Relevanz und Frequenz der Probleme Problemindizes gebildet werden.

Die bei der Untersuchung ermittelten Frequenz- und Relevanzwerte stellen zwei wichtige Kennzahlen dar, die mittels eines zweidimensionalen Diagramms abgebildet und analysiert werden.[183] Dieses gibt Auskunft über die Relevanz auftretender Fehler und läßt Rückschlüsse auf die Wahrscheinlichkeit einer Kundenabwanderung infolge bestimmter Fehler zu. Dadurch werden dem Management wertvolle Hinweise darüber gegeben, welches Problem höchste Priorität in der Beachtung und Beseitigung verdient.

---

[180] Vgl. Stauss, B. (1995), S.392.; siehe dazu auch Stauss, B.; Hentschel, B. (1990), S.247.
[181] Stauss, B.; Hentschel, B. (1991), S.242.
[182] Vgl. Stauss, B. (1995), S.393; siehe dazu auch Pepels, W. (1995), S.71f.
[183] Vgl. Stauss, B. (1995), S.393.

Die Frequenz-Relevanz-Analyse für Probleme wird durch nachfolgende Fragekomplexe charakterisiert:[184]

- Die erste Fragestellung befaßt sich mit der Frequenz von Problemen, d.h. sie untersucht, ob ein Problem überhaupt aufgetreten ist.
- Die zweite Fragestellung erhebt Daten über das Ausmaß der Verärgerung.
- Die dritte Fragestellung befaßt sich mit dem gezeigten oder geplanten Reaktionsverhalten des Kunden.

Abbildung 5.2.3-1:
Problemrelevanz/Problemfrequenz-Matrix am Beispiel eines Restaurants

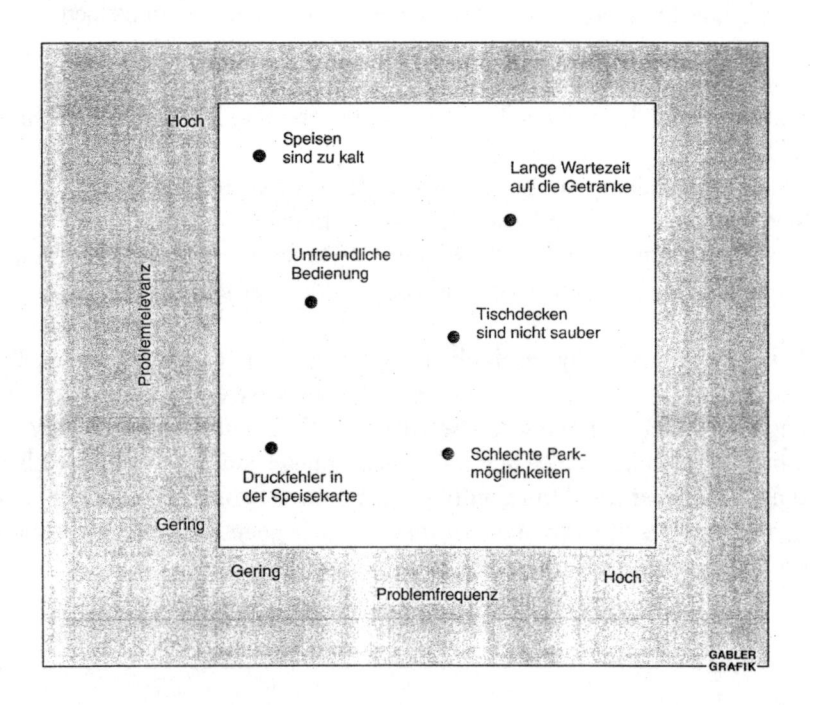

Quelle: Meffert, H.; Bruhn, M. (1995), S.219.

Die aufgeführten Fehler lassen sich entsprechend ihrer unterschiedlichen Problemfrequenz und -relevanz in verschiedene Kategorien untergliedern. Homburg/Werner unterscheiden dabei zwischen vier Fehlerarten[185].

---

[184] Vgl. Meffert, H.; Bruhn, M. (1995), S.218; siehe dazu auch Zollner, G. (1995), S.116.
[185] Vgl. Homburg, C.; Werner, H. (1996), S.94f.

Die verschiedenen Fehlerkategorien implizieren unterschiedliche Handlungsanweisungen an das Management.[186]

- **„Tödliche Fehler"** müssen, ihrer hohen Frequenz und Relevanz entsprechend, sofort beseitigt werden, um nicht noch für weitere irreparable Schäden zu sorgen.
- **„Systematische Fehler"** können trotz ihrer geringen Relevanz aus der Sicht des Kunden langfristig zu Unzufriedenheit bei den Kunden führen und sollten deshalb mittelfristig behoben werden.
- **„Ausrutscher"** kommen nur selten vor, haben dann aber einen sehr großen Einfluß auf die Wiederkaufsentscheidung des Kunden. Deshalb sollte untersucht werden, ob diesen Fehlern nicht systematische Ursachen zugrunde liegen.
- **„Vernachlässigbare Fehler"** sind für den Kunden unbedeutend. Eine Untersuchung dieses Problemfeldes steht für ein Unternehmen außerhalb jeder Kosten-Nutzen-Relation.

Abbildung 5.2.3-2:
Dienstleistungsfehler und ihre Folgen

Relevanz Frequenz	Niedrig	Hoch
Niedrig	„Vernachlässigbare Fehler"	„Ausrutscher"
Hoch	„Systematische Fehler"	„Tödliche Fehler"

Nach in der Literatur vorherrschender Meinung eignet sich die Frequenz-Relevanz-Methode für Probleme nicht als Alternative zu den Instrumenten der Qualitativen Kontaktpunktmessung, da sie erst dann eingesetzt werden kann, wenn die für die Fragebogen entscheidenen Problemfälle im Rahmen der Sequentiellen Ereignismethode, Critical Incident Technique etc. ermittelt worden sind.[187] Vielmehr wird in dieser Methode eine vielversprechende und sinnvolle Ergänzung zur Qualitativen Kontaktpunktmessung gesehen.[188] *Zoll-*

---
[186] Vgl. Homburg, C.; Werner, H. (1996), S.96.
[187] Vgl. Stauss, B. (1995), S.392.
[188] Vgl. Meffert, H., Bruhn, M. (1995), S.218; siehe dazu auch Stauss, B. (1995), S.392.

ner sieht die Stärke der Frequenz-Relevanz-Methode für Probleme in der Fokussierung auf kritische Ereignisse, die dem Untersuchenden konkrete Aussagen liefern und eventuellen Handlungsbedarf deutlich aufzeigen. Zusätzlich hebt dieser die Trennung von Problemhäufigkeit, Grad der Verärgerung und des Reaktionsverhaltens positiv hervor, da bei dieser Vorgehensweise deutlich wird, daß beispielsweise ein hoher Grad an Verärgerung nicht zwangsläufig zu einer Reaktion wie z.B. Abwanderung oder Beschwerde führen muß.

Bei sich wiederholenden Dienstleistungen oder langandauernden Kundenbeziehungen bietet das hohe Maß an Standardisierbarkeit die Möglichkeit einer laufenden Qualitätsüberwachung.[189]

Negativ wird hingegen die hohe Arbeitsbelastung der Probanden bewertet.[190] Außerdem ist das Modell einseitig auf Negativereignisse fokussiert und Faktoren, die die Wiederverkaufsabsicht weitgehend mitbeeinflussen (z.B. Preis, Alternativangebote, Verfügbarkeit), werden nicht berücksichtigt.[191]

5.3 Weitere Formen der Gästebefragung

SERVQUAL-Ansatz

Der SERVQUAL-Ansatz wird den Multiattributivverfahren zur Messung der wahrgenommenen Dienstleistungsqualität bzw. Kundenzufriedenheit zugerechnet.[192] Gemeinsames Kennzeichen der Multiattributivverfahren ist die Annahme, daß sich das globale Qualitätsurteil aus einer Vielzahl („multi") bewerteter Qualitätsmerkmale („Attribute") zusammensetzt. Innerhalb der Multiattributivverfahren lassen sich zwei verschiedene Ansätze unterscheiden:[193]

- Der **einstellungsorientierte** Ansatz, der davon ausgeht, daß die Qualitätsbeurteilung eines Kunden eine gelernte, relativ dauerhafte, positive oder negative Haltung gegenüber dem zu beurteilenden Objekt ist (Einstellungsmessung). Dabei wird in der Regel das gesamte Dienstleistungsunternehmen zur Beurteilung vorgegeben.

---
[189] Vgl. Meffert, H.; Bruhn, M. (1995), S.218.
[190] Vgl. Zollner, G. (1995), S.80.
[191] Vgl. Homburg, C.; Werner, H. (1996), S.96.
[192] Vgl. Stauss, B.; Hentschel, B. (1991), S.240f.
[193] Vgl. Pepels, W. (1995), S.62f.; siehe dazu auch Stauss, B.; Hentschel, B. (1991), S.240f.

- Der **zufriedenheitsorientierte** Ansatz, der - dem „disconfirmation paradigm" folgend - die Reaktion auf die wahrgenommene Abweichung zwischen erwarteter und tatsächlich wahrgenommener Leistung untersucht. Voraussetzung für diesen Ansatz ist, daß der Konsum einer Dienstleistung bereits stattgefunden hat.

Der SERVQUAL-Ansatz stellt eine Mischform beider Ansätze dar[194] und basiert auf einem Modell von *Parasuraman/Zeithaml/Berry* zur Messung wahrgenommener Dienstleistungsqualität.[195] SERVQUAL ist ein Kunstwort, das sich aus „service" und „quality" zusammensetzt. Charakteristisch für SERVQUAL sind die ebenfalls von *Parasuraman/Zeithaml/Berry* aufgestellten fünf Dienstleistungsdimensionen auf deren Grundlage **22 Items** gebildet werden, die dann, auf einem standardisierten Fragebogen zusammengefaßt, dem Kunden zur Beantwortung vorgelegt werden. Pro Item wird die Messung je eines Merkmales, das für die jeweilige Dienstleistungsdimension verantwortlich ist, impliziert.

Dabei beziehen sich vier Items auf das **tangible Umfeld** des Unternehmens (z.B. modern aussehende Betriebs- und Geschäftsausstattung), fünf Items liefern Informationen über die **Zuverlässigkeit** des Dienstleisters (z.B. Versprechen, etwas zu einem bestimmten Termin zu erledigen), vier Items beschäftigen sich mit dem Faktor der **Reaktionsfähigkeit** (z.B. prompte Bedienung), weitere vier Items geben Auskunft über die **Leistungskompetenz** eines Unternehmens bzw. dessen Mitarbeiter (z.B. Fachwissen) und weitere fünf Items geben Aufschluß über das **Einfühlungsvermögen** (z.B. aufrichtiges Interesse an Kundenproblemen).[196] Neben den fünf Dienstleistungsdimensionen gelten auch die 22 Items als empirisch abgesichert und besitzen somit eine hohe Validität in der Ermittlung von Kundenzufriedenheit.[197]

Zu jedem Item werden als Grundlage für den Fragebogen zwei Aussagen formuliert. Mit Statements der Art **„so-sollte-es-sein"** werden die generellen Erwartungen erfragt, während mit Aussagen der Art **„so-ist-es"** die erlebte Leistung erhoben wird.

Aus der nachstehenden Abbildung sind die 22 Aussagen ersichtlich, wobei die Lücken (...) mit den jeweiligen Branchenbegriffen auszufüllen sind.

---

[194] Vgl. Stauss, B.; Hentschel, B. (1991), S.241; siehe dazu auch Pepels, W. (1995), S.65; siehe dazu auch Homburg, C.; Rudolph, B. (1997), S.43.
[195] Vgl. Parasuraman, A.; Zeithaml, V.A.; Berry, L.L. (1988), S.12ff.
[196] Vgl. Berry, L.L.; Parasuraman, A. (1992), S. 30 und; Zeithaml, V.A.; Berry, L.L.; Parasuraman, A. (1991b), S. 155 und Scharnbacher, K.; Kiefer, G. (1996), S.73,75.
[197] Vgl. Scharnbacher, K.; Kiefer, G. (1996), S.74.

Abbildung 5.3.-1:

Die 22 SERVQUAL-Items

01 Die technische Ausrüstung von ... sollte dem neuesten Stand entsprechen.
02 Die Geschäftsräume von ... sollten ansprechend gestaltet sein.
03 Die Angestellten von ... sollten einen sympathischen Eindruck machen.
04 Die Gestaltung der Geschäftsräume von ... sollte der Arte der Dienstleistung angemessen sein.
05 Wenn ... die termingerechte Auftragserfüllung versprechen, sollten sie diese auch einhalten.
06 Kundenprobleme sollten von Mitarbeitern von ... ernstgenommen und mitfühlend und beruhigend behandelt werden.
07 ... machen alles das erste Mal richtig und fehlerfrei.
08 Die Dienstleistung von ... sollte zu dem Zeitpunkt ausgeführt sein/werden, zu dem sie versprochen wurde.
09 ... sollten eine fehlerfreie Auftragsbuchführung besitzen.
10 ... sollten dem Kunden genau darüber Auskunft geben, wann die Leistung ausgeführt wird.
11 Angestellte von ... sollten ihren Kunden prompten Service geben.
12 Die Angestellten ... sollten permanent gewillt sein, ihren Kunden zu helfen.
13 Angestellte von ... sollten nie zu beschäftigt sein, um Kundenwünsche unmittelbar zu erfüllen.
14 Kunden sollten den Angestellten von ... vertrauen können.
15 Kunden sollten sich während des Kontakts zu den Angestellten ... sicher fühlen können.
16 Die Angestellten von ... sollten stets höflich sein.
17 Die Angestellten von ... sollten die Kenntnisse haben, um den Kunden stets auf alle Fragen antworten zu können.
18 Von ... sollte erwartet werden, daß sie jedem Kunden individuelle Aufmerksamkeit widmen.
19 Man sollte von ... erwarten, daß ihre Öffnungszeiten für alle Kunden angenehm sind.
20 Von den Angestellten von ... kann erwartet werden, daß sie sich persönlich um die Kunden kümmern.
21 Von ... kann erwartet werden, daß sie nur das Interesse ihrer Kunden im Auge haben.
22 Von Angestellten von ... kann erwartet werden, daß sie die Bedürfnisse ihrer Kunden kennen.

Quelle: Zeithaml, Berry und Parasuraman, zitiert bei Pompl, W. (1996), S. 82.

Abbildung 5.3.-2:

Beispiel eines Fragenpaares im SERVQUAL-Ansatz

| | Diese(r) Meinung | | | | | | |
	stimme ich völlig zu				lehne ich entschieden ab		
Erwartung: Das Hotelzimmer sollte bei Ankunft bezugsfertig sein.	7 ❏	6 ❏	5 ❏	4 ❏	3 ❏	2 ❏	1 ❏
Erlebte Leistung: Das Hotelzimmer ist bei Ankunft bezugsfertig.	7 ❏	6 ❏	5 ❏	4 ❏	3 ❏	2 ❏	1 ❏

Die vorgegebenen Aussagen werden auf einer 7-Punkte Skala von „stimme ich völlig zu" (entspricht einem Zahlenwert von sieben) bis „lehne ich entschieden ab" (entspricht einem Zahlenwert von eins) von den Probanden bewertet. Die Differenz der beiden Skalen ergibt pro Item einen Wert zwischen

-6 und +6. Je größer dieser Wert ist, umso höher ist die wahrgenommene Dienstleistungsqualität in Bezug auf dieses Item.[198] Die dadurch erhaltenen Einzeldiskrepanzen werden addiert und zu einer **merkmalsbezogenen Dienstleistungsqualität** aggregiert.[199]

Abbildung 5.3.-3:
Mathematische Herleitung der Dienstleistungsqualität beim SERVQUAL-Ansatz

$$Q = \sum |QE_i - QB_i|$$

Q= merkmalsbezogene Dienstleistungsqualität; QE_i= Qualitätserwartungen; QB_i= Qualitätsbeurteilung

Quelle: Eigene Darstellung in Anlehnung an Benkenstein, H. (1993), S.1103.

Die Teilqualitäten der einzelnen Dimensionen können durch Durchschnittsbildung der Erwartungs-Erlebnis-Differenz über die zu einer Dimension gehörenden Items bestimmt werden. Der Mittelwert aller fünf Dienstleistungsdimensionen dient als ein Globalmaß der wahrgenommenen Dienstleistungsqualität und liefert somit einen Richtwert, an dem die relative Bedeutung der fünf Dimensionen für das Gesamtqualitätsurteil gemessen wird.

Obwohl der SERVQUAL-Ansatz als sehr populär und häufig verwendet anzusehen ist,[200] werden in der Literatur zahlreiche Kritikpunkte geäußert. Gesehen wird die Gefahr einer Anspruchsinflation durch die Verwendung der „so-sollte-es-sein"-Kategorie.[201] Dabei wird befürchtet, daß die Probanden realitätsferne Werte angeben, die zudem von Befragung zu Befragung variieren können. Ein großes Problem ergibt sich dadurch, daß die Erwartungskomponente gleichzeitig mit der Erfüllungskomponente erhoben wird. Diese Vorgehensweise kann zu einer Verwirrung bei den Probanden führen, da diese nachträglich verschiedene Aspekte in eine relativ abstrakte Erwartungs- und Wahrnehmungskomponente zerlegen müssen. Durch die Differenzbildung kann es außerdem zu zweifelhaften Interpretationen kommen.[202]

Beispiel: Legt Gast X hohen Wert auf die prompte Bedienung an der Hotelrezeption (Erwartungswert 7) und empfindet diese dann auch als prompt (Wahrnehmungswert 7), ergibt sich eine Differenz von 0. Beim Gast Y hingegen, dem die prompte Bedienung gleichgültig ist (Erwartungswert 1), diese dann aber doch als sehr prompt emp-

---
[198] Vgl. Meffert, H.; Bruhn, M. (1995), S.209.
[199] Vgl. Benkenstein, M. (1993), S.1103.
[200] Vgl. Stauss, B; Hentschel, B. (1991), S.241.
[201] Vgl. Hentschel, B. (1990), S.235.; siehe dazu auch Pepels, W. (1995), S.67.
[202] Vgl. Hentschel, B. (1995), S.369.

findet (Wahrnehmungswert 7), ergibt sich eine Differenz von +6. Nach der Auswertungslogik von SERVQUAL schreibt Kunde Y dem Kriterium „prompte Bedienung" eine höhere Qualität zu als Kunde X, was jedoch wenig logisch erscheint.

Des weiteren kann der Differenzwert zu sieben Situationen führen, bei denen der Ergebniswert gleich null ist. Dieses geschieht immer dann, wenn sich die Wahrnehmung mit der Erwartung deckt. Das Modell gibt jedoch keinen Aufschluß, ob der Nullwert immer der gleichen Wahrnehmung von Dienstleistungsqualität entspricht, oder ob es sich um unterschiedliche Niveaus handelt.[203]

Fraglich ist auch der Nutzen, den das Unternehmen aus dem Ergebnis einer SERVQUAL-Untersuchung ziehen kann. Welche Schlüsse können aus dem resultierenden Index gezogen werden oder was besagen die Werte der Teilqualitäten? Zu bemängeln ist dabei die qualitätspolitische Interpretierbarkeit der Messung aufgrund mangelnder Konkretheit, unzureichender Erfassung der Problemdringlichkeit und mangelnder Erfaßbarkeit differenzierter Sachverhalte. Auf dienstleistungsspezifische Sonderumstände und bestimmte Qualitätsaspekte kann schlecht in Merkmalsform eingegangen werden.[204]
Die „Erfinder" von SERVQUAL räumen ein, daß sich die besten Resultate erzielen lassen, wenn das Verfahren regelmäßig in Verbindung mit anderen Meßmethoden zum Einsatz gebracht wird.[205] Dadurch erweist sich die Methode aber als aufwendig und kostspielig.

Allgemeine Gästebefragungen

Viele Formen der Gästebefragung halten sich nicht ausreichend an wissenschaftliche Anforderungen bezüglich Aufbau des Fragebogens und Auswertbarkeit der Ergebnisse. Aus diesem Grund werden in Kapitel 7 wesentliche methodische Prinzipien beschrieben und es wird beispielhaft ein konsequent auf Zufriedenheits- und Qualitätsanalyse ausgerichteter Fragebogen entwickelt, der in seinen Grundzügen auf die meisten Beherbergungsbetriebe anwendbar ist.

---

[203] Vgl. Teas, R.K. (1993), S.29.
[204] Vgl. Hentschel, B. (1995), S.372.
[205] Vgl. Parasuraman, A.; Zeithaml, V.A.; Berry, L.L. (1988), S.31.

Comment Cards

Beliebt sind in der Hotel-Praxis die „Comment Cards", auf denen zwar immer eine Reihe von Fragen zur Servicequalität und zur Gästezufriedenheit gestellt werden, die aber nicht als fundierte Fragebögen anzusehen sind. Ihr Zweck liegt vielmehr in der Aufforderung zur Äußerung möglicher Beschwerden.[206]

Die folgenden Beispiele großer Ketten der Ein- bis Zwei-Sterne-Hotellerie zeigen, daß alleine aufgrund der Fragestellungen und der vorgegebenen Antwortkategorien Fehler bei der Interpretation der Daten vorprogrammiert sind.

Beispiele:
Wird z.B. der Komfort des Zimmers durch Ankreuzen des böse blickenden Gesichts als schlecht beurteilt, so sagt die Antwort überhaupt nichts darüber aus, ob der Beurteilende eher die Sitzgelegenheiten, die Matratzenqualität oder irgendetwas anderes meinte.

Zimmer-Nr. / room n°:	☺	☺	☹	☹
Datum / date:				
Rezeption / reception: Empfang / welcome				
Rezeption / reception: Service / service				
Zimmer / room: Komfort / comfort				
Zimmer / room: Sauberkeit / cleanliness				
Frühstück / breakfast				
Restaurant / restaurant: Service / service				
Restaurant / restaurant: Speisen / food				
Bar / bar				
Allgemein / general ambiance				
Vorschläge & Bemerkungen / suggestions & remarks:				

---

[206] Siehe Kap. 8 zum Beschwerdemanagement.

Kreuzt der Gast auf die Frage „Did you find your room clean and in order" die Vorgabe „no" an, gibt das dem Management keine Handlungshilfe, weil nicht klar ist, ob der Teppichboden nicht sauber war, ob das Bett nicht ordentlich gemacht war oder ob Staub auf dem Schreibtisch lag oder ob irgend eine andere Begebenheit den Gast gestört hat.

Date of Stay _____ Room # _____

Please take a moment to share your opinions and offer comments to improve your future visits.

	YES	NO
1. Were you greeted with a smile?	☐	☐
2. Was your check-in handled promptly and courteously?	☐	☐
3. Was your first impression of the property positive?	☐	☐
4. Were public areas attractive and well maintained?	☐	☐
5. Did you find your room clean and in order?	☐	☐
6. Were phone charges and dialing instructions clearly displayed?	☐	☐
7. Were the vanity and bath areas well equipped?	☐	☐
8. If you tried our restaurant or lounge, were you pleased with the service?	☐	☐
9. Overall, was your stay satisfactory?	☐	☐
10. Would you stay at a _____ in the future?	☐	☐
11. Would you stay at this _____ again?	☐	☐

12. What was the purpose of your trip?
    ☐ Business   ☐ Pleasure   ☐ Both

13. What prompted you to stay at a ___ location?
    ☐ Road Signs   ☐ General Appearance   ☐ Advertising
    ☐ Referral   ☐ Travel Agent   ☐ Special Clubs
    Other _____

How may we be of service to you?

_____
_____
_____
_____
_____
_____

Name _____
Address _____
_____

FOR IMMEDIATE ATTENTION PLEASE LEAVE AT THE FRONT DESK.
PLEASE DETACH THIS COMMENT SECTION BEFORE MAILING.

Teil C:

Sicherung und Verbesserung von Kundenzufriedenheit und Dienstleistungsqualität

6. Arbeit mit Checklisten

Mit dem Einsatz von Checklisten werden unterschiedliche unternehmerische Ziele verfolgt. In der **Marktforschung** werden Checklisten bei der Anwendung der Beobachtungsmethode eingesetzt, um objektivierbare Ergebnisse zu erhalten. Auf diese Weise kann die Qualität der eigenen unternehmerischen Tätigkeit anhand selbstgesetzter Standards überprüft werden. Darüber hinaus ist es möglich, Konkurrenzanalysen vorzunehmen, indem die per Checkliste erhobenen Daten unterschiedlicher Unternehmen miteinander verglichen werden.

Im **laufenden Betrieb** sind Checklisten hilfreich, um die **Qualitätssicherung** zu unterstützen. Bei standardisierten Vorgängen können Checklisten dafür sorgen, daß nichts vergessen wird. Insofern dienen Checklisten auch der **Arbeitserleichterung**, wenn Arbeitsabläufe Schritt für Schritt „vorgedacht" werden und ein Mitarbeiter sein Gedächtnis damit nicht belasten muß, sondern sich auf die ordnungsgemäße Durchführung konzentrieren kann. Daraus ergibt sich ein weiterer Effekt, denn Aufgaben werden routinemäßig schneller erledigt. Die **eingesparte Zeit** kann dann z.B. Aufgaben der Kundenbetreuung gewidmet werden.

Im folgenden werden für die beschriebenen Aufgabenbereiche der Hotelpraxis entnommene Checklisten präsentiert. Dies geschieht nur in Auszügen, da es nicht sinnvoll erscheint, umfangreiche Literatur zu diesem Thema erneut abzudrucken.[207] Es geht viel mehr darum, die Einsatzfelder und den daraus resultierenden unterschiedlichen Aufbau kennenzulernen und kritisch zu hinterfragen. So ist zu bedenken, daß Checklisten nicht einfach übernommen werden können, sondern für jedes Unternehmen individuell maßgeschneidert werden müssen. Die Basis für die Erstellung individueller Checklisten bilden Arbeitsablaufanalysen und Ablaufdiagramme[208], die die Leistungserstellung in einzelne Schritte zerlegen und dabei sowohl Kundenkontaktsituationen, als auch Arbeitsschritte, die „hinter den Kulissen" und damit für den Kunden unsichtbar ablaufen, berücksichtigen.

Checklisten dienen indirekt der Kundenzufriedenheit, indem mit ihrer Hilfe die Qualität der Dienstleistungserstellung so gestaltet bzw. gesichert wird, daß gar nicht erst Anlässe für Beschwerden entstehen.

---

[207] Vgl. Schaetzing, E.E. (1991), S.17ff. Er hat eine große Auswahl Checklisten für den Einsatz in der Hotellerie und Gastronomie entwickelt.
[208] Vgl. Schaetzing, E.E. (1991), S.14.

Abbildung 6-1:
Einsatzfelder für Checklisten im Tourismus

1. Grundlegende qualitative **Eigenanalyse** des Unternehmens
2. **Konkurrenzanalyse** durch objektivierte Beobachtung
3. Beurteilung von Hotels für den **Einkauf** von **Reiseveranstaltern**
4. Beurteilungen von Hotels durch **Reiseleiter** zur laufenden **Qualitätsüberprüfung**
5. Eigene **Qualitätssicherung und -kontrolle** im laufenden Betrieb

Beispiel für Checklisten zur Eigen- und Konkurrenzanalyse

Für Qualitätstests wurden bei *Steigenberger* Checklisten entwickelt, die bei „Hotelinspektionen" durch die Fachabteilungen zum Einsatz gelangen. Teilweise werden diese darüber hinaus auch bei Besuchen von Konkurrenzbetrieben sowie bei Informations- und Weiterbildungsreisen angewendet. Die Testbereiche beziehen sich auf folgende qualitätsbestimmende Leistungen:

- Kundenleistung
- Getränkeangebot
- Restaurant-/Barserviceleistung
- Qualitätskontrolle Gästezimmer
- Qualitätskontrolle öffentlicher Räume und Außenanlagen
- Überprüfung Haustechnik
- Test Empfang/Telefon/Verkauf *(siehe folgende Abbildung)*
- Qualitätskontrolle Warenbeschaffung[209]

---

[209] Vgl. Momberger, W. (1995), S. 56.

Abbildung 6-2:

Checkliste zur Eigen- und Konkurrenzanalyse im Empfangsbereich

QUALITY CHECKS FRAGEBOGEN MUSTERHOTEL SERVICES					
ANONYME UNTERSUCHUNG					Datum: 01.04.96 - 03.04.96
Abteilung			2.1 Empfang			
Bereich			2.1.1 Reservierung			
Kriterien	Punktwerte		Punkte erreicht	N.V.	Bemerkung
	Art	max.			
Telefonantw. bis max. 5x klingeln	fix	2	2		
Korrektes, freundliches Begrüßen durch Mitarbeiter/Namensnennung	fix	3	*3*		
Information zur Zimmerverfügbarkeit ist schnell vorhanden	fix	1	*1*		
Kundenname wurde wiederholt (buchstabiert wenn nötig)	fix	1	*1*		
Alternativen in Zimmertyp und Datum wurden angeboten	flexibel	2		*x*	
Mitarbeiter versucht höherwertigere Zimmer zu verkaufen	flexibel	2		*x*	Wochenendpauschale
Aufenthaltsdatum, Gastname und Adresse wurde wiederholt	fix	1	*1*		
Mitarbeiter erfragte Zahlungsmodus und Rechnungsadresse	fix	1	*0*		nur in Stadthotels
Frage nach Anreisezeit Frage nach Raucher/Nichtraucher	fix	1	*1*		
Mitarbeiter dankt für die Reservierung und wünscht schönen Tag etc.	Fix	2	*2*		
Schriftliche Bestätigung wird versprochen und ist angekommen	fix	1	*1*		auf Anfrage
Bestätigung enthält zusätzliche Informationen über Parkmöglichkeiten, Taxis, Anfahrt etc.	fix	1	*1*		
Reservierung	Total	14	*13* 92,9%		*(nur beantwortete Punkte gewertet)*

Quelle: Fidlschuster, K. (1997), S. 263.

Abbildung 6-3:
Basis-Checkliste für den Hoteleinkauf

Hotelname:		Stockwerke:
Straße:		Bettenzahl:
Ort:		Kategorie:
Tel.:		Transferzeit:
Fax:		
Ansprechpartner:	Einkäufer/ PM:	letzte pers. Besichtigung am

Lage des Hotels:		**Umgebung:**
Entfernung zum Strand: _____ m		☐ Hauptstraße
Entfernung zum Ortszentrum: _____ m		☐ Verkehrsmittel
sonstige Entfernungen: _____ / _____ m		☐ Grünanlagen
Art des Hotels:	**Zielgruppe:**	☐ Berge / ☐ See
☐ einfach	☐ Singles	☐ Sonstiges:_____
☐ modern	☐ Familien mit Kindern	☐ Sonstiges:_____
☐ komfortabel	☐ Senioren	☐ Sonstiges:_____
☐ gepflegt	☐ Gruppen	
☐ ruhig	☐ Andere:_____	
☐ landestypisch	☐ Andere:_____	
☐ Sonstiges:	☐ Andere:	
Zimmerausstattung:	**Hotelausstattung:**	**Zusatzangebote:**
☐ Bad	☐ Hallenbad	☐ Minigolf
☐ Dusche	☐ Pool	☐ Tischtennis
☐ WC	☐ Sauna/ Dampfbad	☐ Tennis
☐ Balkon/ Terrasse	☐ Solarium	☐ Segeln
☐ Radio	☐ Whirlpool	☐ Reiten
☐ TV	☐ Garten	☐ Tauchen
☐ Sat-TV	☐ Spielplatz	☐ Folklore
☐ Telefon	☐ Liegestühle	☐ Animation
☐ Grandlit	☐ Fernsehraum	☐ Sonstiges_____
☐ Einzelbetten	☐ Aufenthaltsraum	☐ Sonstiges_____
☐ Sitzgruppe	☐ Bar	
☐ Minibar	☐ Frühstücksraum	
☐ Kochgelegenheit	☐ Restaurant	
☐ Klimaanlage	☐ Sonstiges_____	
☐ Heizung	☐ Sonstiges_____	
☐ Teppich		
☐ Meerblick		
☐ Zustellbett		
☐ Zustand der Einricht.:		
☐ Nichtraucherzimmer		
☐ Sonstiges		

Beurteilung der Verpflegung:				
	Art	Menge	Qualität	Zubereitung
Frühstück				
Mittag				
Abendessen				

Atmosphäre/ Personal/ Service/ Weitere persönliche Eindrücke:

Weitere Veranstalter:

Quelle: Weber, C.H. (1996), S. 64.

Weber schlägt zur Standardisierung des Hoteleinkaufs ebenfalls den Einsatz von Checklisten vor und weist darauf hin, daß das nebenstehende Beispiel den individuellen Vorstellungen der Reiseveranstalter angepaßt werden muß. Zum Beispiel könnte die folgende Checkliste um ökologische Bewertungen erweitert werden.[210]

Zur laufenden Beurteilung der Hotels auf Rundreisen setzt *Studiosus Reisen* Fragebögen für ihre Reiseleiter ein. Unter dem Aspekt, Aufschluß über die wesentlichsten Qualitätsfaktoren zu erhalten ohne den Reiseleiter über Gebühr mit Verwaltungsaufgaben zu belasten, ist die Checkliste kurz gehalten. Für eine intensive Beurteilung müßte sie im Sinne der vorstehenden Checklisten erweitert werden.

Abbildung 6-4:
Hotelbeurteilungs-Fragebogen für Reiseleiter (Ausschnitt)

Hotelbeurteilung Reise Nr.	am	Reiseleiter:						
		Bewertung	sehr gut	gut	befriedigend	ausreichend	mangelhaft	ungenügend
Ort: Hotel:		Zimmer:	[1]	[2]	[3]	[4]	[5]	[6]
Bemerkungen:		Service:	[1]	[2]	[3]	[4]	[5]	[6]
		Frühstück:	[1]	[2]	[3]	[4]	[5]	[6]
		Hauptmahlzeit:	[1]	[2]	[3]	[4]	[5]	[6]
		Lärmschutz:	[1]	[2]	[3]	[4]	[5]	[6]
		Umweltschutz*:	[1]	[2]	[3]	[4]	[5]	[6]
		Abrechnungsmodus:	[1]	[2]	[3]	[4]	[5]	[6]
		Beurteilung durch Gäste:	[1]	[2]	[3]	[4]	[5]	[6]
Ort: Hotel:		Zimmer:	[1]	[2]	[3]	[4]	[5]	[6]
Bemerkungen:		Service:	[1]	[2]	[3]	[4]	[5]	[6]
		Frühstück:	[1]	[2]	[3]	[4]	[5]	[6]
		Hauptmahlzeit:	[1]	[2]	[3]	[4]	[5]	[6]
		Lärmschutz:	[1]	[2]	[3]	[4]	[5]	[6]
		Umweltschutz*:	[1]	[2]	[3]	[4]	[5]	[6]
		Abrechnungsmodus:	[1]	[2]	[3]	[4]	[5]	[6]
		Beurteilung durch Gäste:	[1]	[2]	[3]	[4]	[5]	[6]
Ort: Hotel:		Zimmer:	[1]	[2]	[3]	[4]	[5]	[6]
Bemerkungen:		Service:	[1]	[2]	[3]	[4]	[5]	[6]
		Frühstück:	[1]	[2]	[3]	[4]	[5]	[6]
		Hauptmahlzeit:	[1]	[2]	[3]	[4]	[5]	[6]
		Lärmschutz:	[1]	[2]	[3]	[4]	[5]	[6]
		Umweltschutz*:	[1]	[2]	[3]	[4]	[5]	[6]
		Abrechnungsmodus:	[1]	[2]	[3]	[4]	[5]	[6]
		Beurteilung durch Gäste:	[1]	[2]	[3]	[4]	[5]	[6]
Ort: Hotel:		Zimmer:	[1]	[2]	[3]	[4]	[5]	[6]
Bemerkungen:		Service:	[1]	[2]	[3]	[4]	[5]	[6]
		Frühstück:	[1]	[2]	[3]	[4]	[5]	[6]
		Hauptmahlzeit:	[1]	[2]	[3]	[4]	[5]	[6]
		Lärmschutz:	[1]	[2]	[3]	[4]	[5]	[6]
		Umweltschutz*:	[1]	[2]	[3]	[4]	[5]	[6]
		Abrechnungsmodus:	[1]	[2]	[3]	[4]	[5]	[6]
		Beurteilung durch Gäste:	[1]	[2]	[3]	[4]	[5]	[6]

Quelle: Studiosus, abgedruckt bei Tenzer, M. (1993), S. XXI.

---

[210] Weber, C.H. (1996), S. 63.

Zum Zweck der regelmäßigen Qualitätskontrolle im laufenden Betrieb ist z.B. die folgende Checkliste gedacht, mit deren Hilfe die Standards einer Hotelkette im Bereich Freizeiteinrichtungen, Sauna, Solarium und Fitneß überprüft werden sollen.

Abbildung 6-5:
Checkliste zur Qualitätskontrolle im Sauna- und Fitneßbereich

1 = Ja
2 = Nein
3 = Unzutreffend

1	2	3	Feststellungen	Notizen
			Die Sauna ist gut beheizt.	
			Saunazubehör ist vorhanden und funktioniert: Aufgußeimer mit Kelle ☐ Thermometer ☐ mehrere Sanduhren ☐	
			Die Sauna ist sauber.	
			Aufguß wird durch das Personal vorgenommen ☐ Aufgußingredenzien stehen bereit ☐	
			Wegleitsystem bzw. Beschilderung ist eindeutig.	
			Sauna- und Handtücher liegen im Hotelzimmer ☐ oder in der Sauna ☐	
			Bademäntel liegen im Zimmer ☐ oder sind an der Reception erhältlich ☐	
			Umkleideschränke sind verschließbar.	
			Handtuchhalter sind ausreichend.	
			Duschen und Toiletten sind sauber.	
			Duftlampen mit ätherischen Ölen sind vorhanden ☐ und sind in Betrieb ☐.	
			Im Ruheraum ist dezente Wellneßmusik vorhanden.	
			Vitaminsäfte und Mineralwasser werden angeboten.	
			Behältnisse für gebrauchte Handtücher stehen bereit.	
			Hinweistafel für Saunabenutzung hängt sichtbar aus.	

Checkliste zur Qualitätskontrolle im Sauna- und Fitneßbereich (Fortsetzung)

1	2	3	Feststellungen	Notizen
			Personenwaage ist vorhanden ☐ und funktioniert ☐.	
			Eine Uhr ist vorhanden.	
			Das Solarium ist sauber und betriebsbereit.	
			Hinweise zur Benutzung des Solariums hängen sichtbar aus.	
			Folienrolle ist vorhanden und direkt am Kopf- oder Fußende angebracht.	
			Desinfektionsmittel und Papierhandtücher stehen bereit	
			Abfalleimer ist vorhanden.	
			Ungestörtes Benutzen des Solariums ist möglich.	
			Ruheraum ist sauber und hat ein attraktives Ambiente.	
			Fitneßraum ist sauber ☐ , Geräte sind funktionsbereit ☐	
			Hinweise für die Benutzung der Sportgeräte hängen aus.	
			Personenwaage ist vorhanden ☐ und funktionstüchtig ☐	

Kommentar.

Quelle: Sauerzapfe, H.J. (1997).

Ebenso wie bei der vorstehenden Checkliste ist auch bei der unten stehenden Checkliste zur Arbeitserleichterung des Personals und zur laufenden (täglichen) Qualitätssicherung erkennbar, daß der Einsatz nur sinnvoll ist, wenn alle relevanten Aspekte erfaßt worden sind und die Abfrage eine eindeutige Vorschrift enthält.

So ist z.B. der Punkt „Handtuchhalter sind ausreichend" in Abbildung 6-5 ohne eine weitere Handlungsanweisung, die die Zahl der Handtuchhalter in Relation zum Fassungsvermögen einer Sauna setzt nicht überprüfbar.

Dagegen gibt Zeile 3 in Abbildung 6-6 die eindeutige Anweisung, vier Marmeladensorten aus der Aufzählung auf dem Frühstücksbuffett zu plazieren.

Abbildung 6-6:
Checkliste „Frühstücksbüffet" zur täglichen Qualitätssicherung (Ausschnitt)

Ja	Nein	Aufstrich	Notizen
		Butterstücke a 7 g im gekühlten Butterkühler	
		Diätmargarinestücke a 7 g in gekühltem Behälter	
		Marmeladenbar von Frillich oder Granini mit 4 Sorten nach Wahl ☐ Kirsch ☐ Erdbeer ☐ Orange ☐ Aprikose ☐ Brombeer ☐ Himbeer ☐ Vierfrucht ☐ Diät ☐ Pflaumenmuß ☐ andere	
		1 Sorte Honig im Glas mit Sortenbezeichnung	
		1 Sorte Nutella im Glas ohne Werbeaufschrift	
		Marmeladenschälchen aus Teig nach Gebrauch für Verzehr	

Ja	Nein	Obst	Notizen
		1 Obstetagere mit 5 Sorten Obst ☐ Äpfel ☐ Orangen ☐ Birnen ☐ Trauben ☐ Bananen ☐ saisonales Obst	
		1 Tablett mit frisch portioniertem saisonalen Obst ☐ Ananas ☐ Melone ☐ Äpfel ☐ Kiwi ☐ andere	

Kommentar

Quelle: Sauerzapfe, H.J. (1997).

7. Gästebefragungen

Gästebefragungen dienen neben Formen der Beobachtung insbesondere der Messung von Kundenzufriedenheit und Dienstleistungsqualität.[211] Für Hotelunternehmungen bieten schriftliche Befragungsformen gegenüber der mündlichen Befragung einige Vorteile, zu denen insbesondere der geringere finanzielle und personelle Aufwand sowie die gute Rückgriffsmöglichkeit auf Adressenlisten zählen.[212]

Die Ausarbeitung eines Gästefragebogens und der anschließend durchzuführende praktische Einsatz dieses Meßinstrumentes erfordern außerordentlich viel Hintergrundwissen, um zu gewährleisten, daß aussagefähige und valide Daten bzw. Informationen gewonnen werden. Im folgenden wird versucht, diesen Anforderungen Rechnung zu tragen, indem zuerst kurz auf die Methode der schriftlichen Befragung eingegangen wird, danach typische Fragestellungen aktueller Gästefragebögen aus dem Beherbergungswesen kritisch untersucht werden, um dann nach der Erstellung eines beispielhaften Einsatzablaufplanes, einen modellhaften Gästefragebogen zu entwickeln.

7.1 Schriftliche Befragungen

In der Marktforschung unterscheidet man zwischen verschiedenen Methoden zur Informationsgewinnung, die je nach der verfolgten Zielsetzung zum Einsatz kommen. Die Forschungsmethoden lassen sich in den Bereich der **Primärforschung** und der **Sekundärforschung** aufteilen.[213] Die Sekundäranalyse (oder „Desk Research") hat die Beschaffung und Aufbereitung bereits vorhandener Informationen zum Inhalt. Das Material wird nicht für eine bestimmte Auswertung erhoben; vielmehr wird es aus verschiedenen Quellen zusammengetragen und unter neuen Gesichtspunkten analysiert. Als Quellen dienen amtliche Statistiken, Verbandsstatistiken, Handbücher, Firmenveröffentlichungen, Nachschlagewerke etc. Auch unternehmensinternen Materialien wird ein hoher Stellenwert eingeräumt, da die Beschaffung u.a. mit geringem finanziellen und zeitlichen Aufwand verbunden ist. Zum Einsatz gelangen dabei Daten und Statistiken aller Unternehmensbereiche, vor allem aber die des Rechnungswesens und des Marketing.[214]

---

[211] Siehe Kap. 5.
[212] Vgl. Barth, K.; Benden, S.; Theis, H.J. (1994), S.50.
[213] Vgl. Wöhe, G. (1990), S.634f.
[214] Vgl. Nieschlag, R.; Dichtl, E.; Hörschgen, H. (1994), S.681.

Die Primärforschung wird indessen auch als „Feldforschung" (Field-Research) bezeichnet und setzt dort an, wo die Sekundärforschung an ihre Grenzen stößt. Es geht bei dieser Forschungsmethode um „die Feststellung des Verhaltens, der Meinungen, der Absichten und Motive der potentiellen Nachfrager".[215] Die Kundenkontaktaufnahme bildet hier also ein wesentliches Schlüsselelement zur Durchführung von Untersuchungen.

Die Erhebung der subjektiven Faktoren in Form von Bedürfnissen, Erwartungen oder Wahrnehmungen ist im Rahmen der Primärforschung im Tourismusmarketing von besonderer Wichtigkeit, um sowohl langfristige Strategien als auch operative Maßnahmen erarbeiten zu können.[216]

Die im folgenden genauer dargestellte schriftliche Befragung mit Hilfe von Fragebögen zum Selbstausfüllen stellt einen Bestandteil der Primärforschung dar.[217] Zunächst wird kurz auf Probleme und Anforderungen der Frageformulierung, den Fragebogenaufbau, die Möglichkeiten der Skalierung und die Vor- und Nachteile dieser Methode eingegangen, um einen verständlichen theoretischen Background zu diesem Themenbereich zu vermitteln.

Eine zentrale Bedeutung für den Erfolg einer Fragebogenaktion nimmt der **Fragebogenaufbau** ein. Da beim Ausfüllen der Fragebögen keine betreuende Person wie z.B. ein Interviewer anwesend ist, muß der Fragebogen übersichtlich und gut strukturiert aufgebaut sein. Des weiteren darf er nicht zu umfangreich erscheinen, da dieses bei den Probanden zu Abwehrreaktionen (z.B. Nichtausfüllen des Fragebogens) führen kann.[218] *Böhler* schränkt sogar weiter ein, daß ein Fragebogen nur mit wenigen Fragen auskommen sollte, um die Sorgfalt und Antwortbereitschaft der Probanden nicht im Verlaufe der Bearbeitung absinken zu lassen.[219] Dagegen steht allerdings der Wunsch nach möglichst vielen Informationen.
In der Praxis hat es sich bewährt, mit „Eisbrecherfragen" bzw. Kontaktfragen den Fragebogen zu beginnen. Durch die kurze und leichte Beantwortbarkeit dieser Fragen soll die Atmosphäre aufgelockert werden und eine entspannte Grundstimmung entstehen.[220] Der Mittelteil besteht in der Regel aus Sachfragen, die sich direkt mit dem Untersuchungsgegenstand befassen. „Soziodemographische" Merkmale wie beispielsweise Geschlecht, Alter, Berufsstand gehören ans Ende des Erhebungsinstrumentes[221], da sie schnell zu

---

[215] Wöhe, G. (1990), S.635.
[216] Vgl. Seitz, E.; Meyer, W. (1995), S.57.
[217] Vgl. Seitz, E.; Meyer, W. (1995), S.77ff.
[218] Vgl. Seitz, E.; Meyer, W. (1995), S.78.
[219] Vgl. Böhler, H. (1985), S.81.
[220] Vgl. Scharnbacher, K.; Kiefer, G. (1996), S.77.
[221] Vgl. Seitz, E.; Meyer, W. (1995), S.62.; siehe dazu auch Scharnbacher, K.; Kiefer, G. (1996), S.77.

beantworten sind und daher auch nach einer relativ langen Bearbeitungszeit des Fragebogens gestellt werden können.
Bei der **Frageformulierung** gelten im wesentlichen drei Grundsatzregeln:[222]

- **Einfachheit**

Die Frage muß für den Probanden verständlich formuliert sein. Dabei ist vor allem auf eine möglichst kurze, grammatikalisch einfache und dem Wortschatz der Alltagssprache angepaßte Frageformulierung zurückzugreifen.

- **Neutralität**

Um möglichst unverfälscht die Meinungen, Einstellungen und Zufriedenheitsurteile der Befragten zu ermitteln, gilt es, die Fragestellung neutral zu gestalten. Der Einsatz von Suggestivfragen, ungleichgewichtigen Antwortvorgaben etc. ist daher zu unterlassen.

- **Präzision**

Die eindeutige Frageformulierung bildet ein wesentliches Element für das Erhalten konkreter Forschungsergebnisse. Den Befragten muß aus der Fragestellung zweifelsfrei das Frageziel erkennbar sein. Mehrdeutige und unverständliche Fragestellungen sind daher zu vermeiden.

Bei geschlossenen Fragen werden **Antwortkategorien** vorgegeben. Dabei handelt es sich im einfachsten Fall um Ja/Nein-Kategorien; es werden jedoch auch vorformulierte Aussagesätze verwendet. Offene Fragen dagegen sehen keine festen Antwortkategorien vor, sondern verlangen vom Probanden eine selbständige Formulierung. Ein wesentlicher Vorteil gegenüber der geschlossenen Frage besteht darin, daß Sachverhalte entdeckt werden, die im Unternehmen bislang nicht wahrgenommen worden waren.[223] Als ein Muß für jede Kundenzufriedenheitsstudie bezeichnet *Jung* die Berücksichtigung des „Competitive Benchmarking", da sich „subjektive Qualitätswahrnehmungen im Regelfall immer auf der Basis von Vergleichen zum Wettbewerb bilden."[224] Folglich ist es vorteilhaft, Benchmarking-Fragen im Fragebogen zu berücksichtigen.

---

[222] Vgl. Scharnbacher, K.; Kiefer, G. (1996), S.76f.
[223] Vgl. Homburg, C.; Rudolph, B. (1995), S.46.
[224] Jung, H. (1997), S.150.

Abbildung 7.1-1:
Unterschiedliche Fragetypen (Auswahl)

Geschlossene Frage: „Wurden Sie von unserem Servicemitarbeiter im Restaurant zu Ihrem Tisch begleitet?"

☐ Ja ☐ Nein

Offene Frage: „Haben Sie Vorschläge, wie wir Ihren nächsten Aufenthalt angenehmer gestalten können?"

Filterfrage: „Haben Sie bei Ihrem heutigen Aufenthalt das Hotelrestaurant besucht?"

☐ Ja ☐ Nein *(... weiter mit Frage 20)*

Kontaktfrage: „In welchem Bundesland liegt ihr Heimatort?"

Benchmarking Frage: „Fällt Ihnen spontan ein Hotel ein, das Sie bezüglich der Zimmerausstattung als besonders vorbildlich empfinden?"

☐ Nein ☐ Ja, das Hotel _____

Beispiel für den Einbau einer Kontrollfrage:

Sachfrage: „Wie war heute Ihre Gesamtzufriedenheit in der Hotelbar?"

sehr gut ☑ ☐ ☐ ☐ ☐sehr schlecht

Kontrollfrage:
(an anderer Stelle)
des Fragebogens)

„Haben Sie bei Ihrem heutigen Aufenthalt die Hotelbar besucht?"

☐ Ja ☑ **Nein**

Zur Steuerung eines Fragebogens dienen Filterfragen. Diese werden beispielsweise eingesetzt, wenn die Antwort auf eine Frage dazu führt, daß die Beantwortung des nachfolgenden Themenkomplexes als nicht relevant erscheint. Der Befragte wird dann auf die für ihn anschließenden Fragen „umgeleitet". Eine andere Funktion erfüllen die Kontrollfragen. Diese dienen zur Überprüfung der Reliabilität des Probanden. Ergeben sich bei zwei aufeinanderaufbauenden Fragestellungen konträre unvereinbare Antworten, so ist die Information wahrscheinlich als falsch anzusehen.

In der Marktforschung unterscheidet man im allgemeinen vier Meßniveaus:[225]

- die Nominalskala
- die Ordinalskala
- die Intervallskala
- die Verhältnisskala

Von den o.g. Skalenformen kommt in der Marktforschungspraxis die Intervallskalierung schwerpunktmäßig zum Einsatz. Die für die Messung subjektiver Sachverhalte wie der Kundenzufriedenheit eingesetzten Rating-Skalen erfüllen die mathematischen Voraussetzungen von Intervallskalen und sind daher diesen zuzurechnen.[226]

Abbildung 7.1-2:

Beispiel einer Rating-Skala

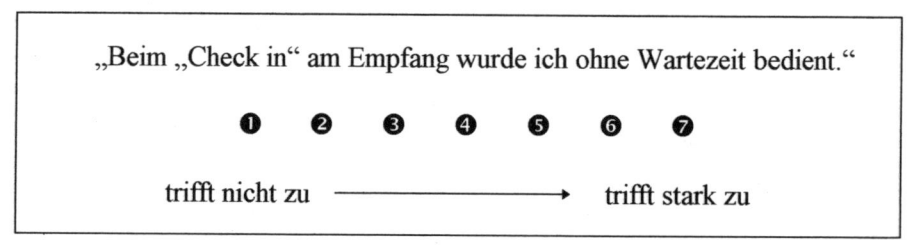

„Beim „Check in" am Empfang wurde ich ohne Wartezeit bedient."

❶ ❷ ❸ ❹ ❺ ❻ ❼

trifft nicht zu ⟶ trifft stark zu

Die beiden Pole werden mit Extremwerten besetzt, um die volle Bewertungsbandbreite auszuschöpfen. Entscheidet man sich für eine gerade Zahl an Bewertungsstufen (z.B. 6-stufige Skala), ist der Proband gezwungen, entweder eine eher positive oder eher negative Einstufung vorzunehmen, da der Mittelwert wegfällt. Ein zu häufiges Benutzen des Mittelwertes kann zu wenig

---

[225] Vgl. Scharnbacher, K.; Kiefer, G. (1996), S.77.
[226] Vgl. Scharnbacher, K.; Kiefer, G. (1996), S.77.; siehe dazu auch Seitz, E.; Meyer, W. (1995), S. 172.

aussagekräftigen Ergebnissen führen und beschreibt somit den wesentlichen Nachteil einer ungeraden Skalierung.[227]

Ein großes Problem der schriftlichen Befragung liegt in der geringen Rücklaufquote.[228] *Homburg/Rudolph* sprechen von Antwortquoten, die zwischen 10% und in Einzelfällen 60% und mehr liegen, was tatsächlich ausgesprochen ungewöhnlich ist. Durch das Befolgen bestimmter Regeln ist das Unternehmen in der Lage, die Rücklaufquote positiv zu beeinflussen:[229]

- **„Commitment" signalisieren**
Für den Befragten muß ersichtlich sein, daß sich das Hotelmanagement mit seinen Aussagen eingehend auseinandersetzt und er damit einen Beitrag zur Bearbeitung eines Problemfeldes leistet. Man signalisiert Commitment beispielsweise durch ein kurzes Anschreiben der Hotelleitung, das dem Fragebogen beiliegt.

- **Einfachheit besitzt höchste Priorität**
Der Fragebogen sollte maximal 10 Minuten zur Beantwortung der Fragen abverlangen. Die Fragen sollten einfach, die Strukturierung klar sein, um auch weniger gebildete Zielgruppen anzusprechen.

- **Beharrlichkeit zeigen**
Beim Versand der Fragebögen an die Zielpersonen, lohnt es sich, durch Zusendung einer „Erinnerung" oder Führen eines Telefongespräches nachzuhaken. Wird der Fragebogen in den Hotelzimmern ausgelegt, kann beispielsweise ein Hinweis der Empfangsmitarbeiter auf die Wichtigkeit des Fragebogens hilfreich sein.

- **Individualität praktizieren**
Bei postalischem Versand ist die Verwendung der informellen Anrede „Sehr geehrte Damen und Herren" im Begleitbrief zum Fragebogen zu vermeiden und stattdessen eine namentliche Anrede vorzunehmen.

Um vor der Durchführung der schriftlichen Befragung Stärken und Schwächen dieser Methode situationsbedingt abwägen zu können, werden im folgenden wesentliche Vor- und Nachteile vorgestellt.[230]

---

[227] Vgl. Seitz, E.; Meyer, W. (1995), S.176.
[228] Vgl. Homburg, C.; Rudolph, B. (1995), S.45f.
[229] Vgl. Homburg, C.; Rudolph, B. (1995), S.46.
[230] Vgl. Seitz, E.; Meyer, W. (1995), S.81f.; siehe dazu auch Scharnbacher, K.; Kiefer, G. (1996), S.86.; siehe dazu auch Homburg, C.; Rudolph, B. (1995), S.47.

Abbildung 7.1-3:
Vor- und Nachteile der schriftlichen Befragungsform

Vorteile	Nachteile
• kostengünstig • große Reichweite • hohe Objektivität der Ergebnisse • keine Notwendigkeit externer Unterstützung bei der Durchführung • Anonymität wird von den Befragten als glaubwürdig empfunden • Probanden stehen bei der Bearbeitung nicht unter Zeitdruck	• tendenziell niedrige Antwortrate • geringe Kontrolle der Erhebungssituation • Unterrepräsentanz gering gebildeter Bevölkerungsschichten • Einsatz von Anschauungsmaterial nur in eingeschränkter Form möglich • Notwendigkeit von Nachfaßaktionen • hoher Zeitbedarf

7.2 Kritische Würdigung von Gästefragebögen in der Hotellerie

In nahezu jedem Hotel liegen Gästefragebögen, meist in der Funktion von „Comment Cards" aus, die den Gast zu Beschwerden animieren sollen und die Bewertung bestimmter Service- oder anderer Hotelleistungen (z.B. Zimmer) erwünschen. Anhand von realen Beispielen sollen nun charakteristische Schwächen aufgezeigt werden, die die Aussagekraft der Fragebögen in hohem Maße beeinflussen können.

Immer wieder fallen Fragestellungen in den Gästefragebögen der Hotellerie auf, die bei genauer Betrachtung strukturelle und inhaltliche Problemfelder aufweisen.

Abbildung 7.2-1:
Beispiel einer Doppelfrage

> Wurde Ihre Reservierung prompt und höflich behandelt?
> Was your Reservation handled promptly and courteously?
>
> ja/ yes   nein/ no
> ☐   ☐

Diese Fragestellung impliziert zwei Fragen:

- Wurde Ihre Reservierung **prompt** behandelt?
- Wurde Ihre Reservierung **höflich** behandelt?

Dem befragten Gast wird jedoch nur die Möglichkeit eingeräumt, mit einer Antwort eine Gesamtbewertung beider Attribute vorzunehmen. Für den Fall, daß seine Reservierung zwar prompt, aber nicht höflich aufgenommen wurde, bleibt diesem, bei Beibehaltung der vorgeschriebenen Antwortform, keine Ausdrucksform zur Artikulation seiner Zufriedenheit bzw. Unzufriedenheit. Der Wert dieser Fragestellung ist daher als äußerst gering einzuschätzen, da durch die Gesamtbewertung mehrerer Merkmale eine eindeutige Abgrenzung auf die Teilzufriedenheiten nicht möglich ist. Daher empfiehlt es sich, Attribute, die über den Grad an Kundenzufriedenheit und Dienstleistungsqualität Auskunft geben sollen, einzeln abzufragen und somit dem Probanden die Gelegenheit zu geben, auf jedes Kriterium gesondert zu antworten.

Einen weiteren Problembereich stellen Fragen dar, die einen großen allgemein gehaltenen Themenbereich ansprechen, aber nur eine limitierte Antwortmöglichkeit offerieren.

Abbildung 7.2-2:
Beispiel einer Allgemeinfrage

```
Tuvo Buena Atención?
Did you have a good service?

Si/    □         No/   □
Yes              No
```

Aus dieser Frage ist erkennbar, daß der Service im Hotel- bzw. Clubbereich bewertet werden soll. Ein Hotel besteht jedoch aus unterschiedlichen Bereichen[231] wie z.B. Empfang, Restaurant, Bar, Etagenservice, Hilfsabteilungen, Telefonzentrale, die einen hohen Serviceanteil implizieren. Eine Gesamtbeurteilung des Service scheint somit nur schwer möglich und wenig aussagekräftig zu sein. Bewertet beispielsweise Gast X den Service als schlecht, kann sich dieses nur auf den Service beziehen, den er im Restaurant erfahren hat, bewertet Gast Y den Service ebenso, ist dieses Verhalten vielleicht auf einen schlechten Service in der Telefonzentrale zurückzuführen. Bei der

---

[231] Vgl. Jamin, K.; Schaetzing, E.E.; Spitschka, H. (1979), S.18.

Auswertung der Fragebögen werden die Ursachen der Unzufriedenheit jedoch nicht dargelegt. Somit kann es vorkommen, daß das Management als Reaktion auf den im Gästefragebogen genannten unzureichenden Service, Verbesserungsmaßnahmen am Empfang durchführt, anstatt sich mit den wirklichen Problembereichen zu beschäftigen. Um eindeutige Informationen zu erlangen, ist es somit bei diesem Fragestellungsbeispiel anzuraten, die Servicequalität nach Bereichen getrennt abzufragen.

Zu einer weiteren Verringerung des Informationsgehaltes der Antworten kann eine nicht eindeutig interpretierbare Frage führen.

Abbildung 7.2-3:
Beispiel mehrdeutig interpretierbarer Merkmale

Qualität:						
des Frühstücksbuffets:	①	②	③	④	⑤	⑥
der Speisekarte:	①	②	③	④	⑤	⑥
der Weinkarte/Weinberatung	①	②	③	④	⑤	⑥
der Tischkultur	①	②	③	④	⑤	⑥
der Speisen	①	②	③	④	⑤	⑥

Die Kritik konzentriert sich hier auf die unzureichend definierte Frage nach der Qualität der Speisekarte. Dem Gast stehen demnach mehrere Interpretationsansätze zur Verfügung. Bezieht sich die Qualität der Speisekarte auf dessen materielle Verarbeitung bzw. äußere Gestaltung, auf die Auswahl an Gerichten oder etwa soll die Qualität der in der Speisekarte angebotenen Speisen bewertet werden? Der letztere Interpretationsansatz scheidet aus, aber erst nachdem der Gast zwei weitere Fragen verwandter Machart (was genau eigentlich versteht der Nicht-Hotelier unter dem Begriff Tischkultur?) beantwortet hat und somit auf die eindeutig gestellte Frage nach der Qualität der Speisen trifft. Das Hotelmanagement weiß also nicht, welche Komponente der Hotelgast zur Grundlage seiner Bewertung herangezogen hat und kann somit auch nur wenig spezifizierte Daten gewinnen.

7.3 Ablauf schriftlicher Gästebefragungen

Die Durchführung einer schriftlichen Umfrage zur Ermittlung von Kundenzufriedenheit und Dienstleistungsqualität ist mit erheblicher Arbeit verbunden. Es reicht nicht aus, einen Fragebogen zu erstellen und diesen dann an Kunden zu verschicken oder im Hotel auszulegen; vielmehr gliedert sich eine Fragebogenaktion in mehrere Teilschritte, die sich auch mit der Vor- und Nachbereitung einer solchen Umfrage befassen. Im folgenden soll der Ablaufplan einer schriftlichen Umfrage zur Kundenzufriedenheit und Dienstleistungsqualität entwickelt werden, der den Gesamtprozeß in einzelne Schritte unterteilt und damit in der Praxis leicht nachvollziehbar ist.

Am Anfang einer Untersuchung steht der Wunsch, Informationen zu einem speziellen Themenbereich zu finden. Die Bedeutung, die Kundenzufriedenheit und Dienstleistungsqualität zugeschrieben werden, sollte Anlaß genug sein, Messungen in Beherbergungsunternehmen vorzunehmen. Der Anstoß für solche Projekte erfolgt meist von der Unternehmensleitung, da sich die Ergebnisse der Untersuchung auf Unternehmensprozesse sowie Aktivitäten und Verhaltensweisen der Kunden beziehen[232] und somit einen komplexen Themenbereich darstellen. Die Zielsetzung ist in diesem Fall eindeutig, geht es doch darum, im Rahmen einer Fragebogenaktion valide Informationen über die Kundenzufriedenheit bzw. Dienstleistungsqualität zu erhalten. Das Ziel der Fragen ist es, Aufschluß über folgende Themenkomplexe zu erhalten:[233]

- Gesamtzufriedenheit der Kunden mit dem Unternehmen bzw. Zufriedenheit mit einzelnen Unternehmensbereichen
- Faktoren, die die Kundenzufriedenheit stark oder weniger stark beeinflussen
- Ansatzpunkte, mit denen man die Kunden „zufriedener" machen kann

Dabei erhält man auch indirekt Antworten auf drei Fragekomplexe, die sich jedes Unternehmen, das kundenorientiert arbeitet, stellen sollte:[234]

- Wer sind die Kunden des Unternehmens?
- Welche Bedürfnisse haben diese Kunden?
- Was muß das Unternehmen tun, damit die Kunden es anderen Unternehmen vorziehen?

---

[232] Vgl. Töpfer, A. (1996), S.235.
[233] Vgl. Homburg, C.; Rudolph, B. (1995), S.44.
[234] Vgl. Kotler, P. (1995), S.33.

Abbildung 7.3-1:
**Ablaufplan einer schriftlichen Umfrage
zur Kundenzufriedenheit und Dienstleistungsqualität**

1. Schritt:	Initialzündung und Zielformulierung
⇩	⇩
2. Schritt:	Festlegung der Zielgruppe
⇩	⇩
3. Schritt:	Explorative Vorphase
⇩	⇩
4. Schritt:	Entwicklung eines Fragebogens
⇩	⇩
5. Schritt:	Durchführung eines Pre-Tests
⇩	⇩
6. Schritt:	Überarbeitung des Fragebogens
⇩	⇩
7. Schritt:	Durchführung der Erhebung
⇩	⇩
8. Schritt:	Vorbereitung der Datenauswertung
⇩	⇩
9. Schritt:	Datenerfassung
⇩	⇩
10. Schritt:	Interpretation der Daten

Die Phase der **Initialzündung und Zielformulierung** wird in der Literatur auch als Problemdefinitions- bzw. Designphase bezeichnet.[235] Nachdem das Ziel der Untersuchung formuliert ist, erfolgt die **Festlegung der Zielgruppe**. Als mögliche Zielgruppen kommen bestehende Kunden, ehemalige Kunden sowie Kunden der Konkurrenz in Frage. Messungen mit bestehenden Kunden eignen sich besonders gut, um den Ist-Zustand der Kundenzufriedenheit und Dienstleistungsqualität im Unternehmen zu ermitteln; ehemalige Kunden geben Auskunft über kritische Bereiche im Unternehmen, und Kunden der Kon-

---

[235] Vgl. Scharnbacher, K.; Kiefer, G. (1996), S.83.

kurrenz geben Standards in Bereichen vor, die sie an anderen Unternehmen als vorbildlich empfinden.[236]

Im Hotelbereich bieten sich zusätzlich definierte Gästegruppen an, wie z.B. Geschäftsreisende, Urlaubsreisende, Familien mit Kindern etc., die, je nach dem Untersuchungsziel, zur Zielgruppe bestimmt werden können. In Zusammenhang mit der Zielgruppenbestimmung gilt es, den Erhebungsumfang der Befragung festzulegen. Zur Auswahl stehen dabei die Erhebungsmethoden der **Vollerhebung** und der **Teilerhebung**. Bei der Durchführung einer Vollerhebung bildet die Gesamtzahl von Personen, die der zu untersuchenden Zielgruppe angehören, die sogenannte Grundgesamtheit oder Population.[237] Die Grundgesamtheit für die Hotelunternehmung könnte sich beispielsweise auf alle Personen beziehen, die je in diesem Hotel übernachtet haben oder aber auch nur auf alle Personen, die das Hotel als Tagungsteilnehmer genutzt haben. Vollerhebungen sind in der Praxis schwer durchführbar, da diese besonders bei großen Grundgesamtheiten sehr aufwendig und teuer sind.[238] Ein zusätzliches Hindernis der Vollerhebung ist in der mangelnden Kooperation der Probanden zu sehen[239], da nicht davon auszugehen ist, daß alle Befragten den Fragebogen zurückschicken, und somit die Aussagefähigkeit der Vollerhebung beeinträchtigt wird. Eine wesentlich praktikablere und daher in der Praxis am häufigsten angewandte Erhebungsmethode stellt die Teilerhebung dar.[240] Bei der Teilerhebung wird eine Stichprobe („sample") aus der Grundgesamtheit „gezogen", die es im Anschluß daran, zu untersuchen gilt.

Die Teilerhebung soll im allgemeinen Informationen über wenige Einheiten liefern, die zu Aussagen über die Gesamtheit führen. Die Stichprobe muß daher repräsentativ sein, um ein möglichst gutes Abbild der Gesamtheit darstellen zu können.[241] *Berekoven* definiert eine repräsentative Stichprobe wie folgt:
„Eine Teilmasse ist repräsentativ, wenn sie in der Verteilung aller interessierenden Merkmale der Gesamtmasse entspricht, d.h. ein zwar verkleinertes, aber sonst wirklichkeitsgetreues Abbild der Gesamtheit darstellt."[242]

---

[236] Vgl. Homburg, C.; Rudolph, B. (1995), S.45.; siehe dazu auch Scharnbacher, K.; Kiefer, G. (1996), S.85.
[237] Vgl. Seitz, E.; Meyer, W. (1995), S.103.
[238] Vgl. Scharnbacher, K.; Kiefer, G. (1996), S.85.
[239] Vgl. Seitz, E.; Meyer, W. (1995), S.106.
[240] Vgl. Homburg, C.; Rudolph, B. (1995), S.45.; siehe dazu auch Scharnbacher, K.; Kiefer, G. (1996), S.85.
[241] Vgl. Hansen, G. (1985), S.9.
[242] Berekoven, L.; Eckert, W.; Ellenrieder, P. (1993), S.48.

In diesem Zusammenhang weisen *Homburg/Rudolph et al.* auf wichtige Punkte hin, die bei der Stichprobenauswahl zu beachten sind:[243]

- Wahl des Stichprobenverfahrens: Zufallsauswahl oder bewußte Auswahl?
- Ist es Ziel der Stichprobe, ein wirklichkeitsgetreues verkleinertes Abbild der Zielgruppe zu liefern (proportionale Stichprobe), oder sollen wichtige, jedoch zahlenmäßig kleinere Kundengruppen stärker berücksichtigt werden (disproportionale Stichprobe)?
- Bestimmung des Umfanges der Stichprobe.

Vor der konkreten Entwicklung des Fragebogens ist es notwendig, innerhalb der **explorativen Vorphase** eine Analyse der zu untersuchenden Zielgruppe durchzuführen. Dabei soll sich ausführlich mit den Problemen, Wünschen und Bedürfnissen dieser Kunden beschäftigt werden, um Vorstellungen über Leistungsparameter zu bekommen, die den Kunden in Zusammenhang mit Zufriedenheit und Wahrnehmung von Dienstleistungsqualität wichtig sind.[244]

Als Untersuchungsmethode eignen sich in dieser Vorphase ausführliche Gespräche mit ausgewählten Kunden, die im Rahmen von **Fokusgruppen** und Tiefeninterviews abgehalten werden.[245] Die Ergebnisse dieser Voruntersuchungen geben den Entwicklern des Fragebogens wertvolle Hinweise, welche Bereiche besonders relevant für das Qualitätsempfinden bzw. die Kundenzufriedenheit sind und daher im zu erstellenden Fragebogen berücksichtigt werden müssen.

Eine zentrale Stellung im Ablaufplan der schriftlichen Umfrage nimmt die **Entwicklung des Fragebogens** ein. Vor der konkreten Frageformulierung gilt es, sich mit den grundsätzlichen Anforderungen an die Frageformulierung, den Fragebogenaufbau und die Skalierung zu beschäftigen. Ein Modellfragebogen wird in Kapitel 7.4 entwickelt und bildet deshalb an dieser Stelle noch keinen Themenschwerpunkt.

Nachdem der Fragebogen entworfen ist, empfiehlt es sich, einen **Pre-Test** vorzunehmen.[246] Der Fragebogen wird einem kleinen Kundenkreis vorgelegt, der diesen auf Handhabbarkeit, Fragen-Verständnis etc. überprüft. Im Rahmen des Pre-Tests können somit relativ schnell und kostengünstig Fehler bzw. Unstimmigkeiten innerhalb des Fragebogens ermittelt werden, die vor der Durchführung der Gesamtuntersuchung behoben werden müssen. Der

---

[243] Vgl. Homburg, C.; Rudolph, B. (1995), S.45.; siehe dazu auch Scharnbacher, K.; Kiefer, G. (1996), S.85.
[244] Vgl. Homburg, C.; Werner, H. (1996), S.93.
[245] Vgl. Homburg, C.; Rudolph, B. (1995), S.45.; siehe dazu auch Homburg, C.; Werner, H. (1996), S.94.
[246] Vgl. Seitz, E.; Meyer, W. (1995), S.67.; siehe dazu auch Homburg, C.; Rudolph, B. (1995), S.47.

Fragebogen wird noch einmal **überarbeitet** und gelangt nach der Fertigstellung in den Druck. *Scharnbacher/Kiefer* empfehlen, beim Druck des Fragebogens farbiges Papier zu verwenden, um die Aufmerksamkeit der Probanden zu erhöhen.[247]

In der Hotelmarktforschung bieten sich besonders drei Möglichkeiten zur **Durchführung einer schriftlichen Erhebung** an:[248]

1. Im Anschluß an den Aufenthalt werden dem Hotelgast Fragebögen zugesendet. Hierbei ist eine gut geführte Kundendatei hilfreich, mit der sich eine gezielte Auswahl von Kundenadressen vornehmen läßt.[249]
2. Fragebögen werden auf den Zimmern ausgelegt.
3. Sozioökonomische Merkmale werden beim Check in des Gastes ermittelt.

Erfolgt ein **schriftlicher Versand** der Fragebögen, sollte ein gewisses Ablaufschema eingehalten werden. *Zollner* verschickte im Rahmen seiner empirischen Untersuchung zur Kundennähe bei Banken zusammen mit dem Fragebogen ein Anschreiben und einen frankierten Rückumschlag an die Probanden. Zwei Wochen nach dem Versand erhielt derselbe Personenkreis ein Erinnerungsschreiben.[250] Es kann auch empfehlenswert sein, etwa 10 bis 14 Tage vor dem Versand der Fragebögen ein persönlich adressiertes Schreiben an die Probanden zu schicken, in dem die Befragung angekündigt und um Unterstützung gebeten wird.[251]

Der Erfolg der Erhebung hängt im wesentlichen Maße von der Bereitschaft des Gastes ab, den Fragebogen zu beantworten. Während der Durchführung der Fragebogenaktion ist deshalb darauf zu achten, alle Komponenten einzusetzen, die zu einer Steigerung der Rücklaufquote führen können. In diesem Zusammenhang weisen *Seitz/Meyer* darauf hin, daß beim Thema „Urlaub und Reisen" eine grundsätzlich höhere Rücklaufquote zu verzeichnen ist, als bei vielen anderen Befragungsthemen.[252]

Nachdem die ausgefüllten Fragebögen zur erhebenden Hotelunternehmung zurückgeschickt worden sind, beginnt die **Vorbereitung der Datenauswertung**. Aufgrund der Komplexität dieses Themenbereiches empfehlen *Seitz/Meyer* wenigstens ab dieser Phase, professionelle Hilfe in Anspruch zu

---

[247] Vgl. Scharnbacher, K.; Kiefer, G. (1996), S.78.
[248] Vgl. Barth, K.; Benden, S.; Theis, H.J. (1994), S.54f.
[249] Vgl. Schiava, M.D.; Hafner, H. (1995), S.220.
[250] Vgl. Zollner, G. (1995), S.158f.
[251] Vgl. Homburg, C.; Rudolph, B. (1995), S.47.
[252] Vgl. Seitz, E.; Meyer, W. (1995), S.79.

nehmen,[253] während *Homburg/Rudolph* auch schon bei der Konzeption der Fragebögen den Einsatz von externen Beratern als sinnvoll erachten.[254] Im Rahmen der vorbereitenden Datenauswertung werden die zurückerhaltenden Fragebögen formal und technisch aufbereitet, um diese dann mit Hilfe statistischer Verfahren zu analysieren. Nicht verwertbare Fragebögen werden aussortiert, Daten kodiert und in ein statistisches Computerprogramm eingegeben.[255]

Im Anschluß an die Erfassung der relevanten Daten erfolgt die Analyse derselben. Der Schwerpunkt bei der **Datenauswertung** liegt nicht im Erfassen möglichst vieler, oftmals unwichtiger, Faktoren; vielmehr besteht das Ziel darin, „durch eine differenzierte und kompetente Datenauswertung die Lawine von Zahlen auf die Bereiche zu reduzieren, die für das Erkennen von Ansatzpunkten für zukünftige Verbesserungen wesentlich sind."[256] Es ist von elementarer Wichtigkeit, die Befragungsergebnisse mittels EDV festzuhalten, um eingehende Detailanalysen und auch Abhängigkeitsanalysen durchführen zu können. Zu unterscheiden ist zwischen univariaten und multivariaten Methoden zur Analyse und statistischen Aufbereitung der Daten. Univariate Methoden befassen sich mit der Betrachtung von nur einer Variablen, während bei der gleichzeitigen Betrachtung mehrerer Variablen von multivariaten Methoden gesprochen wird.[257]

In der Literatur wird sich im Rahmen praktischer Untersuchungen zum Thema Kundenzufriedenheit immer häufiger mit komplexeren Analyseformen auseinandergesetzt. Benz setzt bei seiner Untersuchung zur Kundenzufriedenheit mit einer Hotelkette die Faktoranalyse, Diskriminanzanalyse und Clusteranalyse ein und bescheinigt diesen Analysemethoden, handfeste, sofort verwertbare, Managementinformationen zu liefern.[258]

---

[253] Vgl. Seitz, E.; Meyer, W. (1995), S.182.
[254] Vgl. Homburg, C.; Rudolph, B. (1995), S.49.
[255] Vgl. Scharnbacher, K.; Kiefer, G. (1996), S.88.
[256] Vgl. Töpfer, A. (1996), S.255.
[257] Vgl. Schlittgen, R. (1991), S.9f, Vgl. Scharnbacher, K.; Kiefer, G. (1996), S.93f.; siehe dazu auch Seitz, E.; Meyer, W. (1995), S.182f.
[258] Vgl. Benz, J. (1991), S.81.

Abbildung 7.3-2:

Analyseformen im Überblick

Univariate Analysen	Multivariate Analysen

• **deskriptive Methoden**
z.B.- Tabellierung
    - graphische Darstellung
    - statistische Kennwerte
 	
• **schließende Statistik**
z.B.- Chi-Quadrat-Test
	• **Dependenzanalysen**
	z.B.- Kreuztabellierung
	    - Regressionsanalyse
	    - Diskriminanzanalyse
	
	• **Interdependenzanalysen**
	z.B.- Faktoranalyse
	    - Clusteranalyse

Nachdem die Daten analysiert, d.h. statistisch aufgearbeitet worden sind, geht es nun darum, die gewonnenen **Daten zu interpretieren**. Um die Aussagekraft der Daten zu steigern, sollte bei der Befragung neben der Frage nach der Zufriedenheit mit bestimmten Komponenten des Dienstleistungsanbieters auch die Frage nach der Wichtigkeit der jeweiligen Komponente für den Kunden gestellt werden. Besonders anschaulich läßt sich der Zusammenhang von Wichtigkeit und Kundenzufriedenheit in einem sog. Kundenzufriedenheitsprofil darstellen.

Abbildung 7.3-3:

Kundenzufriedenheitsprofil

Kundenzufriedenheit **Wichtigkeit einzelner** **Leistungskomponenten**	**Niedrig**	**Hoch**
Hoch	❶ Strategische Nachteile: besser werden	❸ Strategische Vorteile: halten/ausbauen
Niedrig	❷ Besser werden mit geringer Priorität	❹ Halten mit geringer Priorität

Quelle: In Anlehnung an Homburg, C.; Werner, H. (1996)   S.100.

Wird ein Merkmal des Fragebogens nach der Verbindung des Wichtigkeits- und Zufriedenheitswertes im Quadranten ❷ eingestuft, so bedeutet dies, daß die Kunden bei diesem Merkmal die Wichtigkeit und die Zufriedenheit als äußerst gering einstufen. Die Steigerung der Kundenzufriedenheit ist demnach nicht mit höchster Priorität zu vollziehen. Möglicherweise empfiehlt sich eine Überprüfung, ob in diesem Bereich nicht überhaupt zuviel getan wird, um die Kundenzufriedenheit zu steigern, da dieser Bereich relativ unbedeutsam ist.[259]

Der Quadrant ❶ zeigt Leistungskomponenten, die eines erhöhten Handlungsbedarfs bedürfen. Die relative Wichtigkeit ist hier hoch, die Kundenzufriedenheit jedoch niedrig. Für das Unternehmen muß es jetzt Ziel sein, in diesem Bereich Maßnahmen zu ergreifen, die die Kundenzufriedenheit erhöhen.
Aufgrund der relativ großen Bedeutung muß es das Ziel sein, die entsprechenden Leistungsparameter langfristig im Quadranten ❸ anzusiedeln. Den dort positionierten Merkmalen messen die Kunden eine relativ hohe Wichtigkeit bei und sind damit zufrieden. Diese Zielerfüllung darf jedoch nicht dazu verleiten, die dort positionierten Merkmale zu vernachlässigen; vielmehr gilt es auch hier Verbesserungen vorzunehmen oder wenigstens das hohe Niveau zu halten, um die Vorteile langfristig zu sichern.[260]
Im verbleibenden Quadranten ❹ sind Merkmale mit geringer Wichtigkeit aber hoher Kundenzufriedenheit angesiedelt. Hier muß das Unternehmen überprüfen, ob der Aufwand für die Erreichung einer hohen Kundenzufriedenheit in einem ökonomisch angemessenen Verhältnis zur Relevanz der entsprechenden Leistungskomponente steht.

Nach *Homburg/Werner* bewegt sich ein Unternehmen im idealen Bereich, „wenn die Leistungsstärke bei wichtigen Leistungsparametern hoch, bei weniger wichtigen Parametern dementsprechend (eventuell) nicht so hoch ist. Dieser Logik folgend, sollten somit zunächst Einzelmaßnahmen bezüglich solcher Leistungsparameter eingeleitet werden, die sich links oben im Bereich der strategischen Nachteile befinden."[261] Daraus wird deutlich, daß die Maxime „Kundenzufriedenheit um jeden Preis" keine Gültigkeit behält. Es gilt vielmehr, anhand des Kundenzufriedenheitsprofiles herauszufinden, in welchen Bereichen es sich lohnt, Maßnahmen zur Erhöhung der Kundenzufriedenheit zu ergreifen und welche Bereiche ein Zurückschrauben des Kundenzufriedenheitspotenials ermöglichen, um ein optimales Gleichgewicht zwischen der relativen Wichtigkeit einzelner Leistungskomponenten und der da-

---

[259] Vgl. Scharnbacher, K.; Kiefer, G. (1996), S.103.
[260] Vgl. Scharnbacher, K.; Kiefer, G. (1996), S.103f.
[261] Homburg, C.; Werner, H. (1996), S.100.

zugehörigen Zufriedenheit zu erreichen. Zu starke Abweichungen positiver oder negativer Art erscheinen aus ökonomischer Sicht nicht sinnvoll.

Grundsätzlich besitzen jedenfalls die aus der Zufriedenheitsforschung gewonnenen Informationen eine hohe Bedeutung. Sie dienen als Grundlage für die Anpassung der Produkte und Serviceleistungen an die Erwartungen der Kunden.[262] Unternehmen sollten sich nicht darauf beschränken, ihre Leistung nur von Zeit zu Zeit den Anforderungen des Marktes anzupassen, sondern sollten ihre unternehmensinterne Organisation so gestalten, daß Innovationen auf mehreren Ebenen möglich sind:

- durch ständige kleine Verbesserungen einzelner Dienstleistungen,
- durch Erneuerung bzw. Redesign des Dienstleistungsprogramms und
- durch Weiterentwicklung des Unternehmenskonzeptes.

Mit Hilfe eines derartigen Innovationsgeistes ist eine Unternehmung in der Lage, systematisch und permanent einen Mehrwert für den Kunden zu schaffen und zu kommerzialisieren.[263]

7.4 Entwicklung eines Fragebogens

Vorgestellt wird im folgenden ein modellhafter Fragebogen, mit dem das Ziel verfolgt wird, die Messung von Kundenzufriedenheit und Dienstleistungsqualität in der Hotellerie vorzunehmen. Er soll in relativ kurzer Zeit vom Befragten zu bearbeiten sein (max. 2 Seiten), trotzdem aber alle wichtigen Merkmale, die die Kundenzufriedenheit und Dienstleistungsqualität im Beherbergungswesen determinieren, erfaßen und valide und reliable, auf die Praxis übertragbare, Daten liefern.

Der Fragebogen beginnt mit einigen einleitenden Sätzen, die dazu dienen, den Probanden über den Inhalt und Sinn dieser Befragung zu informieren. Gleichzeitig soll diese Einleitung einen motivatorischen Effekt erzeugen, um den Befragten einen Anstoß zur Bearbeitung des Fragebogens zu geben. Darüberhinaus wird Auskunft über den vorraussichtlichen Bearbeitungszeitraum gegeben und die vertrauliche Behandlung der Daten garantiert. Im Anschluß an die Formulierung der Einleitung folgt nun die Entwicklung der Sachfragen.

---

[262] Vgl. Föhrenbach, J.T. (1995), S.7.
[263] Vgl. Schweiger, W. (1992), S.146.

Zur Messung der Kundenzufriedenheit und Servicequalität kommt in dem Fragebogen überwiegend der zufriedenheitsorientierte direkte Zweikomponentenansatz zum Einsatz.[264]

Beim **Zweikomponentenansatz** handelt es sich um eine Doppelskala, die jedoch im Gegensatz zum umstrittenen SERVQUAL-Ansatz andere Bewertungskomponenten aufweist und sich nicht an festgelegten Dienstleistungsdimensionen orientiert. Es wird dafür Rechnung getragen, „daß der Kunde die verschiedenen Merkmale nicht nur unterschiedlich wahrnimmt, sondern sie auch unterschiedlich gewichtet"[265], indem zunächst die Einschätzung der Wichtigkeit einzelner Leistungen vorgenommen wird, bevor nach der Zufriedenheit mit eben diesen Leistungen gefragt wird. Demnach wird dem Probanden die Möglichkeit eingeräumt, sowohl die Wichtigkeit eines Merkmales, als auch die Zufriedenheit mit demselben aus seiner subjektiven Sichtweise zu bewerten.

Dennoch wird zum Teil auch von einer direkten Befragung der Kunden nach der Wichtigkeit einzelner Leistungskomponenten abgeraten, weil diese Fragen nur zu einer Aufblähung des Fragebogens führten und keine sinnvolle Information gäben. Besser sei es, die Bedeutung einzelner Leistungskomponenten für den Kunden über die indirekte Assoziation zwischen den einzelnen Komponenten und der Gesamtzufriedenheit abzuleiten.[266] Gegen diese Vorgehensweise spricht, daß die indirekt vorgenommenen Interpretationen eine potentielle Fehlerquelle bei der Datenanalyse bedeuten.

Richtig ist der Einsatz der **zufriedenheitsorientierten** Befragung, da diese gerade bei Transaktionen, die durch einen klaren Anfang und ein klares Ende bestimmt sind, sinnvoll erscheint.[267] Als Beispiel dafür kann die Studie von *Lewis/Owtram* angeführt werden, die mit Hilfe dieses Ansatzes, Qualitätsmerkmale einer Urlaubsreise untersuchen.[268] Der Hotelaufenthalt läßt sich bezüglich der klaren Gestaltung von Anfang und Ende mit der Pauschalurlaubsreise vergleichen. Bei beiden touristischen Leistungen beginnt der Dienstleistungsprozeß mit der Buchung und endet mit der Nachbetreuung. Außerdem stellt der Hotelaufenthalt in der Regel einen Bestandteil der Pauschalreise dar und es bietet sich daher an, die Zufriedenheit in der gleichen Methodenform zu ermitteln.

---

[264] Vgl. Hentschel, B. (1995), S.356ff.
[265] Hentschel, B. (1995), S.359.
[266] Vgl. Homburg, C.; Rudolph, B. (1995b), S.47f.
[267] Vgl. Hentschel, B. (1995), S.361.
[268] Vgl. Lewis, B.R.; Owtram, M. (1986), S.201ff.

Abbildung 7.4-1
Fragebogen zur Kundenzufriedenheit und Servicequalität im Hotel

Umfrage zur Gästezufriedenheit und Servicequalität

Sehr geehrter Gast!

Herzlich Willkommen im Hotel XY. Unser Hotelteam bemüht sich, Ihnen einen angenehmen und erholsamen Aufenthalt zu bereiten. Wir sind stets daran interessiert zu erfahren, ob Sie sich in unserem Hause wohlfühlen und mit der Qualität unserer Leistungen zufrieden sind. Aus diesem Grund bitten wir Sie freundlichst, diesen Fragebogen auszufüllen, dessen Beantwortung nur wenige Minuten Ihrer Zeit in Anspruch nehmen wird. So helfen Sie uns, den Qualitätsstandard ständig in Ihrem Sinne zu verbessern.
Die Angaben werden selbstverständlich anonym und streng vertraulich behandelt. ***Vielen Dank!***

Bewerten Sie die folgenden Merkmale bitte sowohl hinsichtlich der Wichtigkeit, die sie für Sie haben, als auch hinsichtlich ihrer persönlichen Zufriedenheit mit diesen. Die mit (....) gekennzeichneten Felder lassen Ihnen Freiraum für Kriterien, die Ihrer Meinung nach fehlen.

	absolut unwichtig → absolut wichtig −3 −2 −1 0 +1 +2 +3	absolut unzufrieden → absolut zufrieden −3 −2 −1 0 +1 +2 +3
1. Reservierung:		
- Schnelligkeit der Bearbeitung	☐ ☐ ☐ ☐ ☐ ☐ ☐	☐ ☐ ☐ ☐ ☐ ☐ ☐
- Fachkompetenz des Personals	☐ ☐ ☐ ☐ ☐ ☐ ☐	☐ ☐ ☐ ☐ ☐ ☐ ☐
- Freundlichkeit des Personals	☐ ☐ ☐ ☐ ☐ ☐ ☐	☐ ☐ ☐ ☐ ☐ ☐ ☐
- Reservierungsbestätigung	☐ ☐ ☐ ☐ ☐ ☐ ☐	☐ ☐ ☐ ☐ ☐ ☐ ☐
-	☐ ☐ ☐ ☐ ☐ ☐ ☐	☐ ☐ ☐ ☐ ☐ ☐ ☐
2. Empfangsbereich:		
- Schnelligkeit des Check in	☐ ☐ ☐ ☐ ☐ ☐ ☐	☐ ☐ ☐ ☐ ☐ ☐ ☐
- Fachkompetenz des Personals	☐ ☐ ☐ ☐ ☐ ☐ ☐	☐ ☐ ☐ ☐ ☐ ☐ ☐
- Freundlichkeit des Personals	☐ ☐ ☐ ☐ ☐ ☐ ☐	☐ ☐ ☐ ☐ ☐ ☐ ☐
-	☐ ☐ ☐ ☐ ☐ ☐ ☐	☐ ☐ ☐ ☐ ☐ ☐ ☐
3. Zimmer		
- Bezugsfertigkeit des Zimmers	☐ ☐ ☐ ☐ ☐ ☐ ☐	☐ ☐ ☐ ☐ ☐ ☐ ☐
- Größe des Zimmers	☐ ☐ ☐ ☐ ☐ ☐ ☐	☐ ☐ ☐ ☐ ☐ ☐ ☐
- Funktionalität der Einrichtung	☐ ☐ ☐ ☐ ☐ ☐ ☐	☐ ☐ ☐ ☐ ☐ ☐ ☐
- Qualität der techn. Einrichtung	☐ ☐ ☐ ☐ ☐ ☐ ☐	☐ ☐ ☐ ☐ ☐ ☐ ☐
- Qualität der Matratze	☐ ☐ ☐ ☐ ☐ ☐ ☐	☐ ☐ ☐ ☐ ☐ ☐ ☐
- Sauberkeit des Zimmers	☐ ☐ ☐ ☐ ☐ ☐ ☐	☐ ☐ ☐ ☐ ☐ ☐ ☐
- Ausstattung des Bades	☐ ☐ ☐ ☐ ☐ ☐ ☐	☐ ☐ ☐ ☐ ☐ ☐ ☐
- Sauberkeit des Bades	☐ ☐ ☐ ☐ ☐ ☐ ☐	☐ ☐ ☐ ☐ ☐ ☐ ☐
-	☐ ☐ ☐ ☐ ☐ ☐ ☐	☐ ☐ ☐ ☐ ☐ ☐ ☐

4. Haben Sie während Ihres Aufenthaltes unser Hotelrestaurant besucht?

☐ Ja   ☐ Nein (.... weiter mit Frage 5)

Restaurantbereich:		
- Qualität der Speisen	☐ ☐ ☐ ☐ ☐ ☐ ☐	☐ ☐ ☐ ☐ ☐ ☐ ☐
- Qualität der Getränke	☐ ☐ ☐ ☐ ☐ ☐ ☐	☐ ☐ ☐ ☐ ☐ ☐ ☐
- Fachkompetenz des Personals	☐ ☐ ☐ ☐ ☐ ☐ ☐	☐ ☐ ☐ ☐ ☐ ☐ ☐
- Freundlichkeit des Personals	☐ ☐ ☐ ☐ ☐ ☐ ☐	☐ ☐ ☐ ☐ ☐ ☐ ☐
- Tischgestaltung	☐ ☐ ☐ ☐ ☐ ☐ ☐	☐ ☐ ☐ ☐ ☐ ☐ ☐
-	☐ ☐ ☐ ☐ ☐ ☐ ☐	☐ ☐ ☐ ☐ ☐ ☐ ☐

2. Seite des Fragebogens

5. Haben Sie während Ihres Aufenthaltes unsere Hotelbar besucht?

☐ Ja   ☐ Nein (.... weiter mit Frage 6)

	absolut unwichtig → absolut wichtig -3 -2 -1 0 +1 +2 +3	absolut unzufrieden → absolut zufrieden -3 -2 -1 0 +1 +2 +3
Barbereich:		
- Qualität der Getränke	☐ ☐ ☐ ☐ ☐ ☐ ☐	☐ ☐ ☐ ☐ ☐ ☐ ☐
- Fachkompetenz des Personals	☐ ☐ ☐ ☐ ☐ ☐ ☐	☐ ☐ ☐ ☐ ☐ ☐ ☐
- Freundlichkeit des Personals	☐ ☐ ☐ ☐ ☐ ☐ ☐	☐ ☐ ☐ ☐ ☐ ☐ ☐
- Atmosphäre	☐ ☐ ☐ ☐ ☐ ☐ ☐	☐ ☐ ☐ ☐ ☐ ☐ ☐
-	☐ ☐ ☐ ☐ ☐ ☐ ☐	☐ ☐ ☐ ☐ ☐ ☐ ☐

6. Haben Sie während Ihres Aufenthaltes unseren Etagenservice in Anspruch genommen?

☐ Ja   ☐ Nein (.... weiter mit Frage 7)

Etagenservice:		
- Qualität der Speisen	☐ ☐ ☐ ☐ ☐ ☐ ☐	☐ ☐ ☐ ☐ ☐ ☐ ☐
- Qualität der Getränke	☐ ☐ ☐ ☐ ☐ ☐ ☐	☐ ☐ ☐ ☐ ☐ ☐ ☐
- Lieferzeit	☐ ☐ ☐ ☐ ☐ ☐ ☐	☐ ☐ ☐ ☐ ☐ ☐ ☐
- Freundlichkeit des Personals	☐ ☐ ☐ ☐ ☐ ☐ ☐	☐ ☐ ☐ ☐ ☐ ☐ ☐

7. Wie beurteilen Sie insgesamt die Leistung unseres Hotels?

sehr gut	gut	befriedigend	ausreichend	mangelhaft
☐	☐	☐	☐	☐

8. Fällt Ihnen spontan ein Hotel ein, das Sie bezüglich Servicequalität als vorbildlich empfinden?

☐ Nein   ☐ Ja, das Hotel _____

9. Es würde uns sehr freuen, wenn Sie uns auf Bereiche in unserem Hotel aufmerksam machen würden, die Ihnen nicht gefallen haben. Was könnten wir bei Ihrem nächsten Aufenthalt besser machen?

_____
_____
_____
_____

10. Sind Sie   ☐ männlich   oder   ☐ weiblich?

11. Nennen Sie uns bitte den Grund für Ihren Aufenthalt!

☐ **Business-Trip**   ☐ **Urlaubsreise**   ☐ ....

Herzlichen Dank für Ihre Mithilfe! Wir würden uns freuen, Sie bald wieder in unserem Hause begrüßen zu dürfen.

Paula Mustermann
Direktorin

Die **direkte** Messung zeichnet sich durch ihre Einfachheit der Erhebung und gute Anwendbarkeit von Extremskalen (wichtig-unwichtig bzw. gut-schlecht) aus.

Die Skalierung erfolgt mit Hilfe einer numerischen 7-er Skala, die durch Werte von -3 bis +3 eingegrenzt wird. Dabei bedeutet der Zahlenwert +3 absolut wichtig bzw. absolut zufrieden, der Gegenpol von -3 steht hingegen für die Aussage absolut unwichtig bzw. absolut unzufrieden.

An den Hauptteil schließen sich soziodemographische Fragen an. Da beim Hotel die Möglichkeit besteht, einen Großteil der aus diesem Bereich benötigten Informationen schon beim Check in zu erheben, werden nur Fragen gestellt, die in engem Zusammenhang mit der Untersuchung stehen. Beispielsweise ist es von Bedeutung zu erfahren, ob bestimmte Zielgruppen (Geschäftsreisende, Familien etc.) unterschiedliche Präferenzen an ihren Hotelaufenthalt haben und ihre Zufriedenheit dementsprechend gewichten.

8. Beschwerdezufriedenheit durch konstruktives Beschwerdemanagement

8.1 Verhalten unzufriedener Kunden

Unzufriedenheit entsteht durch eine negative Differenz zwischen den Leistungserwartungen einerseits und der subjektiven Leistungswahrnehmung andererseits. Als Verhaltensoptionen stehen dem Kunden

- Inaktivität,
- die grundsätzliche Abkehr vom Unternehmen,
- Verzicht auf bzw. Substitution der Leistung (z.B. Auszug aus dem Hotel)
- negative Mund-zu-Mund-Kommunikation,
- Einschaltung der Gerichtsbarkeit,
- Beschwerde gegenüber Drittinstitutionen (z.B. Verbraucherverbänden),
- kollektive Beschwerde (zusammen mit anderen Leistungsempfängern) beim Unternehmen oder
- individuelle Beschwerde beim Unternehmen

zur Verfügung.[269] Welche Maßnahmen der unzufriedene Kunde ergreift, hängt von verschiedenen Einflußfaktoren ab:

- **Beschwerdekosten**

Es wird vermutet, daß Kunden eine interne Kosten-Nutzen-Abschätzung vornehmen, von deren Ausgang es abhängt, ob sie eine Beschwerde äußern oder nicht. Im Rahmen dieser Überlegungen spielen materielle (z.B. Telefongebühren) und immaterielle Kosten der Beschwerde eine Rolle. Zu den immateriellen Kosten zählen insbesondere der erwartete Ärger, der mit der Beschwerde verbunden sein könnte, und der Zeitaufwand (z.B. für das Verfassen eines Briefes oder für das Herausfinden des richtigen Adressaten). Ein Unternehmen kann es den potentiellen Beschwerdeführern also erleichtern oder erschweren, seine Unzufriedenheit gegenüber dem Unternehmen zu äußern. Bei einer Erleichterung, die mit einer Verringerung der Beschwerdekosten einhergeht (z.B. in Form eines gebührenfreien Beschwerdetelefons), steigt die Wahrscheinlichkeit auf die Äußerung einer Kundenbeschwerde.[270]

---

[269] Vgl Pompl, W. (1997), S. 186.
[270] Vgl. Stauss, B.; Seidel, W. (1996), S. 47.

- **Beschwerdenutzen**

Der Kunde erwartet einen sujektiven Wert der Problemlösung (z.B. besseres Hotelzimmer durch Upgrading oder Auszahlung von x DM) und gewichtet ihn mit der Erfolgswahrscheinlichkeit seiner Beschwerde. Dabei steigen die wahrgenommenen Erfolgsaussichten einer Beschwerde mit dem Grad der kommunizierten und praktizierten Kundenorientierung eines Unternehmens. So gesehen sinkt die Wahrscheinlichkeit mit einer Beschwerde konfrontiert zu werden bei Unternehmen, die sich abweisend gegenüber dem Kunden verhalten. Darüber hinaus werden sich Kunden vor allem dann beschweren, wenn sie eine Chance auf Kompensation sehen. [271]

Beispiele für fehlende Kompensationsaussichten:
- Unfreundlicher Service kann nicht rückgängig gemacht werden.
- Die Frage „Waren Sie zufrieden?" nach Beendigung des Essens fördert trotz einer weniger schmackhaften Speise meist keine Beschwerde zutage, wenn der Gast sich erst einmal zum vollständigen Verzehr entschlossen hatte.

Beispiel für Beschwerdenutzen durch Kundenorientierung:
Im Frühjahr 1997 starteten die *Ibis-Hotels* der *Accor-Gruppe* die Serviceaktion „Unser 15-Minuten-Versprechen". Beanstandungen, für die das Hotel verantwortlich ist, sollten „rund um die Uhr" innerhalb von 15 Minuten behoben werden. Bei Nichterfüllung des Versprechens wurde auf die Bezahlung der Übernachtung bzw. der betreffenden Mahlzeit verzichtet. Nach Presseangaben sei dies im ersten Analysezeitraum nur in 1,5% aller Reklamationen notwendig gewesen.[272]

- **Produktmerkmale**

Generell steigt die Beschwerdewahrscheinlichkeit bei hochpreisigen Dienstleistungen. Außerdem spielt es eine Rolle, wenn das Involvement hoch oder der Prestigewert des Produktes groß ist (z.B. Flitterwochen oder auch die jährliche Haupturlaubsreise) und falls eine Verletzung des Selbstwertgefühls (z.B. Geringschätzung namhafter Hotelgäste aus dem öffentlichen Leben) vorliegt.[273]

- **Problemmerkmale**

Eindeutig beschreibbare Tatbestände mit geringem subjektiven Bewertungsspielraum führen eher zu Beschwerden als Probleme, die von verschiedenen Personen unterschiedlich interpretiert werden können.[274]

Beispiel: In der Relation zur Häufigkeit des Auftretens wird bei Unfreundlichkeit eine Beschwerde seltener geäußert als bei technischen Mängeln der Zimmereinrichtung im Hotel.

---

[271] Vgl. Stauss, B.; Seidel, W. (1996), S. 47f.
[272] Vgl. O.V. (Ibis) (1997), S. 76.
[273] Vgl. Stauss, B. ; Seidel, W. (1996), S. 48.
[274] Vgl. Stauss, B. ; Seidel, W. (1996), S. 49.

Je eindeutiger darüber hinaus die Ursache der Unzufriedenheit dem Leistungsträger zuzuordnen ist, desto eher ist der Kunde zur Beschwerdeäußerung bereit. Ist der Grad der Kundenintegration[275] hoch und steigt damit die Möglichkeit, daß der Kunde ein Mitverschulden an der mangelhaften Leistungserstellung trägt, sinkt die Bereitschaft zur Beschwerde.

- **Personenspezifische Merkmale**

Stauss/Seidel interpretieren eine Reihe unterschiedlicher Untersuchungen (trotz einiger Abweichungen) im Kern dahingehend, daß die Bereitschft zur Beschwerde tendenziell bei jüngeren Männern mit gehobener Ausbildung und mittlerem bis höheren Einkommen ausgeprägt ist. Darüber hinaus scheinen sich Beschwerdeführer durch ein erhöhtes Selbstbewußtsein auszuzeichnen.[276]

- **Situationsspezifische Merkmale**

Die Umstände, in denen eine beschwerdeverdächtige Situation eintritt, beeinflussen das Verhalten zusätzlich. So verhindert wahrgenommener Zeitdruck eine Beschwerde möglicherweise, andererseits können soziale Verhaltensweisen (z.B. Gruppendruck, Profilierungswunsch) für nachdrücklich vorgetragene Beschwerden sorgen.[277]

Beschwerdeverhalten

Beschwert sich der Kunde beim Unternehmen, so entsteht Beschwerdezufriedenheit oder -unzufriedenheit analog der Zufriedenheit mit der ursprünglichen Dienstleistung. Der Kunde tritt mit einer bestimmten Erwartungshaltung in den Beschwerdevorgang ein und wird je nach der subjektiv empfundenen Angemessenheit der Beschwerdereaktion schließlich zufriedengestellt oder nicht. Und er trifft dann schließlich die endgültige Entscheidung, ob er einen Anbieterwechsel vornimmt, negative Mund-zu-Mund-Kommunikation betreibt oder doch nur Passivität an den Tag legt.

---

[275] Siehe Kap. 4.4.
[276] Vgl. Stauss, B./Seidel, W. (1996), S. 50.
[277] Vgl. Stauss, B./Seidel, W. (1996), S. 50.

Abb. 8.1.-1

Vereinfachtes Modell des Beschwerdeverhaltens

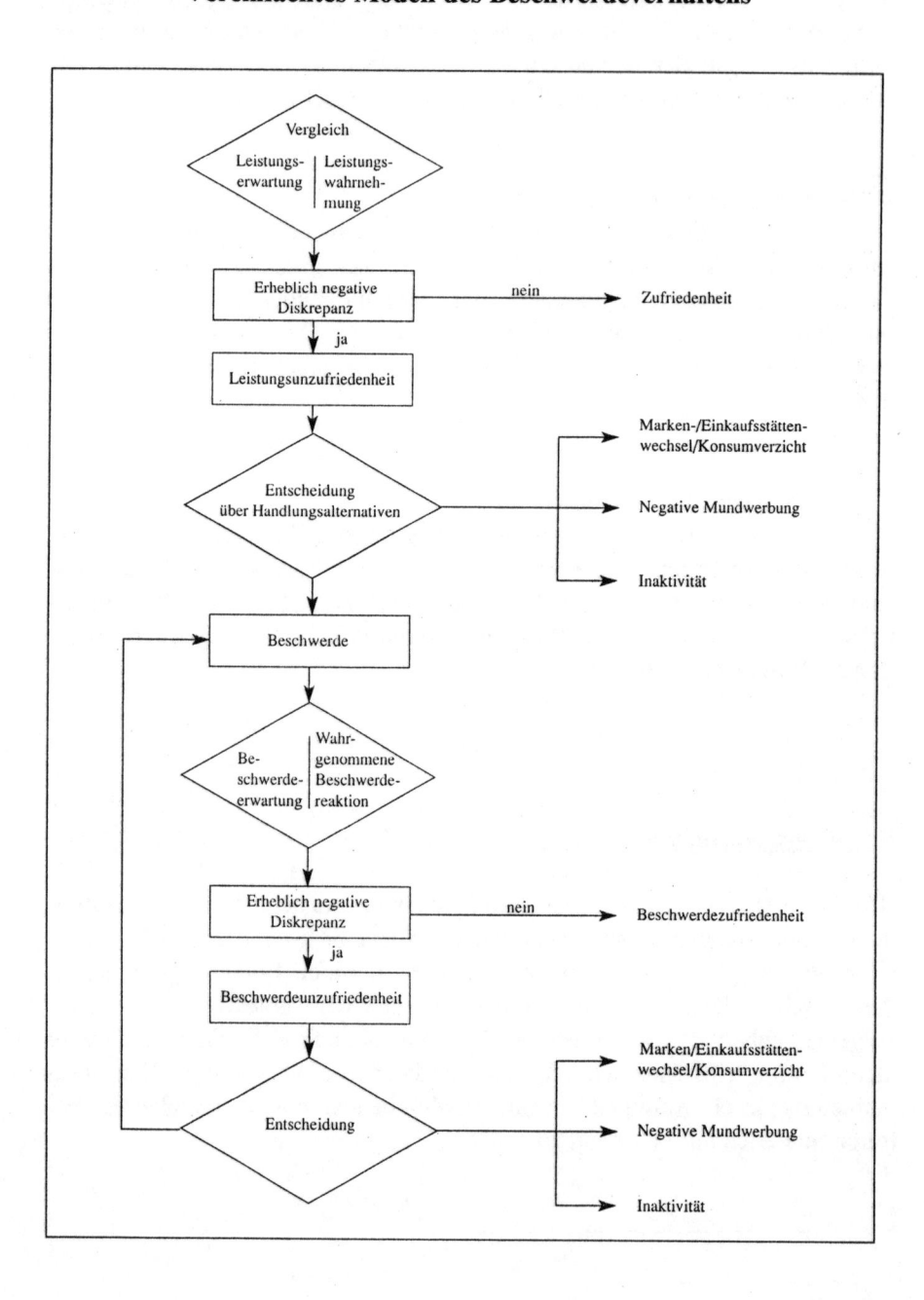

```
                    Vergleich
              Leistungs- | Leistungs-
              erwartung  | wahrneh-
                         | mung
                         │
                         ▼
              ┌─────────────────┐
              │ Erheblich negative │──── nein ────▶ Zufriedenheit
              │   Diskrepanz     │
              └─────────────────┘
                       │ ja
                       ▼
              ┌─────────────────┐
              │ Leistungsunzufriedenheit │
              └─────────────────┘
                       │
                       ▼
                                                    Marken-/Einkaufsstätten-
                  Entscheidung                   ▶  wechsel/Konsumverzicht
              über Handlungsalternativen ────────▶  Negative Mundwerbung
                                                ▶  Inaktivität
                       │
                       ▼
              ┌─────────────────┐
              │   Beschwerde    │
              └─────────────────┘
                       │
                       ▼
                  Be-     | Wahr-
              schwerde-   | genommene
              erwartung   | Beschwerde-
                          | reaktion
                       │
                       ▼
              ┌─────────────────┐
              │ Erheblich negative │──── nein ────▶ Beschwerdezufriedenheit
              │   Diskrepanz     │
              └─────────────────┘
                       │ ja
                       ▼
              ┌─────────────────────┐
              │ Beschwerdeunzufriedenheit │
              └─────────────────────┘
                       │
                       ▼
                                                    Marken/Einkaufsstätten-
                                                 ▶  wechsel/Konsumverzicht
                  Entscheidung  ─────────────────▶  Negative Mundwerbung
                                                 ▶  Inaktivität
```

Quelle: Hansen, U. (1990), S. 117.

Typologie der potentiellen Beschwerdeführer

Ausgehend von den einzelnen Personen, die einen Beschwerdegrund zu Recht oder zu Unrecht empfinden und diesen letztlich vortragen bzw. es vielleicht auch unterlassen, kann man versuchen, bestimmte Beschwerdetypen herauszukristallisieren:[278]

- **Nicht-fordernde Beschwerdeführer**

Ein Teil der sich zu Recht Beschwerenden gibt sich von vornherein mit der Äußerung der Beschwerde zufrieden und erwartet bzw. verlangt keine Entschädigung. Ein Entschuldigungsschreiben und eventuell ein kleines Give away sind die angemessene Reaktion.

- **Berechtigt fordernde Beschwerdeführer**

Dieser Personenkreis äußert die überwiegende Zahl der Beschwerden. Er liefert gute Anregungen zur Verbesserung der Dienstleistungen, benötigt jedoch gewisse Erleichterungen (Telefon-Hotline, Comment Cards etc.), damit er sich auch tatsächlich beschwert.

- **Drohende Beschwerdeführer**

Zwar sind auch die Beschwerden dieser Personen berechtigt, aber die Art und Weise mit der die Beschwerde vorgetragen wird, ist eher unangenehm, denn es wird schon bevor das Unternehmen reagieren kann mit Sanktionen (z.B. Einschaltung der Presse, Klage) gedroht.

- **Überhöht fordernde Beschwerdeführer**

Während ein Teil der Beschwerdeeingaben mit realistischen Forderungen verknüpft ist, stellt dieser Personenkreis bewußt überhöhte Forderungen.

- **Unberechtigt fordernde Beschwerdeführer**

Aus Unwissenheit oder dem subjektiven Empfinden heraus, daß eine Dienstleistung nicht angemessen erbracht worden sei, werden Ersatzforderungen an das Unternehmen gestellt. Diesen Beschwerden ist mit sehr viel Augenmaß zu begegnen. Erfolgt hier keine kulante Regelung, auch wenn kein tatsächlicher Beschwerdefall vorliegt, bleibt eine Beschwerdeunzufriedenheit zurück, da der Beschwerdeführer seine Eingabe für berechtigt hält.

---

[278] Die Typen sind empirisch nicht abgesichert, sondern entspringen der Literaturdiskussion in Verbindung mit Aussagen von Praktikern.

- **Querulanten**

Diese Personen zeichnen sich durch häufige Beschwerden aus. Sie suchen aktiv nach Gründen, um sich zu beschweren und hoffen, ihre Urlaubskasse durch nachträgliche Rückzahlungen aufbessern zu können.

Hier ist eine Reaktion besonders schwierig. Prinzipiell gilt, daß Großzügigkeit bei der Beschwerderegelung der richtige Weg ist, sofern die subjektive Berechtigung der Beschwerde erkennbar ist. Denn die Gefahr negativer Meinungsäußerungen ist bei einer ablehnenden Haltung besonders groß. Allerdings ist die Überlegung anzustellen, wann die Grenze des Zumutbaren für ein Unternehmen erreicht ist und schließlich eine ablehnende Haltung durchgefochten werden muß, weil ein Mißbrauch der Beschwerdeführung dadurch vorliegt, daß sich ein Kunde beschwert, obwohl er in Wirklichkeit zufrieden ist. *Fornell/Wernerfelt* verweisen allerdings darauf, daß 80% der Beschwerden als rechtmäßig einzustufen sind.[279]

- **Inaktive Unzufriedene (Unvoiced Complainers)**

Die Mehrheit der unzufriedenen Kunden beschwert sich erst gar nicht und bietet dem Unternehmen somit keine Gelegenheit zur Rehabilitation. Diese Gruppe der Inaktiv Unzufriedenen stellt für das Unternehmen ein sehr großes Gefahrenpotential dar, da die Kunden nicht nur meist als Wiederkäufer ausscheiden, sondern vielmehr noch als negative Multiplikatoren in ihrem Umfeld wirken können.[280]

> Drastisch, aber anschaulich wird dieser Typus mit einer Giftmülldeponie verglichen, die ihr Gift zwar langsam aber ebenso sicher absondert, wie der Kunde seine negativen Erfahrungen im Verwandten- und Bekanntenkreis zum Besten gibt. Es wirkt erschwerend, daß über negative Ereignisse viel eher geredet wird als über Positives und daß von einer Schilderung zur nächsten ein negatives Ereignis eher noch „aufgebauscht" wird, was den Multiplikatoreffekt verstärkt.[281]

8.2 Grundlagen des Beschwerdemanagement im Unternehmen

Beschwerden in der Unternehmenskultur

Aufgrund der Synchronität von Leistungserstellung und Inanspruchnahme können fehlerhafte Produkte nicht im Rahmen einer Qualitätskontrolle ausgemustert werden und „gehen daher direkt an den Kunden". Deshalb werden Dienstleistungen niemals vollkommen fehlerfrei sein, woraus bereits die Be-

---

[279] Vgl. Fornell, C.; Wernerfelt, B. (1987), S.345.
[280] Vgl. Pepels, W. (1995), S.68, 96.
[281] Vgl. Born, K. (1997).

rechtigung des Beschwerdemanagement abzuleiten ist. Dennoch werden Beschwerden in der Regel (noch) nicht als Glücksfall für ein Unternehmen angesehen (Philosophie des *TUI*-Kundendienstes: „Die Beschwerde ist ein Geschenk."[282]; bei *Steigenberger* wird der Beschwerdekunde einem Unternehmensberater gleichgesetzt[283]). Vielmehr sind Beschwerden häufig unbeliebt, weil

- „der Umgang mit unzufriedenen Kunden eher eine belastende und demotivierende als eine angenehme Tätigkeit ist;
- sie auf Fehlleistungen des Unternehmens verweisen und daher nur ungern akzeptiert werden. Der damit konfrontierte Mitarbeiter muß Fehler eingestehen, für die er vielleicht noch nicht einmal selbst verantwortlich ist;
- die Behandlung von Beschwerden meist nicht Teil der eigentlichen Tätigkeit der Mitarbeiter ist und damit zusätzliche Arbeit verursacht."[284]

Unternehmenspolitisch muß diesen Problemen ebenso begegnet werden, wie den daraus resultierenden falschen Einstellungen zu Beschwerden und zu einem systematischen Beschwerdemanagement. Es muß für die Einsicht gesorgt werden,

- daß geringe Beschwerdezahlen kein aussagefähiger Indikator für Kundenzufriedenheit sind, weil viele Beschwerden nicht geäußert werden;
- daß Kunden, die sich beschweren, als Partner anzusehen sind, weil sie auf Schwachstellen im Unternehmen aufmerksam machen;
- daß die weit überwiegende Zahl der Kunden nicht aus Nörglern und Querulanten besteht;
- daß Beschwerden nicht nur mit Kosten verbunden sind, sondern auch Chancen für Erlöse und Gewinne bieten, wenn Kunden gehalten und vielleicht sogar zu Stammkunden gemacht werden können;
- daß die Zahl der Beschwerden unzufriedener Kunden zu maximieren ist, allerdings bei gleichzeitiger Minimierung des Anteils der Unzufriedenen.[285]

Das Beschwerdemanagement ist als aktiver, systematischer und organisierter Umgang mit Reklamationen anzusehen. Er muß aktiv in bezug auf die Ermunterung von Kunden zur Beschwerde sein. Ihm muß ein durchdachtes und in sich geschlossenes Konzept zugrunde liegen und die konkreten Regelungen sind in die Unternehmenspolitik zu integrieren.

---

[282] Vgl. TUI (1997).
[283] Vgl. Momberger, W. (1995), S. 558.
[284] Pompl, W. (1997), S. 185.
[285] Vgl. Stauss, B.; Seidel, W. (1996), S. 31ff.

Abbildung 8.2-1:
Prozeß des Beschwerdemanagement

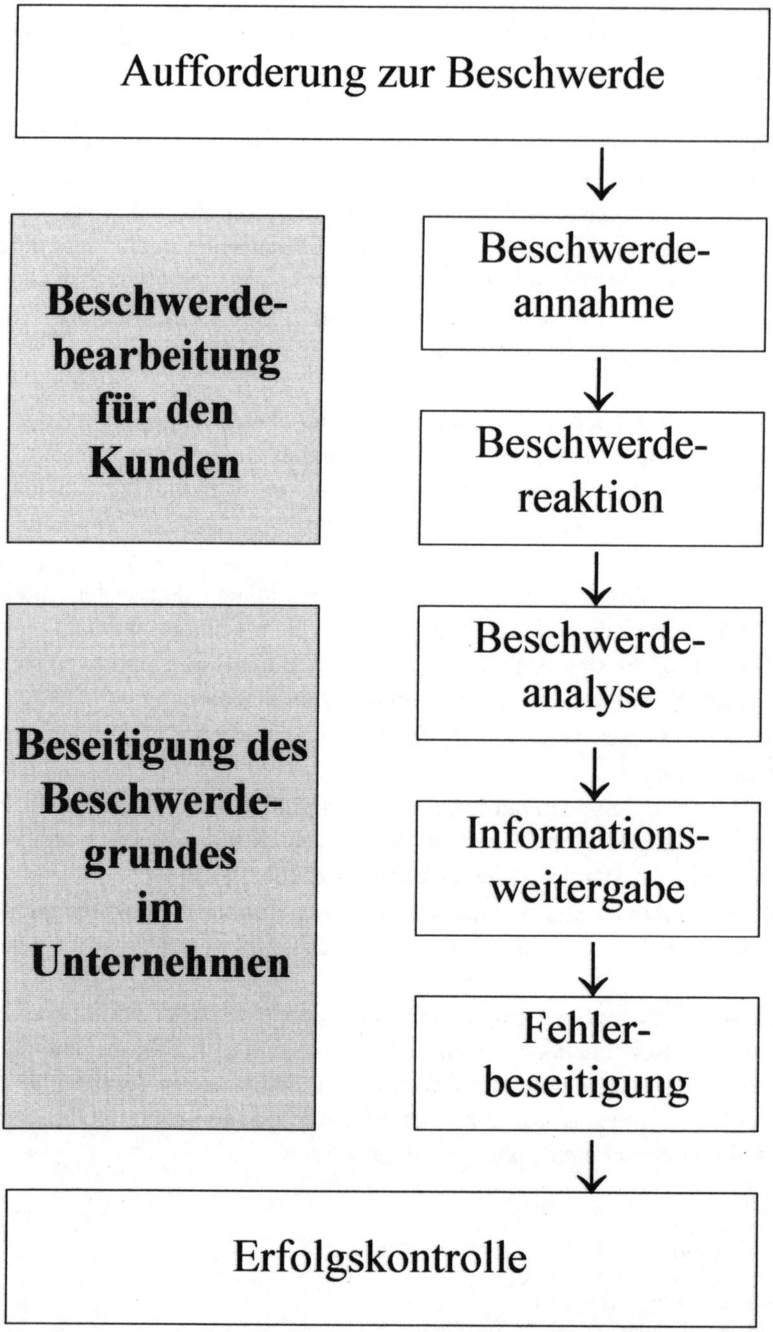

- Aufforderung zur Beschwerde
- Beschwerdeannahme
- Beschwerdereaktion
- Beschwerdeanalyse
- Informationsweitergabe
- Fehlerbeseitigung
- Erfolgskontrolle

Beschwerdebearbeitung für den Kunden (umfasst: Beschwerdeannahme, Beschwerdereaktion)

Beseitigung des Beschwerdegrundes im Unternehmen (umfasst: Beschwerdeanalyse, Informationsweitergabe, Fehlerbeseitigung)

Ziele des Beschwerdemanagement

Als wesentlichste Ziele des Beschwerdemanagement gelten:[286]
- Herstellung einer hohen Beschwerdezufriedenheit
- Herstellung des Dienstleistungsimages als „kulantes Unternehmen"
- Vermeidung von Kundenabwanderungen
- Vermeidung negativer Mund-zu-Mund-Kommunikation
- Akquisition von Neukunden durch positive Mund-zu-Mund-Kommunikation
- Reduzierung von Beschwerdebearbeitungskosten durch Entwicklung adäquater Problemlösungen

Pompl führt darüber hinaus trotz der notwendigen Kundenorientierung aus grundsätzlichen wirtschaftlichen Erwägungen **die Abwehr unberechtigter Ansprüche** explizit als Ziel des Beschwerdemanagement an. Dabei muß das Unternehmen auf dem schmalen Grad wandeln zwischen dem Imageaufbau im Hinblick auf besondere Kundenfreundlichkeit einerseits und der Vermittlung des Eindrucks andererseits, daß eine Preisminderung ohne Schwierigkeiten und besondere Nachprüfung erreichbar sei.[287]

Prozeß des Beschwerdemanagement

Die nebenstehende Abbildung zeigt die einzelnen Phasen des Beschwerdemanagementprozesses, auf die anschließend ausführlicher eingegangen wird.

8.3 Aufforderung zur Beschwerde

Zahlreiche Untersuchungen belegen - zwar mit unterschiedlichen Zahlen, aber dennoch in der grundsätzlichen Aussage eindeutig -, daß ein großer Teil der unzufriedenen Kunden sich nicht beschwert. Die Wahrscheinlichkeit einer Beschwerde sinkt, wenn

- die Beschwerdekosten hoch sind,
- der Beschwerdenutzen (Kompensation) gering eingeschätzt wird,
- die Dienstleistung preiswert und wenig prestigeträchtig ist,
- das Problem eindeutig und relativ objektiv beschreibbar ist,
- die Ursache eindeutig dem Leistungsträger zuzuordnen ist,
- im Zeitablauf die Bedeutung der Unzufriedenheit nachläßt.

---

[286] Vgl. Hansen, U.; Jeschke, K. (1995), S.542f.
[287] Vgl. Pompl, W. (1997), S. 191f.

Abb. 8.3-1

Verhalten von Kunden mit Problemen

Verhaltensweise	%
Abwanderung ohne Beschwerde	22,5
Abwanderung trotz Beschwerdezufriedenheit	5,4
Abwanderung aufgrund Beschwerde**un**zufriedenheit	8,8
Markentreue ohne Beschwerdeäußerung trotz Problemen	27,5
Markentreue nach der Beschwerde	**35,8**

Quelle: Eigene Berechnungen auf der Basis von TARP, zit. In PPD News, S. 12.

Studien sprechen von 15% bis 50% Kunden, die trotz Problemen mit der Leistung keine Beschwerde äußern. Nur ein sehr kleiner Teil von ihnen richtet seine Beschwerde an das Management.[288] Der Anteil der als Reaktion auf eine beantwortete Beschwerde zurückgewonnenen Kunden wird z.B. bei *Steigenberger* auf 54% beziffert.[289]

Den Unternehmen ist die Relevanz der Thematik inzwischen klar, denn nach einer Untersuchung der *„absatzwirtschaft"* wird von ihnen das Kunden-Feedback-Management (allerdings nicht nur in Beschwerdefällen) als wichtigstes Marketinginstrument in den kommenden drei Jahren bezeichnet.[290] Aus diesen Überlegungen ist die außergewöhnlich hohe Bedeutung aller Maßnahmen abzuleiten, die für eine Aufforderung zur Beschwerde geeignet sind.

Erreicht werden muß, daß der beschwerdewillige Kunde mit der **Zugänglichkeit zum Beschwerdeweg** zufrieden ist. Als Instrumente zur Beschwerde- (bzw. zur Kunden-Feedback-)Intensivierung sind insbesondere geeignet:

- **kostenfreie Servicetelefone** (0130-Nummer),
- **gebührengünstige Telefonnummern** (0180-Nummer zum Normaltraif für Orts-, Regional- und Fernverbindungen),
- **24-Stunden-Hotline**,
- deutlich sichtbare Auslage von **Comment cards** in Verbindung mit der Anbringung einer **Beschwerdebox** („Meckerkasten"),
- Einsatz von **Videogeräten**, die zur Aufzeichnung von Beschwerdeäußerungen zur Verfügung stehen,

---

[288] Vgl. Jung, H. (1997), S.147 und Homburg, C.; Rudolph, B. (1995), S.44.
[289] Vgl. Momberger, W. (1995), S. 559.
[290] Vgl. Hanser, P. (1997), S. 52.

- **Bekanntmachung einer Beschwerdemöglichkeit** mit Nennung eines konkreten **Ansprechpartners**, z.B. in Prospekten oder Anzeigen,
- allgemeine **Kundenbefragungen**[291],
- spezielle **Beschwerdebefragungen**,
- Gewährung von **Garantien** (z.B. 15-Minuten-Versprechen von *Ibis*)[292],
- **Kundengespräche** während des Hotelaufenthaltes (z.B. Cocktail mit der Direktion),
- **telefonische Nachfaßaktionen**, bei denen kurze Zeit nach der Reise die Zufriedenheit erfragt wird,
- Kundengespräche während eines **Kundentreffens nach einer Reise**,
- Kundengespräche während eines **Kundenbindungs-Events** nach der Reise,
- **Kundenkonferenzen** (Customer focus groups),
- Einrichtung von **Serviceständen** (Customer relation desks),
- Einsatz eines „**Liberos**", der z.B. direkt vor dem Verlassen des Hotels in einem letzten Gästekontakt nach der Zufriedenheit fragt[293].

8.4 Beschwerdebearbeitung für den Kunden

Beschwerdeannahme

Hat der Kunde den Entschluß zur Beschwerde gefaßt, liegt es am Unternehmen, den ersten Beschwerdekontakt so angenehm wie möglich zu gestalten. Freundlichkeit, Verständnis für die Situation und Hilfsbereitschaft gehören zu den Eigenschaften, die das Beschwerden entgegennehmende Personal mitbringen muß. Bei der Annahme ist die vollständige und richtige Erfassung der Beschwerdeinformationen besonders wichtig. Darüber hinaus muß die zügige Weiterleitung der Informationen erfolgen, damit das Problem behoben wird und eine Reaktion gegenüber dem Beschwerdeführer erfolgt.

Auf den nächsten beiden Seiten wird der Ablauf der Beschwerdeannahme detailliert „durchgespielt". Dabei ist zu berücksichtigen, daß vieles sich in der Praxis nicht so leicht umsetzen läßt, wie es vielleicht in den Formulierungen auf den ersten Blick erscheint. In diesem Leitfaden für das Beschwerdegespräch sind die idealen Reaktionsweisen eines Mitarbeiters auf einen Beschwerdevortrag unter Nennung der gröbsten Fehler aufgeführt, damit daraus ein möglichst hohes Maß an Erkenntnissen für die künftige Reklamationsbehandlung resultiert.

---

[291] Siehe Kap. 7. Gästebefragungen.
[292] Siehe S. 142.
[293] Vgl. Günter, B. (1997), S. 291, Stauss, B; Seidel, W. (1996), S. 71ff und Pompl, W. (1997), S. 193f.

Leitfaden für den Umgang mit unzufriedenen Kunden

Die richtige Einstellung gewinnen
1. Verstehen Sie Beschwerden als einen normalen Teil Ihrer Arbeit und als Chance, Unzufriedenheit abzubauen und den Kunden an Ihr Unternehmen zu binden.

Psychologische Erkenntnisse nutzen
2. Führen Sie ein Beschwerdegespräch möglichst nicht vor versammelter Kundschaft, sondern suchen Sie einen ruhigen Ort.
   „...,damit wir ihr Problem ungestört lösen können."
3. Bieten Sie dem Kunden eine Sitzgelegenheit an.
4. Sprechen Sie den Kunden mit seinem Namen an.
5. Signalisieren Sie Gesprächsbereitschaft durch Mimik, Augenkontakt und Körpersprache.
6. Sprechen Sie Ihr Bedauern aus, daß der Kunde dieses negative Erlebnis hatte. Wählen Sie bei entsprechenden Formulierungen die Ich-Form.
   „Es tut mir leid, daß sie diese Unannehmlichkeiten hatten."

Denken wie der Kunde denkt
7. Hören Sie gut zu. Unterbrechen Sie den Beschwerdeführer nicht, auch wenn er Unzutreffendes vorbringt. Haben Sie Verständnis dafür, daß er erst einmal „Dampf ablassen" will.
8. Wählen Sie eine ruhige und höfliche Gesprächsart. Reagieren Sie gelassen auf Übertreibungen und persönliche Schuldvorwürfe. Weisen Sie Beschimpfungen ruhig zurück und leiten Sie das Gespräch auf die sachliche Ebene zurück, denn den Streit mit einem Kunden gewinnt immer der Kunde.
9. Versetzen Sie sich in die Lage des Kunden.
   „Ich kann mir gut vorstellen, daß sie verärgert sind."

Sachlichkeit in den Vordergrund stellen
10. Überprüfen Sie mit inhaltlichen Fragen den Sachverhalt solange, bis die Situation eindeutig geklärt ist. Machen Sie sich Notizen und nutzen Sie dabei ein Beschwerdeerfassungsformular.
    „Danke für den Hinweis, ich würde jetzt gerne noch wissen..."
11. Stellen Sie keine Sofortdiagnosen und machen Sie keine voreiligen Schuldeingeständnisse oder Zugeständnisse.
12. Vermeiden Sie Formulierungen, die den Ärger vergrößern.

13. Ist tatsächlich ein Fehler passiert, schwärzen sie keinen Kollegen, keine andere Abteilung und keinen anderen Leistungsträger an.
    „Ach Herr Mustermann hat sie bedient, das passiert dem ständig".
    „Das kriegt die Reservierungsabteilung nie in den Griff."
    „Mit der Reinigungsfirma haben wir ständig Probleme."
    Vermeiden Sie Belehrungen.
    „Da hätten Sie eben früher reservieren müssen."
    „Da hätte sie doch bloß auf den roten Knopf drücken müssen."
    Vermeiden Sie es, die Gründe des Fehlers langwierig zu erklären.
    Ziehen Sie die Reklamation nicht in Zweifel.
    „Das sehen Sie völlig falsch."
    „Das ist doch ihre Schuld." „Da haben sie bestimmt etwas falsch gemacht."
    „Das hatten wir noch nie, daß ein Kunde hiermit Probleme hatte."
    Spielen Sie das Problem nicht herunter.
    „Sie sind heute schon der Zehnte, der das Problem hat."
    „Bei dem günstigen Preis muß man eben mit kleinen Mängeln rechnen."

Sofort gemeinsam nach Lösungen suchen

14. Leiten Sie sofort die Bearbeitung der Beschwerde ein.
15. Ist eine unverzügliche Problemlösung nicht möglich, sagen Sie dem Kunden möglichst, welche Maßnahmen Sie für eine schnelle Abhilfe treffen werden und geben Sie den Zeitpunkt bis zur Erledigung an.
16. Bieten Sie eine faire Lösung an.
17. Erkundigen Sie sich, ob der Kunde mit dem Regulierungsvorschlag einverstanden ist.

Den Fehler beseitigen

18. Beenden Sie das Gespräch mit einer positiven Formulierung und einem Dank für den Hinweis auf das entstandene Problem.
    „Vielen Dank, daß sie uns auf das Problem aufmerksam gemacht haben."
    „Ich freue mich, daß wir sie auf diese Weise doch noch zufriedenstellen konnten."
19. Können Sie keine Abhilfe des Reklamationsgrundes leisten, leiten Sie die Beschwerde eigenhändig weiter und sorgen Sie dafür, daß der Bearbeitungsprozeß fortgesetzt wird.
20. Analysieren Sie den Beschwerdevorgang und unterrichten Sie den Verantwortlichen, damit die Fehlerquelle schnell abgestellt werden kann.

Quellen: Stauss, B.; Seidel, W. (1996) S. 284f mit dort angegebener weiterführender Literatur, Pompl, W. (1996), S. 210, Töpfer, A.; Greff, G. (1995), S. 174ff und Silberer, G.; Jaekel, M. (1996), S. 289ff.

Für Mitarbeiter, die im Kundenkontakt dauerhaft mit Beschwerdesituationen konfrontiert sind, tritt eine besondere psychologische Belastung auf. Sie müssen sich ständig selbst zurücknehmen und haben es stets mit Konfliktsituationen und negativen Ereignissen zu tun. Um daraus möglicherweise resultierende Motivationseinbußen und „burn out"-Effekte zu vermeiden, schlagen *Stauss/Seidel* eine zeitliche Begrenzung des Einsatzes in Beschwerdekontaktsituationen vor.[294] Bei der *TUI* beobachtete man positive Effekte nach der Einführung der Reklamationsbearbeitung im Zielgebiet bei den Reiseleitern. Waren diese früher nur zur Entgegennahme von Beschwerden befugt und damit nur mit der negativen Seite einer Reklamation befaßt, so übernehmen sie deren Bearbeitung inzwischen weitgehend selbst. Vor allem dadurch, daß sie auch Kompensationen vornehmen dürfen, erhalten sie nun auch positive Rückkoppelungen von ihren Gästen. Ihre Arbeit wird durch mehr Kompetenz interessanter und durch mehr Erfolgserlebnisse angenehmer.

Die Bearbeitung einer Beschwerde durch diejenige Person, die über das Problem als erste informiert wird, wird als **„Complaint Ownership"** bezeichnet. Der Mitarbeiter ist für die entgegengenommene Beschwerde und deren schnelle Lösung verantwortlich; er hat sozusagen das „Eigentum" an der Beschwerde erworben, auch wenn er andere Mitarbeiter in die Bearbeitung einbezieht. Das Prinzip der „Complaint Ownership" wird oft im Zusammenhang mit den *Ritz-Carlton-Hotels* erwähnt, die es in ihren Unternehmensgrundsätzen verankert haben.

> **Auszug aus den Grundsätzen von *Ritz-Carlton*:**
> Grundsatz 8: Derjenige Mitarbeiter, an den eine Beschwerde herangetragen wird, ist der Eigentümer dieser Beschwerde.
> Grundsatz 9: Die unmittelbare Beschwichtigung unserer Gäste muß von jedem Mitarbeiter sichergestellt werden. Reagieren Sie augenblicklich und beheben Sie das Problem sofort. Fragen Sie innerhalb von 20 Minuten bei dem Gast nach, um sicherzugehen, daß das Problem zu seiner Zufriedenheit gelöst worden ist. Tun Sie alles, was in Ihrer Macht steht, um niemals einen einzigen Gast zu verlieren.
> Grundsatz 10: Anhand von „Formularen für Gästevorkommnisse" wird jeder Vorfall, der zur Unzufriedenheit unserer Gäste geführt hat, festgehalten und kommuniziert. Jeder Mitarbeiter ist berechtigt, das Problem zu lösen und ein erneutes Auftreten zu verhindern.[295]

Das Beispiel unterstreicht den hohen Stellenwert der guten Beschwerdebearbeitung und -analyse für ein Unternehmen. Daß die Erfassung möglichst anhand eines Formulars erfolgt (siehe Grundsatz 10), dient mehreren Zwecken.

---

[294] Vgl. Stauss, B; Seidel, W. (1996), S. 285.
[295] Ritz-Carlton (1994), S. 372.

Allerdings muß Klarheit darüber herrschen, daß kein Formularunwesen entstehen darf, sondern daß es zunächst einmal auf eine schnelle Beseitigung des Beschwerdegrundes ankommt. Die Sammlung von Informationen bei der Beschwerdeannahme ist also in jedem einzelnen Unternehmen - abgestimmt auf die jeweiligen Erfordernisse - organisatorisch zu regeln. Für kleinere Reklamationen reicht möglicherweise eine nach dem Kundengespräch stattfindende Erfassung auf einem kurzen und einfachen, eigens dafür bereitgelegten Formulars. Bei umfangreicheren Beschwerden sollte ein detaillierterer Beschwerdeerfassungsbogen zum Einsatz gelangen.

Nebenstehend ist der Aufbau des **Beschwerdeerfassungsformulars der *TUI*** zu sehen, das alle den Beschwerdeablauf betreffenden Aspekte berücksichtigt.

Abbildung 8.4-1:
Quelle: TUI (1997)

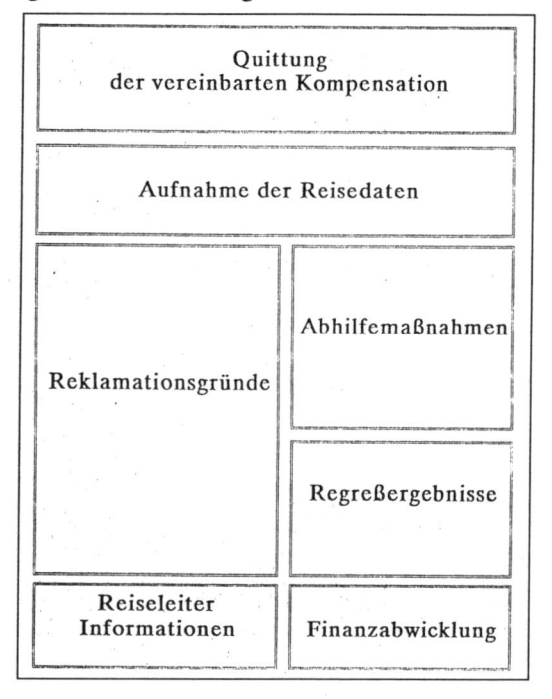

Quittung der vereinbarten Kompensation	
Aufnahme der Reisedaten	
Reklamationsgründe	Abhilfemaßnahmen
	Regreßergebnisse
Reiseleiter Informationen	Finanzabwicklung

Für die Beschwerdeerfassung im Hotel sind einige abweichende Aspekte gegenüber einem Reiseveranstalter, der es mit unterschiedlichen Leistungsträgern und einer anderen Finanzabwicklung zu tun hat, zu berücksichtigen. Auf der nächsten Seite ist ein modellhafter Fragebogen[288] für Beherbergungsbetriebe abgedruckt, der von unterschiedlichen Hoteltypen bezogen auf die eigenen Erfordernisse ergänzt werden muß. So muß ein Golfhotel z.B. auch den Golfplatz betreffende Aspekte bei den Reklamationsgegenständen vorsehen.

Die grundsätzliche Vorgabe von Reklamationsgründen soll das Ausfüllen des Bogens beschleunigen, darf jedoch nicht dazu führen, daß relevante Informationen für die Beschwerdeanalyse verlorengehen. Über den Beschwerdeführer sind keine weiteren Informationen aufzunehmen, wenn diese - wie hier vorausgesetzt - in den Stammdaten des Computersystems durch die Anmeldung generell bereits erfaßt sind.

---

[296] Vgl. zum Aufbau von Beschwerdeerfassungsbögen Stauss, B; Seidel, W. (1996), S. 120f.

Abbildung 8.4-2:
Beschwerdeerfassung im Hotel

Beschwerdeannahme

Entgegennehmender: _____

Datum: _____

Uhrzeit: _____

Beschwerdeweg

❏ persönlich ❏ Telefon ❏ Fax/ Brief

Adressat der Beschwerde

❏ Rezeption ❏ Direktion ❏ Andere _____

Beschwerdeführer

Anrede _____

Vorname _____

Name _____

Zimmernr. _____

Aufenthalt von _____ bis _____

Betroffener der Beschwerde

❏ Beschwerdeführer selbst
❏ Mitreisende(r)
❏ Firmengast
❏ Gast eines Reiseveranstalters
❏ Sonstige(r) _____

Verärgerung

❏ ❏ ❏ ❏ ❏ ❏
sehr groß   gering

Reklamationsgegenstand

Betroffene Abteilung
❏ Reservierung   ❏ Restaurant
❏ Empfang   ❏ Bar
❏ Etage/ Zimmer ❏ Sonstiges _____

Reklamationsgründe
❏   ❏
❏   ❏
❏   ❏
❏   ❏
❏   ❏
❏   ❏
Sonstige Schilderung: _____
_____
_____

Forderungen des Gastes
❏   ❏
❏   ❏
❏   ❏

Sonstige _____

Abhilfemaßnahmen

Dringlichkeit

❏ sofort ❏ 30 Minuten ❏ 1 Tag ❏ bis _____

Beschwerdebearbeiter

❏ _____
❏ _____
❏ _____

Beseitigung des Beschwerdegrundes
am _____

Vereinbarte Kompensation

❏ Abhilfe bis _____
❏ Preisnachlaß DM _____
❏ Schadenersatz DM _____

Funktioniert also z.B. im Hotel die Magnetkarte zur Öffnung der Zimmertür nicht, so ist dem Hotelgast umgehend eine neu codierte Karte zu überreichen (bzw. das Problem ansonsten zügig zu lösen), ohne vorher einen Beschwerdeerfassungsbogen auszufüllen. Gleichwohl ist es für das Hotelmanagement wichtig in Erfahrung zu bringen, wie häufig sich das Problem ereignet. Hierfür reicht in diesem Fall eine einfache Erfassung per Strichliste, eventuell ergänzt um für die Problembeseitigung relevante Informationen (z.B. Zimmernummer, weil das Problem möglicherweise nur bei bestimmten Türen auftritt).

Beschwerdereaktion

Wie wichtig ein hervorragend funktionierendes Beschwerdemanagement ist, läßt sich u.a. mit einer Untersuchung des *Deutschen Kundenbarometers* untermauern. In dieser wurde für die Branche der Versandhäuser festgestellt, daß die durchschnittliche Zufriedenheit von Kunden, die mit einer Beschwerdereaktion sehr zufrieden gewesen sind, mit der Note 2,16 trotz ihrer vorhergehenden Unzufriedenheit jetzt sogar noch über dem Zufriedenheitswert des Branchendurchschnitts (2,39) und dem der Kunden lag, die keine Beschwerde hatten (2,35).[289]

Abbildung 8.4-3:
Einfluß der Beschwerdezufriedenheit auf die globale Zufriedenheit mit dem Anbieter am Beispiel des Versandhandels

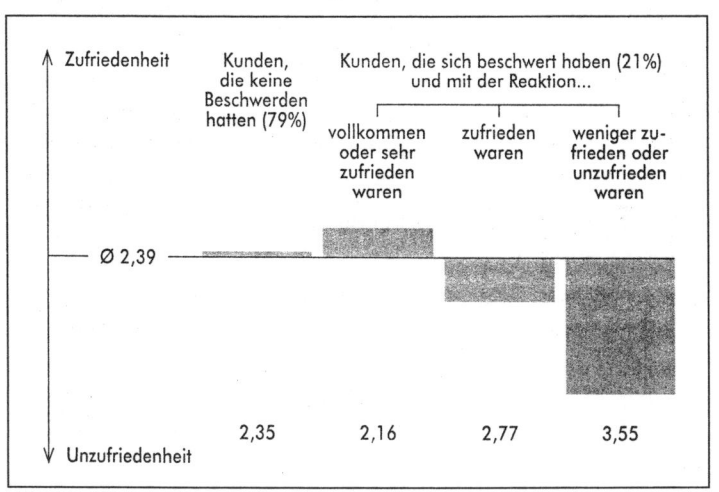

Quelle: Deutsche Marketing-Vereinigung (1993), S. 30.

---

[297] Vgl. Deutsche Marketing-Vereinigung (1993), S. 31. Die Noten wurden mit einer 5er Skala erhoben, bei der *1 = vollkommen zufrieden* bedeutete.

Welches sind nun die relevanten Qualitätsdimensionen bei Beschwerden?
Nun, diese unterscheiden sich nicht wesentlich von den üblichen Qualitätsdimensionen bei Dienstleistungen. Insbesondere sind die **vollständige Problemlösung**, die Verläßlichkeit - gemeint ist hier vor allem die **Einhaltung von Zusagen** und die **termingerechte Bearbeitung** - und die **Freundlichkeit** zu nennen. Darüber hinaus ist es immens wichtig, eine **schnelle Bearbeitung** vorzunehmen, denn es besteht ein Zusammenhang zwischen der Wartezeit auf die Antwort und der Beschwerdezufriedenheit. Je länger die Reaktion auf sich warten läßt, desto eher kommt es zur Unzufriedenheit mit der Beschwerde.

Erfolgversprechend ist auch eine möglichst **individuelle Bearbeitung**. Unabdigbar ist die persönliche Anrede im Antwortschreiben und die Vermeidung des Eindrucks einer Massenabfertigung durch eine möglichst große Individualisierung von Textbausteinen. Außerdem sollten Briefe von Personen der Unternehmensleitung erkennbar eigenhändig unterschrieben werden.

In bezug auf die Freundlichkeit geben *Silberer/Jaekel* zu bedenken, daß gute Laune nicht nur bei der Erbringung einer Dienstleistung, sonden auch im Beschwerdemanagement ansteckend wirkt. Demzufolge muß zuerst einmal im Stimmungsmanagement nach innen der Ansteckungsgefahr schlechter Stimmungen bei den Mitarbeitern begegnet werden. Vorgeschlagen werden

- eine relative hohe organisatorische Unabhängigkeit der Beschwerdeabteilung im Unternehmen, damit die Mitarbeiter sich auch ein Stück weit als Anwalt des Kunden verstehen können,
- eine sorgfältige Personalauswahl, bei der auf die typischen Stimmungslagen der künftigen Mitarbeiter geachtet wird (z.B. werden ausgeglichene und optimistische Menschen bevorzugt),
- eine zeitliche Befristung der Tätigkeit im Beschwerdeservice,
- die Bekanntgabe von Verhaltensregeln und Schulungen, die u.a. auf Immunisierungsstrategien hinweisen,
- eine Art „Therapie" verstimmter Mitarbeiter (z.B. durch großzügige Pausenregelungen zur mentalen Regeneration) [298] sowie
- eine Art „Prävention" durch ein besonders positives Arbeitsumfeld (helle Büroräume etc.).

Grundsätzlich ist allen Beschwerden eine gleichermaßen hohe Aufmerksamkeit zu widmen. *Pompl* weist jedoch darauf hin, daß bestimmten Beschwer-

---

[298] Vgl. Silberer, G.; Jaekel, M. (1996), S. 288, 292ff.

den eine doch noch etwas höhere Priorität haben sollten. Als Kriterien werden Reklamationen genannt,

- die von einer **Gruppe von Reisenden** gemeinsam eingereicht werden, da es sich offensichtlich um Dienstleistungsmängel handelt, von denen besonders viele Kunden betroffen sind,
- die von **Schlüsselkunden** vorgetragen werden (z.B. Großabnehmer, Firmenkunden, Journalisten, First-Class-Passagiere),
- die unter **Einschaltung von Verbraucherschutzverbänden** oder anderen relevanten Drittinstitutionen eingereicht werden und
- die erkennen lassen, daß der Beschwerdeführer gewillt und in der Lage ist, im Falle einer nicht zufriedenstellenden Regelung seine Reklamation einer **breiten Öffentlichkeit** zugänglich zu machen.[299]

Kern der Beschwerdereaktion ist die Lösung des Falles in Verbindung mit der Art der **Kompensation**. Grundsätzlich hält sich die Beschwerdeunzufriedenheit eher in Grenzen, wenn die Reaktion mit erkennbarem Verständnis für die Situation des Kunden und mit einer Berücksichtigung des Einzelfalles vonstatten geht.[300] Selbst im unangenehmen Fall, daß einer Beschwerde nicht abgeholfen werden kann (bei touristischen Dienstleistungen fallen Umtausch und Reparatur als Alternativen aus), wird eine mögliche Unzufriedenheit schon dann gesenkt, wenn ein Unternehmen erkennbaren Willen zur Beseitigung des Fehlers zeigt. Viel schlimmer ist es, wenn ein Unternehmen abhelfen kann und es nicht will oder wenn es nicht abhelfen kann, aber auch keine Bereitschaft dazu erkennen läßt.[301]

Als **Kompensationsinstrumente** stehen zur Verfügung:

- **Immateriell**: Die mit der Abhilfe verbundene Erklärung und **Entschuldigung**, eventuell ergänzt durch einen zwischenzeitlichen Telefonanruf.
- **Materielle Touristikleistungen**: Reisegutschein, kostenlose Übernachtung, Upgrading, kostenlose(r) Mietwagen, Ausflug, Eintritt in einen Freizeitpark, Konzertkarte, Essens-/Getränkegutschein.
- **Materielle sonstige Leistungen** in Form aller denkbaren Geschenke, z.B. Obstkorb, Flasche Wein, Musik-CD.
- **Finanziell**: Geldrückgabe, Preisnachlaß, Schadenersatz.[302]

---

[299] Vgl. Pompl, W. (1997), S. 197f.
[300] Vgl. Stauss, B; Seidel, W. (1996), S. 153f.
[301] Vgl. Cottle, D.W. (1990), S. 247ff.
[302] Vgl. Pompl, W. (1997), S. 196f, Stauss, B; Seidel, W. (1996), S. 152f und TUI (1997).

Pompl erwähnt darüber hinaus die Akzeptanz einer gerichtlichen Klage, für den Fall, daß ein Kunde ein Vergleichsangebot ausschlägt und das Unternehmen gute Erfolgsaussichten besitzt.[303] Dies kann allerdings nur die Ultima ratio sein, um nicht erpreßbar zu wirken.

8.5 Beseitigung des Beschwerdegrundes im Unternehmen

Beschwerdeanalyse, Informationsweitergabe und Fehlerbeseitigung

Das wesentliche Ziel besteht darin, Fehler im Prozeß der Dienstleistungserstellung exakt und schnell zu erkennen, um umgehend für eine Beseitigung zu sorgen. Dabei ist die Identifikation systematischer, immer wiederkehrender Probleme, die dazu noch eine besondere Bedeutung für den Kunden besitzen, besonders relevant. Für die quantitative Beschwerdeauswertung bieten sich z.B. die Ermittlung absoluter und relativer Häufigkeitsverteilungen oder - wenn die unterschiedliche Bedeutung von Beschwerdegründen gewichtet werden soll - die Frequenz-Relevanz-Analyse für Probleme an.[304]
Nicht vergessen werden darf, daß es sich auch um Probleme handeln kann, die sich nicht auf die Qualität der erbrachten Dienstleistung in der Prozeßphase beziehen, sondern schon in der Anbahnungsphase auftreten (z.B. fehlender Parkraum, lange Warteschlangen).[305]

Beschwerdereports sind regelmäßig zu stellen. Sie dürfen sich nicht in Einzelheiten (keine „Zahlen-Friedhöfe", die kein Mitarbeiter jemals liest) verlieren, sondern müssen kurz und prägnant auf die Probleme im Leistungsprozeß/Produkt hinweisen.

Da sich die Beherbergungsbetriebe im Touristikprozeß als besonders beschwerdeanfällig erweisen (siehe S. 9), sind die dort vorherrschenden Reklamationsgründe besonders interessant. Welche Fehler Anlaß zu Beschwerden geben, zeigt die folgende Abbildung:

---

[303] Vgl. Pompl, W. (1997), S. 197f.
[304] Siehe dazu S.98ff.
[305] Vgl. Fornell, C. (1982), S.480.

Abbildung 8.4-4:
Beschwerdegründe im Hotel

1. Zimmerzustand, Einrichtung, Lage 26%
2. Hotelausstattung 11%
3. Sport, Animation 9%
4. Verpflegung 8%
5. Überbuchung 8%
6. Sonstiges 8%

Quelle: TUI (1997).

Erfolgskontrolle

Einerseits können für die Ermittlung der subjektiven Beschwerdezufriedenheit telefonische oder schriftliche Befragungen bei den Kunden erfolgen. Ein dazu einsetzbarer Fragebogen ist nachstehend abgedruckt. Andererseits hat der Erfolg des Beschwerdemanagement neben der kundenbezogenen auch eine unternehmensinterne Seite. Für die Erfolgsbewertung, aber auch für die Planung und Steuerung des Kundendienstes, haben *Stauss/Seidel* eine Vielzahl von objektiven Leistungsindikatoren und Berechnungen angeführt, deren Lektüre ganz besonders empfohlen wird.[306]

Kleinere Betriebe werden allerdings keine umfangreichen Kosten-Nutzen-Rechnungen anstellen, sondern ihr Beschwerdemanagement eher von der Unternehmensphilosophie oder der persönlichen Einstellung des Unternehmers abhängig machen. Schließlich kann die Höhe des - grundsätzlich unbestrittenen - Beschwerdemanagement-Nutzens zur Reduzierung der negativen Mund-zu-Mund-Kommunikation und zur Verbesserung des Image trotz intensiver Berechnungen nur mit Unsicherheiten in monetären Größen (Umsätze durch Wiederkauf bzw. Gewinnung neuer Käufer) ausgedrückt werden. Diese Tatsache verringert bisher die Akzeptanz eines konstruktiven Beschwerdemanagement in kleineren Unternehmen nicht unerheblich.

---

[306] Vgl. Stauss, B; Seidel, W. (1996), S. 240-278.

Abbildung 8.4-5:
Beschwerdezufriedenheits-Fragebogen

1. Sie haben sich in den vergangenen Monaten über unser Unternehmen geärgert und sich beschwert. Was war der Grund für Ihre Beschwerde?

☐ Problem A ☐ Problem B ☐ Problem C ☐ Problem D ☐ _____

2. Auf welchem Weg haben Sie Ihre Beschwerde vorgebracht?

☐ Brief ☐ persönlich ☐ Telefon ☐ Telefax ☐ _____

3. An welche Person/Abteilung haben Sie Ihre Beschwerde gerichtet?

_____

4. War es leicht, sich bei uns zu beschweren?

sehr leicht ☐ ☐ ☐ ☐ ☐ sehr schwierig

Falls Schwierigkeiten auftraten: worin lagen diese Schwierigkeiten?

_____

5. Welche Lösung des Problems wollten Sie konkret mit Ihrer Beschwerde erreichen?

_____
_____

6. Welche Lösung wurde Ihnen angeboten?

_____

7. Wie zufrieden waren Sie mit der Lösung?

☐ vollkommen zufrieden ☐ sehr zufrieden ☐ zufrieden ☐ weniger zufrieden ☐ unzufrieden

8. Wie beurteilen Sie unsere Reaktion auf Ihre Beschwerde (bei der Annahme, bei Rückfragen, bei der Beantwortung) in bezug auf

	vollkommen zufrieden	sehr zufrieden	zufrieden	weniger zufrieden	unzufrieden
Freundlichkeit	☐	☐	☐	☐	☐
Verständnis für Ihre Lage	☐	☐	☐	☐	☐
individuelle Behandlung Ihres Falles	☐	☐	☐	☐	☐
Hilfsbereitschaft	☐	☐	☐	☐	☐
aktive Kontaktaufnahme mit Ihnen	☐	☐	☐	☐	☐
Verläßlichkeit von Zusagen	☐	☐	☐	☐	☐

9. Wie lange hat es gedauert, bis der Fall abgeschlossen war (Zeit vom Einreichen der Beschwerde bis zur endgültigen Antwort)?

_____

10. Wie zufrieden waren Sie mit der Schnelligkeit der gesamten Beschwerdeabwicklung?

☐ vollkommen zufrieden ☐ sehr zufrieden ☐ zufrieden ☐ weniger zufrieden ☐ unzufrieden

11. Sie werden sicherlich nicht alle Aspekte unserer Beschwerdebehandlung gleich gewichten. Wir haben deshalb vier Aspekte in der folgenden Tabelle aufgelistet und bitten Sie, eine Gewichtung vorzunehmen. Ihnen stehen 20 Punkte zur Verfügung. Bitte verteilen Sie diese Punkte auf die einzelnen Aspekte so, daß der wichtigste Aspekt die meisten Punkte, der zweitwichtigste Aspekt die zweitmeisten Punkte usw. bekommt.

Zugänglichkeit unseres Unternehmens (Erreichbarkeit der zuständigen Stelle, Kenntnis der Beschwerdeadresse) .... _____

Art der Reaktion (Freundlichkeit, Verständnis, Bemühtheit, Individualität, Verläßlichkeit, Aktivität) .... _____

Angemessenheit der Problemlösung (Vollständigkeit der Problemlösung, Fairneß der Wiedergutmachung) .... _____

Schnelligkeit (schnelle Antwort, kurze Bearbeitungsdauer) .... _____

Summe   20

12. Wenn Sie Ihre Erfahrungen mit dieser Beschwerde insgesamt betrachten, wie zufrieden sind Sie mit der Abwicklung Ihres Beschwerdefalls?

☐ vollkommen zufrieden   ☐ sehr zufrieden   ☐ zufrieden   ☐ weniger zufrieden   ☐ unzufrieden

13. Was hätten wir bei der Behandlung Ihrer Beschwerde besser machen können?

_____

14. Wie war/ist Ihre Meinung über uns, ...

bevor das Problem aufgetreten ist?   sehr gut ☐ ☐ ☐ ☐ ☐ sehr schlecht

nachdem das Problem aufgetreten war?   sehr gut ☐ ☐ ☐ ☐ ☐ sehr schlecht

heute, nach Abschluß des Beschwerdefalls?   sehr gut ☐ ☐ ☐ ☐ ☐ sehr schlecht

15. Haben Sie über Ihre Beschwerdeerfahrung mit anderen Personen (Freunden, Verwandten, Kollegen) gesprochen?

☐ ja   ☐ nein

Falls ja: mit wievielen Personen ungefähr?   Mit etwa _____ Personen.

16. Haben Sie aufgrund Ihrer Beschwerdeerfahrung anderen Personen (Freunden, Verwandten, Kollegen) empfohlen, Produkte unseres Unternehmens zu kaufen?

☐ ja   ☐ nein

Falls ja: wievielen Personen ungefähr?   Etwa _____ Personen.

17. Haben Sie aufgrund Ihrer Beschwerdeerfahrung anderen Personen (Freunden, Verwandten, Kollegen) abgeraten, Produkte unseres Unternehmens zu kaufen?

☐ ja   ☐ nein

Falls ja: wievielen Personen ungefähr?   Etwa _____ Personen.

18. Werden Sie aufgrund Ihrer Beschwerdeerfahrung weiterhin unser Kunde bleiben?

☐ ja   ☐ nein

Quelle: Stauss, B; Seidel, W. (1996), S. 230f.

9. Kundenzufriedenheit als Teil des Total Quality Management

Qualitätsmanagement ist als ein System der Unternehmensführung zu verstehen, daß eine geplante, auf konstantem Niveau erbrachte Qualität in den Mittelpunkt stellt; mit dieser soll eine größtmögliche Kundenzufriedenheit erlangt werden, um den Unternehmenserfolg langfristig zu sichern. Somit ist das Qualitätsmanagement keine Frage der Unternehmensgröße, sondern eine Frage des Bewußtseins und der innerbertrieblich vorhanden Kenntnisse. In einem modernen, marktgerichteten Unternehmen gehören Aussagen zur Qualität bereits in die Formulierung der Unternehmensgrundsätze.[307]

Beispiele:
- Die *Deutsche Lufthansa* formuliert in ihren Unternehmensleitlinien u.a.: „Die Wünsche unserer Kunden stehen an erster Stelle." Und: „Die beste Qualität ist unser Ziel. Engagierte Mitarbeiter und eine moderne Flotte sind die Kennzeichen unserer Leistungskraft. Qualität und Leistungsfähigkeit sichern unsere Zukunft."[308]
- In den zehn goldenen Grundsätzen von *Mövenpick* heißt es u.a.: „In der Forderung nach höchster Qualität der Waren, die wir verkaufen, sind wir kompromisslos."[309]

Das Qualitätsmanagementsystem besteht aus einem Regelkreis von vier aufeinanderfolgenden Phasen:
1. Qualitätsplanung,
2. Qualitätslenkung,
3. Qualitätsprüfung und
4. Qualitätsmanagementdarlegung

Für die **Qualitätsplanung** müssen zunächst einmal Qualitätsgrundsätze in der Unternehmensphilosophie festlegt sein, um darauf aufbauend Qualitätsziele und -standards (z.B. Entgegennahme von Telefongesprächen spätestens nach dreimaligem Klingeln) entwickeln zu können. Für die Planung ist eine regelmäßige Messung der Anforderungen an die Dienstleistungsqualität aus Kunden-[310], Wettbewerbs- und auch Mitarbeitersicht unerläßlich.

Zur **Qualitätslenkung** sind **intern** personalpolitische Maßnahmen, wie Mitarbeiterschulungen, Qualitätsseminare, ein betriebliches Vorschlagswesen, die Einrichtung von Qualitätszirkeln sowie weitere Maßnahmen zur Erreichung der definierten Qualitätsziele (z.B. regelmäßige Wartung der Sanitäranlagen im Hotel) von Bedeutung. **Extern** kann die Erwartung in bezug auf ein bestimmtes Qualitätsniveau durch geeignete Maßnahmen der Kommunikation gesteuert werden.

---

[307] Zum Stellenwert in der Unternehmenspolitik siehe auch Dreyer, A. (1996b), S. 155ff.
[308] Vgl. Meffert, H.; Bruhn, M. (1995), S. 452
[309] Vgl. Kaspar, C. (1995), S. 79.
[310] Siehe Kap. 5.

Weiterhin muß eine laufende Überprüfung erfolgen, ob die anvisierten Ziele erreicht werden (**Qualitätsprüfung**). Ebenso wie für die Qualitätsplanung sind hier regelmäßige Messungen der Kundenzufriedenheit und Dienstleistungsqualität wichtig. Darüber hinaus sind Informationen aus der Beschwerdeanalyse oder auch Befragungen zur Beschwerdezufriedenheit erhellend. Intern stellen Fehler- und Abweichungsanalysen sowie Mitarbeiterbeurteilungen Möglichkeiten der Qualitätsprüfung dar.

Für die **Darlegung des Qualitätsmanagement** sind Dokumentationen von Zielen und Verantwortungsbereichen sowie Qualitätsreports zu erstellen und Qualitätsaudits durchzuführen. Eine Zertifizierung ist denkbar.[311]

Gegenüber einem systematischen Qualitätsmanagement geht das Konzept des **Total Quality Management (TQM)** noch einen Schritt weiter, denn es nimmt in der Unternehmenspolitik eine dominierende Stellung ein. Der Ansatz des TQM ist ausgesprochen breit und umfaßt folgende Aspekte:

- **Unternehmensgrundsätze**: Die strategische Bedeutung des TQM für das Unternehmen muß explizit formuliert werden.
- **Kundenorientierung**: Qualität wird - ganz im Sinne des vorliegenden Buches - aus Sicht des Kundennutzen betrachtet.
- **Interne Kunden-Lieferanten-Beziehungen**: Auch firmenintern wird das Verhältnis von Mitarbeitern oder Abteilungen zueinander als Verkaufssituation verstanden. Das heißt z.B., die Hotelküche ist Kunde des Hoteleinkaufs und Lieferant für den Tischservice. Oder: Die Produktplanung ist Abnehmer der Leistungen der Beschwerdeabteilung.
- **Denken in Prozessen**: In jeder Phase der Leistungserstellung ist eine bestimmte Qualitätsanforderung zu erfüllen, die sich auf die weiteren Phasen auswirkt. Hat z.B. der Restauranteinkauf nicht die gewünschte Ware bereitgestellt, kann die Küche nicht die gewünschte Essensqualität produzieren. Die Prozesse sind, ausgerichtet am Kundennutzen, optimal aufeinander abzustimmen.
   Beispiel: Durch Prozeßverbesserungen kann ein Zimmer bei *Ritz-Carlton* heute innerhalb von 8 Minuten für den neuen Gast vorbereitet werden.[312]
- **Ständige Verbesserung**: Da gerade auf dem Dienstleistungssektor das Erreichen eines permanenten Null-Fehler-Ergebnisses so gut wie unmöglich ist, gilt es, das Denken und Handeln der Mitarbeiter auf ein andauerndes Bemühen zur Verbesserung von Leistungen auszurichten.

---

[311] Vgl. Meffert, H.; Bruhn, M. (1995), S. 238ff.
[312] Vgl. Beckett, N.P. (1996), S. 185.

Beispiel: Gemäß dem Grundsatz Nr. 7 ist es die Aufgabe jedes Mitarbeiters bei *Ritz-Carlton*, kontinuierlich Fehler im gesamten Hotel aufzudecken.[313]

- **Teamarbeit**: Es sollen viele Tätigkeiten nicht von Einzelpersonen, sondern wenn möglich von mehreren Personen verrichtet werden und es sollen (bei entsprechender Unternehmensgröße) abteilungs- und funktionübergreifende Teilgruppen zur Qualitätsverbesserung eingerichtet werden.
- **Führungsverhalten**: TQM erfordert einen mitarbeiterorientierten Führungsstil, bei dem die Delegation von Verantwortung im Vordergrund steht.[314]

Im Zusammenhang mit dem Total Quality Management wird häufig die **Zertifizierung** von Unternehmen nach DIN ISO 9000ff. erwähnt, bei der die Bewertung eines Qualitätsmanagementsystems, das die Bausteine Qualitätsorganisation, Qualitätsmanagementhandbuch, Prozeßbeschreibungen, Verfahrensanweisungen und Audits beinhaltet, vorgenommen wird.[315]

Für den Gegenstand diese Buches ist aus dem Total Quality Management außer der (hinlänglich diskutierten) Kundenorientierung die dem Konzept innewohnende **Mitarbeiterorientierung** von Belang, da gerade das Personal im direkten Dienstleistungskontakt ein wesentlicher zufriedenheitsbestimmender Faktor ist.[316] Bei der Auswahl des Kundenkontaktpersonals sind Anforderungen zu stellen, die in der umseitigen Abbildung 9-1 beschrieben werden.

Als zentraler Qualitätsaspekt der Mitarbeiterorientierung wird die Delegation von Verantwortung an das Kundenkontaktpersonal angesehen. Wesentlicher Bestandteil ist das **Empowerment** („Ermächtigung"), worunter eine Verlagerung von Entscheidungsrechten auf Mitarbeiter unterer Hierarchiestufen zu verstehen ist. Ein besonderes Anliegen besteht darin, den Kunden ohne langwierige Entscheidungsprozesse im Unternehmen möglichst schnell zufriedenzustellen, so daß dem Empowerment gerade im Beschwerdemanagement besondere Relevanz zukommt.[317] Positive Effekte sind aber nicht nur für die Kunden erkennbar, sondern auch die Mitarbeiterzufriedenheit kann erhöht werden, wie das Beispiel der Zielgebiets-Kompensation[318] zeigt.

---

[313] Vgl. Beckett, N.P. (1996), S. 181.
[314] Vgl. Pompl (1996), S. 96ff.
[315] Vgl. Pompl (1996), S. 99ff.
[316] Westerbarkey, P. (1996), S. 138ff hat sich ausführlich mit Anreizsystemen zur Verbesserung der Dienstleistungsqualität beschäftigt.
[317] Vgl. Brymer, R.A. (1991), S. 59ff und Beckett, N.P. (1996), S. 180ff.
[318] Siehe TUI-Beispiel auf S. 154.

Abbildung 9-1:
Anforderungen an das Kundenkontaktpersonal

Kommunikation:	Fähigkeit, sich in den Interaktionen mit dem Kunden verbal und schriftlich klar auszudrücken.
Einfühlungsvermögen:	Fähigkeit, die Gefühle und den Standpunkt des Kunden anzuerkennen und darauf einzugehen.
Entscheidungsfähigkeit:	Bereitschaft, Entscheidungen zu treffen und etwas zu unternehmen, um Kundenwünsche zu erfüllen.
Energie:	Hoher Grad an Wachheit und Aufmerksamkeit im gesamten Interaktionsprozeß.
Flexibilität:	Fähigkeit, den eigenen Service-Stil entsprechend der jeweiligen Situation oder der Persönlichkeit des Kunden zu variieren.
Verläßlichkeit:	Zeitgerechte und adäquate Leistung entsprechend der gemachten Zusagen.
Äußerer Eindruck:	Saubere und ordentliche Erscheinung, positiver Eindruck auf den Kunden.
Initiative:	Eigene Aktivitäten, um Kundenerwartungen immer wieder zu erfüllen oder überzuerfüllen.
Integrität:	Einhaltung hoher sozialer und ethischer Standards im Umgang mit den Kunden.
Fachkenntnis:	Vertiefte Kenntnisse bezüglich des Angebots und der kundenbezogenen Leistungsprozesse.
Urteilsvermögen:	Fähigkeit, verfügbare Informationen richtig zu beurteilen und zur Entwicklung von Problemlösungen zu nutzen.
Motivation, dem Kunden zu dienen:	Eigenschaft, Gefühl der Arbeitszufriedenheit aus dem Umgang mit dem Kunden, der Erfüllung seiner Bedürfnisse und der Behandlung seiner Probleme gewinnen zu können.
Überzeugungsfähigkeit/ Verkaufstalent:	Fähigkeit, mit seinen Ideen und Problemlösungen beim Kunden Akzeptanz zu finden und ihn vom Angebot des Unternehmens zu überzeugen.
Planungsvermögen:	Fähigkeit, die kundenbezogene Arbeit zeitlich und sachlich richtig vorzubereiten.
Belastungsfähigkeit:	Fähigkeit, unerwartete Kundenprobleme, unvorhersehbaren Arbeitsanfall oder Arbeitsdruck während des Kundenkontaktes auszuhalten.
Situationsanalyse:	Sammlung und logische Analyse von wichtigen Informationen über die Situation des Kunden.
Hohes Anspruchsniveau:	Hohe Ziele im Kundendienst und ständige Bemühung, diese Ziele zu erreichen.

Quelle: Becker, W.S.; Wellins, R.S. (1990), S. 49, zit. Bei Stauss, B. (1995b), S. 267.

Beispiele für Maßnahmen, die Mitarbeiter an der Rezeption des *Hilton Hotel* in Disneyworld (durchschnittlicher Zimmerpreis ca. US $ 200) ergreifen dürfen:
- Upgrading für den nächsten Besuch oder Reduzierung des Rechnungsbetrages bis US $ 100, wenn der Gast während des Check out angibt, daß es in seinem Zimmer Probleme gegeben habe (z.B. kein heißes Wasser, schlechter Fernsehempfang).
- Reduzierung des Rechnungsbetrages um US $ 50, wenn das Gepäck verspätet gebracht wurde.
- Entsprechende Rechnungsanpassung, wenn der Gast seine Telefonkosten anzweifelt.
- Weiterleitung des Problems an den Manager, wenn der Gast sich über unverschämtes oder unsensibles Mitarbeiterverhalten beschwert.[319]

Die Delegation von Aufgaben ist nicht nur für Mitarbeiter, die durch das Empowerment motiviert werden können, von Nutzen, sondern auch für Führungskräfte. *Poppeck* zeigt an einer Fallstudie, daß die Verkaufsleiterin eines *Steigenberger*-Hauses ganz konkrete Möglichkeiten besaß, die eigene Arbeit über ein strukturiertes **Zeitmanagement** effizienter zu gestalten. Dabei zählt **neben der Delegation** auch

- das Führen eines Zeittagebuchs,
- das bessere Ausnutzen von Reisezeiten,
- die Vermeidung unangebrachter Zusatzarbeit,
- ein zu erlernendes Krisenmanagement sowie
- das Handling von „Störungen" durch Telefonate, Besprechungen und Besuche

zu den erfolgversprechenden Maßnahmen. Allerdings stehen gerade die „Störungen" häufig im Konflikt zu einer uneingeschränkten Kundenorientierung.[320]

---

[319] Vgl. Brymer, R.A. (1991), S. 60.
[320] Vgl. Poppeck, I., S. 66ff.

10. Von der Kundenzufriedenheit zur Kundenbindung

Alles in allem können die skizzierten Maßnahmen zur Kundenzufriedenheit nur ein Etappenziel auf dem Weg zum „Gesamtsieg" sein, der erst mit der erfolgreichen Kundenbindung errungen wird. Dementsprechend wird das Thema Kundenbindung mit dem **Nachkaufmarketing** (After Sales Marketing) in Verbindung gebracht. Zu den **Voraussetzung für die Kundenbindung** zählt neben der **Kundenzufriedenheit** eine geschickte **Produktentwicklung**, bei der die Produkte mit den Veränderungen in der Bedürfnisstruktur der vorhandenen Kunden „mitwachsen" und eine **stärkere Zielgruppen- bzw. Themenorientierung**, durch die ein konkreteres Eingehen auf die Kundeninteressen deutlich wird.

GOLF UNLIMITED
5 Übernachtungen mit reichhaltigem Frühstücksbuffet, 4 Greenfees auf vier verschiedenen 18-Loch-Plätzen und einem Cart auf dem Golfplatz Lederbach sowie der freien Benutzung der Thermalbadelandschaft mit Fitnessbereich.
Pro Person im Doppelzimmer DM 890.

GOLFSWINGWOCHE
7 Übernachtungen, 5 Tage Golfunterricht inkl. Bälle auf der Anlage Brunnwies, 5 x Greenfee auf 18-Loch-Anlagen, 5 x Essen mit dem Pro (angehender Golflehrer im 3. Lehrjahr), Handschuh, Video II, persönliches Kursbuch, Schlägerfitting, Schwunganalyse. Mind. 4 - max. 6 - Personen, Unterricht von 9 bis 12 Uhr. 12 Uhr Essen mit Golflehrer in Brunnwies.
Pro Person im Doppelzimmer DM 2047.
Die Golfswingwoche wird auch für Einsteiger angeboten.

Abbildung 10.-1:
Packages eines Golfhotels für unterschiedliche Golferinteressen

TURNIERWOCHEN DER HARTL RESORT HOTELS
27.5. bis 1.6.96, 24. bis 29.6.96, 29.7. bis 3.8.96, 26 bis 31.8.96 und 23. bis 28.9.96. 5 Übernachtungen inkl. Halbpension, eine Proberunde, 4 Turniere auf 4 verschiedenen Plätzen, Startgebühr, 9-Loch-Verpflegung, jeden Abend ein Fest mit Siegerehrung.
Pro Person im Doppelzimmer DM 1190.

Beispiel:
Bad Griesbach hat sich als Golfer-Destination in Deutschland etabliert. Das *Golfhotel Maximilian* ist auf diese Zielgruppe zugeschnitten und bietet verschiedene, in ihrer konkreten Gestaltung differenzierte Golf-Packages für unterschiedliche Golferinteressen im Direktvertrieb an.

GOLFHOTEL
MAXIMILIAN
BAD GRIESBACH
Kurallee 1, 94086 Bad Griesbach,
Telefon 08532-795 0, Fax 795 150.

Quelle: Ausschnitt einer doppelseitigen Anzeige im Golf Club-Magazin Nr. 5 (1996)

Ein Haus der HRH
Hartl Resort Hotels Bad Griesbach.

Als **Instrumente der Kundenbindung** bzw. des Nachkaufmarketing werden genannt:

- Mailings
- Telefonische Nachfaßaktionen
- Servicetelefone
- Newsletter
- Kundenzeitschriften
- Kundenkarten
- Kundenclubs
- Eventmarketing
- Cross-Marketing

Einige dieser Instrumente wurden schon bei den Ausführungen zur Kundenintegration (S. 54-58) näher erläutert. Denn gerade der integrative Charakter von Instrumenten wie den Servicetelefonen, deren Einrichtung den Direktvertrieb und die Beschwerdeäußerung erleichtert, oder dem Eventmarketing, das ein persönliches Aufeinandertreffen von Firmenmitarbeitern und Kunden ermöglicht, ist es, der sie so interessant für Kundenbindungsmaßnahmen macht. Je besser die Möglichkeiten zur Interaktion, und hier vor allem zur **persönlichen** Interaktion, mit dem Kunden sind, desto stärker steigen die Chance für eine dauerhafte Kundenbindung.

Als immer wichtiger für die Kundenbindung erweist sich im Kontext der Produktentwicklung das bisher noch nicht erläuterte **Cross-Marketing**, bei dem

- im **eigenen** Unternehmen bestehende Kundenbeziehungen **bei anderen Produktgruppen** oder
- bei **anderen** Unternehmen bestehende Kundenbeziehungen mit **Zielgruppen, die den eigenen ähneln**,

ausgenutzt werden. [321]

Beispiel:
Vorstehende Effekte führten zur Markenpartnerschaft (Co-Branding) der *Robinson Club*-Hotelgruppe (100%iges Tochterunternehmen der *TUI*) mit der Zeitschrift *Fit for Fun*. Gemeinsam hat man Reiseprodukte (Veranstalter: *TUI*) auf den Markt gebracht, die den *Robinson Clubs* eine **Image-Aktualisierung** bei ihren bisherigen Kunden und darüber hinaus **neue Kunden aus der Leserschaft der Zeitschrift** bringen sollen, während bei *Fit for Fun* neben dem **Merchandising**-Effekt die **Leser-Blatt-Bindung** (wie Kundenbindung bei Zeitschriften genannt wird) im Vordergrund steht. Die Zusammenhänge sind in Abbildung 10.-2 umseitig verdeutlicht.

---

[321] Literatur zur Kundenbindung u.a.: Gottschling, S.; Rechenauer, H.O. (1994), Jeschke, K. (1995), Butscher, S. (1995) und Töpfer, A.; Wieder, M. (1996).

Abbildung 10.-2:
Cross-Marketing: Kooperation für einen Markenartikel

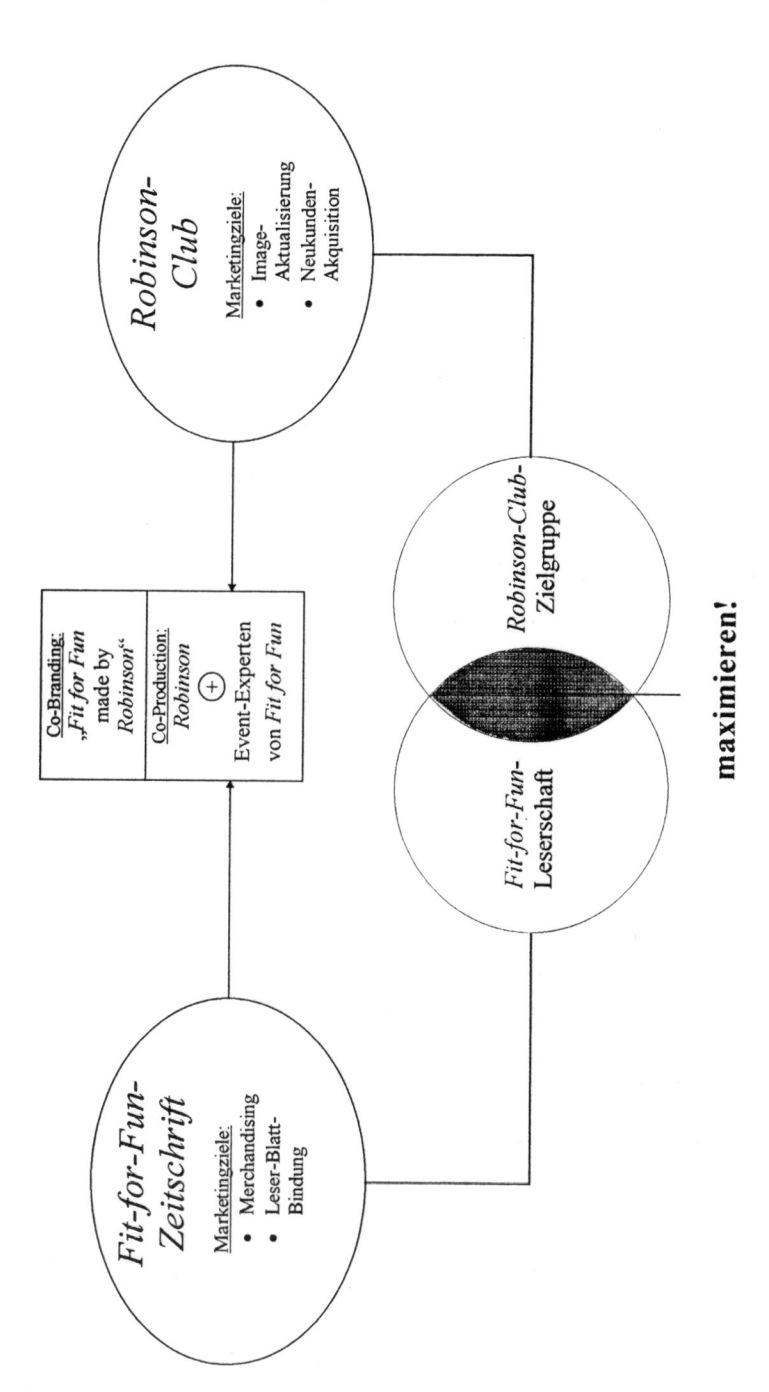

Robinson-Club

Marketingziele:
- Image-Aktualisierung
- Neukunden-Akquisition

Co-Branding: „Fit for Fun made by Robinson"
⊕
Co-Production: Robinson Event-Experten von *Fit for Fun*

Robinson-Club-Zielgruppe

Fit-for-Fun-Leserschaft

maximieren!

Fit-for-Fun-Zeitschrift

Marketingziele:
- Merchandising
- Leser-Blatt-Bindung

Literaturverzeichnis

Barth, K.; Benden, S.; Theis, H.J. (1994): Hotel Marketing: Strategien, Marketing-Mix, Planung, Kontrolle, Wiesbaden.

Bänsch, A. (1991): Einführung in die Marketing-Lehre, 3.Auflage, München.

Bailom et al. (1993): Das Kano-Modell der Kundenzufriedenheit, in: Marketing ZfP, Heft 2.

Becker, W.S.; Wellins, R.S. (1990): Customer-service perceptions and reality, in: Training & Development Jornal, Vol. 44, No. 3, S. 49-51.

Beckett, N.P. (1996): Qualitätsbewußtsein und Kundenorientierung der Mitarbeiter als Schlüssel zum Erfolg: Qualitätsmanagement bei der Ritz-Carlton Hotel Company, in: Töpfer, A. (Hrsg.), Kundenzufrieden heit messen und steigern, Neuwied, Kriftel/Ts., Berlin, S.175-192.

Belau, K. (1996): Ente und Elch bitten zur Club-Party, in: werben & verkaufen, Heft 18/1996, S. 190-199.

Belz, C. (1993): Vom De- zum Konstruktiven: Strategisches Kunden - Marketing, in: Disch, W.K.A.; Wilkes, M.W. (Hrsg.), Alternatives Marketing: Ideen, Erkenntnisse, preisgekrönte Beispiele, Landsberg/Lech, S.73-107.

Benkenstein, M. (1993): Dienstleistungsqualität: Ansätze zur Messung und Implikationen für die Steuerung, in: Zeitschrift für Betriebswirtschaft, Heft 11, 63.Jg., Wiesbaden, S.1095-1110.

Benz, J. (1991): Kundenzufriedenheit im Dienstleistungsbereich - multivariable Verfahren schaffen Klarheit, in: Marktforschung & Management, Heft 2, 35. Jg., Stuttgart, S.77-82.

Berekoven, L.; Eckert, W.; Ellenrieder, P. (1993): Marktforschung, 6. Aufl., Wiesbaden.

Berry, L.; Parasuraman, A. (1992): Service-Marketing, Frankfurt/M.

Bitner, M.J. (1990): Evaluating Service Encounters: The Effects of Physical Surroundings and Employee Responses, in: Journal of Marketing, 4/1990, Vol. 54, S.69-82.

Bitner, M.J.; Nyquist, J.D.; Booms, B.H. (1985): The Critical Incident Technique for Analyzing the Service Encounter, in: Bloch, T.M.; Upah, G.D.; Zeithaml, V.A. (Hrsg.), Services Marketing in a Changing Environment, Chicago, S.48-51.

Bitner, M.J.; Booms, B.H.; Tetreault, M.S. (1990): The Service Encounter: Diagnosing Favorable and Unfavorable Incidents, in: Journal of Marketing, 1/1990, S.71-84.

Böhler, H. (1985): Marktforschung, Stuttgart.

Bolton, R.N.; Drew, J.H. (1991): A Longitudinal Analysis of the Impact of Service Changes on Customer Attitudes, in: Journal of Marketing, 1/1991, Vol. 54, S.1-9.

Born, K. (1997): Kundenorientierung im Tourismus. Vortragsmanuskript, FH Harz, Wernigerode.

Boulding, W.; Kalra, A.; Staelin, R.; Zeithaml, V. (1993): A Dynamic Process Model of Service Quality: From Expectations to Behavioral Intentions, in: Journal of Marketing, 2/1993, Vol. 15, S.7-27.

Bruhn, M. (1985): Marketing und Konsumentenzufriedenheit, in: Das Wirtschaftsstudium, Heft 6, 14. Jg., S.298-307.

Bruhn, M. (1995): Qualitätssicherung im Dienstleistungsmarketing - eine Einführung in die theoretischen und praktischen Probleme, in: Bruhn, M.; Stauss, B. (Hrsg.), Dienstleistungsqualität: Konzepte-Methoden-Erfahrungen, 2. überarb. und erw. Aufl., Wiesbaden, S.19-46.

Bruhn, M.; Henning, K. (1993): Selektion und Strukturierung von Qualitätsmerkmalen - auf dem Weg zu einem umfassenden Qualitätsmanagement für Kreditinstitute, Teil 1, in: Jahrbuch der Absatz- und Verbraucherforschung, Heft 3, 39. Jg., S.214-238.

Brymer, R.A. (1991): Employee Empowerment: A Guest-Driven Leadership Strategy: in The Cornell 6 Restaurant Administration Quarterly, 32. Jg., Nr. 1, S. 58-68.

Butscher, S. (1995): Kundenclubs als modernes Marketinginstrument, Ettlingen.

Cina, C. (1990): Five Steps to Service Exellence, in: Journal of Services Marketing, Spring 1990, S.39-47.

Collier, D.A. (1989): Process Moments of Trust: Analysis and Strategy, in Service Industries Journal, 4/1989, S.205-222.

Corsten, H. (1997): Dienstleistungsmanagement, 3. Aufl., München.

Corsten, H. (1995): Externalisierung und Internalisierung als strategische Optionen von Dienstleistungsunternehmungen, in: Bruhn, M.; Stauss, B. (Hrsg.), Dienstleistungsqualität: Konzepte-Methoden-Erfahrungen, 2. überarb. und erw. Aufl., Wiesbaden, S.189-206.

Cottle, D.W. (1990): Client-Centered Service. How to Keep Them Coming Back for More, New York.

Cronin, J.J.Jr.; Taylor, S.A. (1992): Measuring Service Quality: A Reexamination and Extension, in: Journal of Marketing, 6/1992, Vol. 56, S.55-68.

Day, R.L. (1977): Extending the Concept of Consumer Satisfaction, in: Hunt, H.K. (Hrsg.), Advances in Consumer Research, IV, Association for Consumer Research, Atlanta, S.149-154.

DEHOGA (1994): Jahresbericht 1993/94, Bonn.

Deutsche Marketing-Vereinigung e.V.; Deutsche Bundespost Postdienst (Hrsg.) (1993): Das Deutsche Kundenbarometer-Qualität und Zufriedenheit. Eine Studie zur Kundenzufriedenheit in der Bundesrepublik Deutschland, Düsseldorf.

Dichtl, E.; Schneider, W. (1994): Kundenzufriedenheit im Zeitalter des Beziehungsmanagements, in: Belz, C.; Schögel, M.; Kramer, M. (Hrsg.), Lean Management und Lean Marketing, St. Gallen, S.6-19.

Dreyer, A. (1997a): Qualität durch Kundenintegration, in: Pompl; Lieb (Hrsg.), Qualitätsmanagement im Tourismus, München, S. 102-130.

Dreyer, A. (1997b): Vermarktung von Destinationen mit Events, in: Bieger, T. (Hrsg.), Management von Destinationen und Tourismusorganisationen, 3. Aufl., München, S.247-264.

Dreyer, A. (1996a): Servicequalität von Tourismus-Informationsstellen: eine Grundlagenuntersuchung am Beispiel der Region Harz, Braunschweig.

Dreyer, A. (1996b): Marketing-Management im Tourismus, in: Dreyer (Hrsg.), Kulturtourismus, München, S. 153-210.

Dreyer, A. (Hrsg.) (1996c): Kulturtourismus, München.

Dreyer, A. (1995): Die Marketinginstrumente im Sporttourismus, in: Dreyer/ Krüger (Hrsg.), Sporttourismus, München, S. 83-104.

Fidlschuster, K. (1997): Qualitätsmanagement in der Hotellerie, in: Pompl, Lieb (Hrsg.), Qualitätsmanagement im Tourismus, München, S. 260-267.

Flanagan, J.C. (1954): The Critical Incident Technique, in: Psychological Bulletin, 51/1954, S.327-358.

Föhrenbach, J.T. (1995): Kundenzufriedenheit und Kundenbindung als Bestandteil der Unternehmenskommunikation, in: Meyer, P.W.; Meyer, A.(Hrsg.), Arbeitspapiere zur Schriftenreihe Schwerpunkt Marketing, Band 61, München.

Fornell, C. (1982): Verbraucherabteilungen in Unternehmen - Ein kommunikationsorientierter Ansatz, in: Hansen, U.; Stauss, B.; Riemer, M., Marketing und Verbraucherpolitik, Stuttgart, S.473-487.

Fornell, C.; Wernerfelt, B. (1987): Defensive Marketing Strategy by Customer Complaint Management: A Theoretical Analysis, in: Journal of Marketing Research, 11/1987, Vol. 24, S.337-346.

Freyer, W. (1997a): Tourismus-Marketing, München.

Freyer, W. (1997b): Qualität durch Markenbildung, in: Pompl; Lieb (Hrsg.), Qualitätsmanagement im Tourismus, München, S. 155-183.

Freyer, W. (1996): Event-Management im Tourismus, in: Dreyer (Hrsg.), Kulturtourismus, München, S. 211-242.

Garvin, D.A. (1984): What Does „Product Quality" really mean?, in: Sloan Management Review, Vol. 25, S.25-43.

Gierl, H.; Sipple, H. (1993): Zufriedenheit mit dem Kundendienst, in: Jahrbuch der Absatz- und Verbrauchsforschung, Heft 3, 39. Jg, Nürnberg, S.239-260.

Gottschling, S.; Rechenauer, H.O. (1994): Direktmarketing, Kunden finden - Kunden binden, München.

Grönroos, C. (1984): A Service Quality Model and its Marketing Implications, in: European Journal of Marketing, 4/1984, S.36-44.

Grundmann, H.R. (1997): Durch den Westen der USA, 7. Aufl., Ganderkesee Steinkimmen.

Grundmann, H.R.; Berghahn, E.; Thomas, P. (1997): Canada der Osten, USA Nordosten, Ganderkesee Steinkimmen.

Günter, B. (1997): Beschwerdemanagement, in: Simon, H.; Homburg, C. (Hrsg.), Kundenzufriedenheit: Konzepte-Methoden-Erfahrungen, 2. akt. u. erw. Aufl., Wiesbaden, S.279-295.

Günter, B.; Huber, O. (1996): Beschwerdemanagement als Instrument der Customer Integration, in: Kleinaltenkamp, M.; Fließ, S.; Jacob, F. (Hrsg.): Customer Integration, Wiesbaden 1996, S. 245-258.

Haller, S. (1993): Methoden zur Beurteilung von Dienstleistungsqualität, in: Zeitschrift für betriebswirtschaftliche Forschung, 1/1993, 45. Jg., Düsseldorf, Frankfurt/Main, S.19-37.

Hahn, H.; Kagelmann, J. (Hrsg.) (1993): Tourismuspsychologie und Tourismussoziologie, München.

Hansen, G. (1985): Methodenlehre der Statistik, 3. erw. Aufl., München.

Hansen, U. (1990): Absatz- und Beschaffungsmarketing des Einzelhandels, 2. neubearb. u. erw. Aufl., Göttingen.

Hansen, U.; Jeschke, K. (1995): Beschwerdemanagement für Dienstleistungsunternehmen: Beispiel des Kfz-Handels, in: Bruhn, M.; Stauss, B. (Hrsg.), Dienstleistungsqualität. Konzepte-Methoden-Erfahrungen, 2. überarb. und erw. Aufl., Wiesbaden, S.525-550.

Hanser, P. (1997): Zwischenbilanz, in: absatzwirtschaft, Zeitschrift für Marketing, Heft 7/1997, S. 48-52.

Hebestreit, D. (1992): Touristik Marketing, Berlin.

Hentschel, B. (1990): Die Messung wahrgenommener Dienstleistungsqualität mit SERVQUAL: Eine kritische Auseinandersetzung, in: Marketing ZFP, Heft 4, 12. Jg, S.230-240.

Hentschel, B. (1995): Multiattributive Messung der Dienstleistungsqualität, in: Bruhn, M.; Stauss, B. (Hrsg.), Dienstleistungsqualität: Konzepte-Methoden-Erfahrungen, 2. überarb. und erw. Aufl., Wiesbaden, S.347-378.

Homburg, C.; Rudolph, B. (1997): Theoretische Perspektiven zur Kundenzufriedenheit, in: Simon, H.; Homburg, C. (Hrsg.), Kundenzufriedenheit: Konzepte-Methoden-Erfahrungen, 2. akt. u. erw. Aufl., Wiesbaden, S. 31-51.

Homburg, C.; Rudolph, B. (1995): Wie zufrieden sind ihre Kunden tatsächlich?, in: Harvard Business manager, Heft 1 (I. Quartal), 17. Jg., Hamburg, S.43-52.

Homburg, C.; Werner, H. (1996): Ein Meßsystem für Kundenzufriedenheit, in: absatzwirtschaft, Heft 11, 39. Jg, Düsseldorf, S.92-100.

Horrmann, H. (1997): Ritz-Carlton: Nummer 1 der Branche, in: Die Welt, Nr. 38, Berlin, S.R3.

Horovitz, J. (1992): Service entscheidet, 4. Aufl., Frankfurt/M.

Horovitz, J.; Panak, M.J. (1993): Marktführer durch Service: Lehren aus 50 hervorragenden europäischen Unternehmen, Frankfurt/Main, New York.

Jamin, K.; Schaetzing, E.E.; Spitschka, H. (1979): Organisation und Datenverarbeitung in der Hotellerie und Gastronomie, München.

Jeschke, K. (1995): Nachkaufmarketing, Frankfurt/Main.

Jung, H. (1997): Grundlagen zur Messung von Kundenzufriedenheit, in: Simon, H.; Homburg, C. (Hrsg.), Kundenzufriedenheit: Konzepte-Methoden-Erfahrungen, 2. akt. u. erw. Aufl., Wiesbaden, S. 141-161.

Kaspar, C. (1991): Die Tourismuslehre im Grundriß, 4. Aufl., Bern.

Kaspar, C. (1995): Management im Tourismus, 2. vollst. überarb. u. erg. Aufl., Bern.

Keaveney, S. (1995): Customer switching behavior in service industries, in: Journal of Marketing, Heft 2, Vol. 59, Chicago, S.71-82.

Kinnebrock, W. (1993): Integriertes Eventmarketing, Wiesbaden.

Kirstges, T. (1994): Management von Tourismusunternehmen, München.

Kleinaltenkamp, M.; Fließ, S.; Jacob, F. (Hrsg.) (1996): Customer Integration, Wiesbaden.

Knoblich, H; Schubert, B. (1993): Marketing mit Duftstoffen, München.

Koch, M. (1996): Der Kundenbesuch beginnt auf dem Parkplatz, in: fvw international, Heft 23/1996, 30.Jg., Hamburg, S.41.

Kotler, P. (1995): Marketing Management, 8. Aufl., Stuttgart.

Lehmann, A. (1993): Dienstleistungsmanagement, Strategien und Ansatzpunkte zur Schaffung von Servicequalität, Stuttgart.

Lewis, B.R.; Owtram, M. (1986): Customer satisfaction with Package Holidays, in: Moores, B. (Hrsg.), Are They Being Served?, Oxford, S.201-213.

Liljander, V.; Strandvik, T. (1992): The Relation between Service Quality, Satisfaction and Intentions, Helsingfors.

Lingen, von T. (1994): Zufriedenheitsmanagement, in: planung und analyse, 1/1994, 21. Jg., S.5-14.

Lingenfelder, M.; Schneider, W. (1991a): Die Kundenzufriedenheit - Bedeutung, Meßkonzepte und empirische Befunde, in: Marketing-Zeitschrift für Forschung und Praxis, Heft 2, 13. Jg., S.109-119.

Lingenfelder, M.; Schneider, W. (1991b): Die Zufriedenheit von Kunden - Ein Marketingziel? , in: Marktforschung & Management, Heft 1, 35. Jg., Stuttgart, S.29-34.

Meffert, H.; Bruhn, M. (1995): Dienstleistungsmarketing: Grundlagen-Konzepte-Methoden, Wiesbaden.
(Zum Redaktionsschluß kam eine zweite, in Teilen erweiterte Auflage auf den Markt. Die Zitatstellen beziehen sich jedoch noch auf die erste Auflage.)

Meffert, H.; Bruhn, M. (1981): Beschwerdeverhalten und Zufriedenheit von Konsumenten, in: Die Betriebswirtschaft, Heft 4, 41. Jg., S.597-613.

Meyer, A.; Dornach, F. (1992): Feedback für strategische Vorteile: Was leistet das „Deutsche Kundenbarometer", in: absatzwirtschaft, Sonderheft Oktober, 35. Jg., Düsseldorf, S.120-134.

Meyer, A.; Mattmüller, R. (1987): Qualität von Dienstleistungen - Entwurf eines praxisorientierten Qualitätsmodells, in: Marketing ZFP, Heft 3, 9. Jg., S. 187-195.

Meyer, A.; Westerbarkey, P. (1997): Zufriedenheit von Hotelgästen - Entwurf eines selbstregulierenden Systems, in: Simon, H.; Homburg, C. (Hrsg.), Kundenzufriedenheit: Konzepte-Methoden-Erfahrungen, 2. akt. u. erw. Aufl., Wiesbaden, S.419-434.

Meyer, A.; Westerbarkey, P. (1995a): Bedeutung der Kundenbeteiligung für die Qualitätspolitik von Dienstleistungsunternehmen, in: Bruhn, M.; Stauss, B. (Hrsg.), Dienstleistungsqualität: Konzepte-Methoden-Erfahrungen, 2. überarb. und erw. Aufl., Wiesbaden, S.81-103.

Meyer, A.; Westerbarkey, P. (1995b): Hotel guest satisfaction: measurement and implications, in: Meyer, W.; Meyer, A. (Hrsg.), Schriftenreihe SCHWERPUNKT MARKETING, Band 60, München.

Momberger, W. (1995): Qualitätssicherung als Teil des Dienstleistungsmarketing - das Steigenberger Qualitäts- und Beschwerdemanagement, in: Bruhn, M.; Stauss, B. (Hrsg.), Dienstleistungsqualität: Konzepte-Methoden-Erfahrungen, 2. überarb. und erw. Aufl., Wiesbaden, S.551-562.

Morris, S. (1985): The Relationship Between Company Complaint Handling And Consumer Behavior, Massachusetts.

Müller, W.; Riesenbeck, H.-J. (1991): Wie aus zufriedenen Kunden auch anhängliche Kunden werden, in: Harvard Manager, Heft 3, 13. Jg., S.67-79.

Nieschlag, R.; Dichtl, E.; Hörschgen, H. (1994): Marketing, 17.Aufl., Berlin.

Oliver, R.L. (1980): A Cognitive Model of the Antecedents and Consequences of Satisfaction Decisions, in: Journal of Marketing Research, 11/1980, 17. Vol., S.460-469.

Opaschowski, H.W. (1997): Deutschland 2010, Hamburg.

Opaschowski, H.W. (1995): Freizeitökonomie: Marketing von Erlebniswelten, 2. durchges. Aufl., Opladen.

O.V. (1997): Hotellerie, in Die Welt, Nr. 38, Berlin, S.R1.

O.V. (Ibis) (1997): Ibis Hotels geben 15-Minuten-Versprechen, in: TW Tagungs-Wirtschaft, Juni-Ausgabe 1997, S. 76.

O.V. (1996): Kundenzufriedenheit II, in: absatzwirtschaft, Heft 12/1996, S. 20.

Parasuraman, A.; Zeithaml, V.A.; Berry, L.L. (1988): SERVQUAL: A Multiple-Item Scale for measuring Consumer Perceptions of Service Quality, in: Journal of Retailing, No. 1, Vol. 64, S.12-40.

Parasuraman, A.; Zeithaml, V.A.; Berry, L.L. (1985): A Conceptual Model of Service Quality and its Implications for Future Research, in: Journal of Marketing, Vol. 49, S.41-50.

Pepels, W. (1995): Einführung in das Dienstleistungsmarketing, München.

Pompl, W. (1997): Beschwerdemanagement, in: Pompl; Lieb (Hrsg.), Qualitätsmanagement im Tourismus, München, S. 184-206.

Pompl, W. (1996): Touristikmanagement 2, Berlin.

Pompl, W., Lieb, M.G. (Hrsg.) (1997): Qualitsmanagement im Tourismus, München.

Poppeck, I. (1997): Zeitmanagement für Hotel-Führungskräfte, Braunschweig.

Rapp, R. (1995): Kundenzufriedenheit durch Servicequalität: Konzeption-Messung-Umsetzung, Wiesbaden.

Reichheld, F.F.; Sasser, W.E. (1991): Zero-Migration: Dienstleister im Sog der Qualitätsrevolution, in: Harvard Manager, Heft 4, 13. Jg., S.108-116.

Ritz-Carlton Hotel Company (1994): The Ritz-Carlton Hotel Company - Preisträger 1992 der höchsten amerikanischen Qualitätsauszeichnung, des Malcom Baldridge Quality Award: Zusammenfassung der Bewerbungsunterlagen, in: Stauss, B. (1994): Qualitätsmanagement und Zertifizierung, Wiesbaden, S. 365-395.

Sauerzapfe, H.J. (1997): Qualitätsmanagement im „Gothischen Haus", Vortrag an der Fachhochschule Harz, Wernigerode.

Schaetzing, E.E. (1990): Qualitätsorientierte Marketingpraxis in Hotellerie und Gastronomie, 2.Aufl., Stuttgart.

Schaetzing, E.E. (1991): Checklisten für das Hotel- und Restaurant-Management, 3. überarb. Aufl., Landsberg/Lech.

Scharitzer, D. (1997): Methoden der Qualitätsmessung, in : Pompl, W., Lieb, M.G. (Hrsg.) Qualitäsmanagement im Tourismus, München, S. 56-82.

Scharf, A.; Schubert, B. (1995): Marketing, Stuttgart 1995.

Scharnbacher, K.; Kiefer, G. (1996): Kundenzufriedenheit: Analyse, Meßbarkeit und Zertifizierung, München, Wien.

Scheerer, H. (1994): Kundengefühle sind Tatsachen, in: Harvard Business manager, Heft 2 (II. Quartal), 16. Jg., Hamburg, S.9-14.

Schiava, M.D.; Hafner, H. (1995): Service-Marketing im Tourismus: Kunden gewinnen und behalten, Wien.

Schierenbeck, H. (1993): Grundzüge der Betriebswirtschaftslehre, 11.Aufl., München.

Schlittgen, R. (1991): Einführung in die Statistik: Analyse und Modellierung von Daten, 3. durchges. Aufl., München, Wien.

Schnell, R.; Hill, P.B.; Esser, E. (1989): Methoden der empirischen Sozialforschung, 2. Aufl., München, Wien.

Schober, R. (1993): Atmosphäre, in: Hahn; Kagelmann (Hrsg.), Tourismuspsychologie und Tourismussoziologie, München 1993.

Schultze, J.G. (1993): Diagnose des strategischen Handlungsbedarfs für Hotelketten, Bern, Stuttgart, Wien.

Schütze, R. (1992): Kundenzufriedenheit: After-Sales-Marketing auf industriellen Märkten, Wiesbaden.

Schweiger, W. (1992): Marketing-Maschine, in: absatzwirtschaft, Sonderheft Oktober, 35. Jg, Düsseldorf, S.139-146.

Seitz, E.; Meyer, W. (1995): Tourismusmarktforschung: ein praxisorientierter Leitfaden für Tourismus und Fremdenverkehr, München.

Seitz, G. (1997): Hotelmanagement, Berlin.

Shostack, G.L. (1984): Planung effizienter Dienstleistungen, in: Harvard Manager, Heft 3, 6. Jg, S.93-99.

Shostack, G.L. (1987): Service Positioning through Structural Change, in: Journal of Marketing, No. 1, Vol. 51, S.34-43.

Silberer, G. (1989): Die Bedeutung und Messung von Kauferlebnissen im Handel, in: Trommsdorff, V. (Hrsg.), Handelsforschung 1989 - Grundsatzfragen, Wiesbaden, S.59-76.

Silberer, G.; Jaekel, M. (1996): Marketingfaktor Stimmungen, Stuttgart.

Simon, H.; Homburg, C. (1997): Kundenzufriedenheit als strategischer Erfolgsfaktor - Einführende Überlegungen, in: Simon, H., Homburg, C. (Hrsg.), Kundenzufriedenheit: Konzepte-Methoden-Erfahrungen, 2. erw. u. akt., Wiesbaden, S.17-29.

Stauss, B. (1995): „Augenblicke der Wahrheit" in der Dienstleistungserstellung: Ihre Relevanz und ihre Messung mit Hilfe der Kontaktpunkt-Analyse, in: Bruhn, M.; Stauss, B. (Hrsg.), Dienstleistungsqualität: Konzepte-Methoden-Erfahrungen, 2. überarb. und erw. Aufl., Wiesbaden, S.379-399.

Stauss, B. (1995b): Internes Marketing als personalorientierte Qaulitätspolitik, in: Bruhn, M.; Stauss, B. (Hrsg.), Dienstleistungsqualität: Konzepte-Methoden-Erfahrungen, 2. überarb. und erw. Aufl., Wiesbaden, S. 257-276.

Stauss, B.; Hentschel, B. (1990): Verfahren der Problemdeckung und -analyse im Qualitätsmanagement von Dienstleistungsunternehmen, in: Jahrbuch der Absatz- und Verbrauchsforschung, Heft 3, 36. Jg., S.232-259.

Stauss, B.; Hentschel, B. (1991): Dienstleistungsqualität, in: Wirtschaftswissenschaftliches Studium, 20.Jg., Heft 5, S.238-244.

Stauss, B.; Hentschel, B. (1992): Messung von Kundenzufriedenheit, in: Marktforschung & Management, Heft 3, 36. Jg., Stuttgart, S.115-122.

Stauss, B.; Seidel, W. (1997): Prozessuale Zufriedenheitsermittlung und Zufriedenheitsdynamik bei Dienstleistungen, in: Simon, H.; Homburg, C. (Hrsg.), Kundenzufriedenheit: Konzepte-Methoden-Erfahrungen, 2. akt. u. erw. Aufl., Wiesbaden, S. 185-208.

Stauss, B.; Weinlich, B. (1996): Die Sequentielle Ereignismethode - ein Instrument der prozeßorientierten Messung von Dienstleistungsqualität, in: der markt, Nr. 136, Heft 1/1996, S. 49-58.

TARP: Zitiert in: PPD News, hrsg. v. PPD Marketing Services GmbH, Bad Homburg.

Teas, R.K. (1993): Expectations, Performance, Evaluation and Consumers' Perceptions of Quality, in: Journal of Marketing, 11/1993, Vol. 57, S.18-34.

Tenzer, M. (1993): Die Beschwerdepolitik in ausgewählten Breichen des Reiseverkehrs, Mainz.

Töpfer, A. (1996): Zehn Schritte zur Messung und Steigerung der Kundenzufriedenheit, in: Töpfer, A. (Hrsg.), Kundenzufriedenheit messen und steigern, Neuwied, Kriftel/Ts., Berlin, S.229-274.

Töpfer, A.; Greff, G. (1995): Servicequalität am Telefon, Neuwied.

Töpfer, A.; Wieder, M. (1996): Effiziente Kundenbindungsprogramme, in: Töpfer, A. (Hrsg.), Kundenzufriedenheit messen und steigern, Neuwied, Kriftel/Ts., Berlin, S. 303-342.

TUI (Hrsg.) (1997): Informationen zum TUI-Kundendienst, Materialsammlung anläßlich eines Vortrages an der FH Harz, Wernigerode.

Weber, C.-H. (1996): Städtereisen, in: Dreyer, A. (Hrsg.), Kulturtourismus, München, Wien, S.51-69.

Westerbarkey, P. (1996): Methoden zur Messung und Beeinflussung der Dienstleistungsqualität - Feedback- und Anreizsysteme in Beherbergungsunternehmen, Wiesbaden.

Wöhe, G. (1990): Einführung in die Allgemeine Betriebswirtschaftslehre, 17. überarb. Aufl., München.

Zeithaml, V.A.; Berry, L.L.; Parasuraman, A. (1991a): The Nature and Determinants of Customer Expectations of Service, in: Marketing Science Institute, Report Nr. 91-113, Cambridge/MA, S.11-25.

Zeithaml, V.A.; Berry, L.L.; Parasuraman, A. (1991b): Kommunikations- und Kontrollprozesse bei der Erstellung von Dienstleistungsqualität, in: Bruhn, M.; Stauss, B. (Hrsg.), 2. überarb. und erw. Aufl., Wiesbaden, S. 131-160.

Zeithaml, V.A.; Parasuraman, A.; Berry, L.L. (1992): Qualitätsservice, Frankfurt am Main, New York.

Zollner, G. (1995): Kundennähe in Dienstleistungsunternehmen: empirische Analyse von Banken, Wiesbaden, 1995.

Stichwortverzeichnis

A

Abwehrreaktion 120
Abwicklungszeit 66
Accor-Gruppe 8, 81, 142
Adressen, Adressenliste, *siehe Kundendatei*
Allgemeinfrage 126
Animation 49, 65
Anschreiben 124, 132, 145
Anspruchsinflation 22, 105
Antwortrate, *siehe Rücklaufquote*
Assurance 40
Atmosphäre 39, 41f, 55, 57f, 65, 120, 139
Augenblick der Wahrheit 62, 91
Ausstattung 40f
Automatisierung 56, 63, 65ff
AVIS 48, 75

B

Bedürfnis 26
Befragung, *siehe Gästebefragung*
Begleitbrief 124
Begrüßungscocktail 65, 67, 151
Beherbergungsbetriebe 10ff
Belegungsrate 8
Benchmarking 121f
Beobachtung 73, 77, 90f, 111
Beobachtungseffekt 90
Beratung 44, 67, 127
Beschwerde 29, 39, 46f, 68, 85f, 102, 111, 141ff
Beschwerdeanalyse 68, 72ff, 77, 98, 154, 160
Beschwerdeannahme, -erfassung 75, 148, 151ff
Beschwerdeaufforderung 86, 148, 150
Beschwerdebearbeitung 46, 56, 68, 98, 148, 154
Beschwerdebearbeitungskosten 147, 149
Beschwerdebox 150
Beschwerdeerfassungsbogen 155f

Beschwerdegründe 161
Beschwerdekosten 141, 149
Beschwerdemanagement 28, 30, 68, 70, 74, 98, 141ff
Beschwerdenutzen 141f, 149
Beschwerdereaktion
Beschwerdetypen 145
Beschwerdeverhalten 72, 143f
Beschwerdezufriedenheit 75, 144f, 149f, 157, 162f
Blueprinting 63, 73, 77ff, 92, 94

C

C/D-Paradigma 22, 31, 103
CD-ROM 59
Check in 17, 35, 66, 78, 94, 123, 138, 140
Check out 43, 63, 81ff, 168
Checkliste 35, 69, 74, 91f, 111ff
 - für das Frühstücksbüffet 118
 - für den Hotelempfang 113
 - für den Hoteleinkauf 114
 - z. Hotelbeurteilung f. Reiseleiter 115
 - für den Sauna- u. Fitneßbereich 116f
Club-... *siehe auch Klub-...*
Clubhotel 49, 65
Clusteranalyse 133f
Comment card 74, 97, 107ff, 125, 145, 150
Commitment 124
Competetive Benchmarking, *siehe Benchmarking*
Complaint Ownership 154
Critical Incident Technique 57, 73f, 77, 95ff
Cross-Marketing 170f
Cross Selling Rate 29
Customer Relation Desk 151
Customer Satisfaction Index 75

D

Daily Quality Production Report 46
Datenauswertung 129, 132f
Datenerfassung 129, 133

Dateninterpretation 129, 134
DEHOGA 10
Delivery accident 95
Designphase 129
Desk research 119
DFV 10
Dienstleistungsablauf, *siehe Dienstleistungsprozeß*
Dienstleistungsepisode, *siehe Episode*
Dienstleistungskontakt, *siehe Kontakt-...*
Dienstleistungskultur 1f, *siehe auch Unternehmenskultur*
Dienstleistungsphasen 15, 36ff, 51ff
Dienstleistungsprozeß 48, 51ff, 66, 90, 93
Dienstleistungsqualität 8f, 31ff, 39ff, 71ff, 109ff, 119ff
Dienstleistungstransaktion, *siehe Transaktion*
Differenzwert 106
Direkte Messung 140
Diskriminanzanalyse 133f
Disneyworld 8
Distributionspolitik 17, 53
Doppelfrage 125

E

Einfühlungsvermögen 40, 103, 167
Einstellungsorientierter Ansatz 102
Eisbrecherfrage 120
Eismann Tiefkühl-Heimservice 29
Empathy 40
Empfang, *siehe Rezeption*
Empowerment 45, 154, 166, 168
Episode 94
Erfahrung 24
Erfolgskontrolle 161
Ergebnisphase 15, 36ff, 51, 68f
Ergebnisqualität 37f, 43
Erinnerungsschreiben 124
Erwartungshaltung 15, 21ff, 31, 44, 49, 51ff, 69, 73, 97, 104f, 144
Etagenservice 79, 88f, 126, 139
ETAP-Hotel 8, 81
Europapark Rust 8, 42
Event 54ff, 151
Eventmarketing 54f

Explorative Vorphase 129, 131
Externalisierung 49, 60, 62f
Extremwert 123, 140

F

Faktorenanalyse 133f
Fax-Polling 59
Fehler, -vermeidung 68f, 98, 100f, 147, 160
Fehlerkostenanalyse 46
Field research 120
Filterfrage 122f
Fit for Fun - Zeitschrift 170f
Flughafen Stuttgart 55
Flyer 85
Fokusgruppe 71, 131, 151
Fotomethode 73, 77, 95
Fragebogenaufbau 120, 131
Fragebogendruck 132
Fragebogenentwicklung 129, 131, 136ff
Fragebogenüberarbeitung 129, 131f
Frageformulierung 131
Fragenpaar 104
FRAP, *siehe Frequenz-Relevanz-Analyse*
Freizeiteinrichtungen 12, 43, 116f
Frequenz-Relevanz-Analyse für Probleme 73, 77, 99ff, 160
Frequenzwert 99ff
Freundlichkeit 80, 138, 151, 158
Frühstücksbüffet 65ff, 118, 127
Funktionen eines Hotels, *siehe Hotelfunktionen*

G

Garantien 151
Gäste-..., *siehe Kunden-...*
Gästebefragung 74, 102ff, 119ff
Gästebindung, *siehe Kundenbindung*
Gästefragebogen 75, 99, 103, 107, 115, 120ff
Gaststätte, *siehe Restaurant*
Geschenke 159
Geschirr 88
Geschlossene Frage 121f
Gesprächsbereitschaft 152

Gesprächspsychologie 57,f 152f
Gewinn 28f, 147
Glaubwürdigkeit 53, 125
Golfhotel Maximilian 169
Grundgesamtheit 130
Gutschein 159

H

Hauptleistung, *siehe Kernleistung*
Hilton Hotel 168
Hotelaufenthalt 79ff, 94, 137ff, 151
Hotelbar 85, 112, 126, 139
Hotelbetriebsformen 12f
Hoteleinkauf 112, 114f
Hotelfunktionen 11ff
Hotelkategorien, -klassifizierung 10ff
Hotelrestaurant, *siehe Restaurant*
Hoteltypen, *siehe Hotelbetriebsformen*
Hotelzimmer 15, 41, 53, 81ff, 138, 161
Hotline 150
Hybrider Verbraucher 7f

I

IBIS-Hotel 142, 151
Immaterialität 15, 34
Incentive 64
Initialzündung 129
Inkasso 59, 63
Integrationspotential 37f
Interaktivitätspotential 37f
Internet 59
Intervallskala 123
Interviewer 96
Involvement 26f, 142
Isoleistungslinie 60ff
Ist-Komponente 21f
Item 103f

K

Kapazitätsmanagement 16
Karstadt 65
Katalog 23
Katalogtext 23f

Kernleistung 8, 11ff, 33, 66, 80
Klubkarte 54
Klubzeitschrift 54, 169
Kommunikation mit dem Kunden 23, 26, 74, 152f
Kommunikationspolitik 17, 51, 53
Kompensation 159
Konkurrenzanalyse 111ff
Kontaktfrage 122f
Kontaktmanagement 65
Kontaktmessung 76
Kontaktpersonal 78f, 167f
Kontaktpunktanalyse 73, 76ff
Kontaktpunktidentifikation 62, 77ff
Kontaktsequenz 90, 95
Kontaktsituation 77ff, 92, 166f
Kontrollfrage 122f
Körpersprache 58, 152
Kosteneinsparung 60, 62
Kundenabwanderung 29ff, 68, 102, 149f
Kundenakquisition 28f, 56, 149
Kundenanalyse 71ff
Kundenbeteiligung 16
Kundenbindung 68, 152, 169f
Kundenclub 54, 169
Kundendatei 56, 119, 132, 155
Kundenerlebnis (üblich; kritisch) 90, 94ff, 102
Kundengespräch 64f, 151ff, 155
Kundenintegration 48ff, 143
Kundenkonferenz, *siehe Fokusgruppe*
Kundenkontakt, *siehe Kontakt...*
Kundennähe 7
Kundenorientierung 1f, 7, 69, 128, 142
Kundenpfad 94, 96
Kundenservice 7, *siehe auch Service-...*
Kundenzufriedenheit 1, 7ff, 12, 21ff, 48, 71ff, 109ff, 119ff, 141ff
Kundenzufriedenheitsprofil 134ff
Kundenzufriedenheitsstudie 121
Kundenzufriedenheitssystem 45

L

Lead-User-Analysis 71ff
Leistungsbreite 34f, 81
Leistungshöhe 34f
Leistungskompetenz 40, 103

Leistungskomponente 134f
Leistungsniveau 22, 106
Line of visibility 77f, 92
Lost-Customer-Analysis 71ff
Loyalität 29
Luxor 8

M

Mailing 169
Markentreue 71, 150
Marketinginstrumente 17
Marktanteil 71ff
Marktforschung 50, 53, 74, 92, 111, 119ff
Marktsegmentierung, *siehe Zielgruppe*
McDonalds 65
Meckerkasten 150
Menschlichkeit 40, 64
- ereignisorientiert 72ff, 96
- implizit/explizit 72ff
- merkmalsgestützt 72ff, 96
- objektiv 71ff
- subjektiv 71ff
Messe 55
Meßverfahren 45, 71ff
Methode der kritischen Ereignisse, *siehe Critical Incident Technique*
Mitarbeiterorientierung 2, 166
Mitarbeiterzufriedenheit 46
Mittelwert 123
Mobilfunk 59
Moment of Truth, *siehe Augenblick der Wahrheit*
Motel 6 82
Mövenpick 164
Multiattributive Messung 73, 102
Multivariate Methode 133ff
Mund-zu-Mund-Kommunikation (Mund-zu-Mund-Propaganda) 24ff, 51, 68, 143ff
Mystery shopper, *siehe Silent shopper*

N

Nachkaufmarketing 169ff
Nebenleistung, *siehe Zusatzleistung*
Neukunde, *siehe Kundenakquisition*
Nichtlagerfähigkeit 15
Nominalskala 123
Non-Customer-Analysis 71ff
Null-Fehler-Mentalität 165
Nullwert 106

O

Offene Frage 121f
Ordinalskala 123
Outsourcing 57

P

Parahotellerie 10ff
Parkplätze 80, 100
Pauschalangebot 59f, 137, 169
Personalauswahl 158
Personalentwicklung, *siehe Schulung*
Personifizierung 64, 67
Pflaums Posthotel 8
Polarisierung von Märkten 8
Potentialphase 15, 36ff, 51, 53ff, 80
Potentialqualität (der Anbieter; der Nachfrager) 37f, 43
Preis 23, 35, 51, 61, 102, 149, 159
Preis-Leistungs-Verhältnis 23, 35f, 51, 53
Preisnachlaß 159
Preispolitik, 17f
Pre-Test 129, 131
Primärforschung 119f
Problem Detecting Method 99
Problemliste 99
Problemlösung 152f
Problemlösungskompetenz 141, 149
Produktkenntnisse 86
Produktpolitik 12, 17, 53
Produktqualität 26, 35
Produktverpackung 86
Prozeßanalyse 57
Prozeßphase 15, 36ff, 51f, 59, 60ff
Prozeßqualität 37f, 43

Q

Qualitative Kontaktpunktmessung 77, 90ff, 101
Qualitätsbegriff 35f
Qualitätsdimension 40,43
Qualitätsführerschaft 35
Qualitätskontrolle, -prüfung 112, 165
Qualitätslenkung 164
Qualitätsmanagement 164ff
Qualitätsmodell 36ff, 39ff
Qualitätsniveau 44
Qualitätsplanung 164
Qualitätssicherungssystem 47, 111f
Qualitätsstandard, *siehe Hotelkategorien*
Qualitätswahrnehmung 36ff, 39ff
Qualitätswettbewerb 8
Qualitätsziel 46f
Qualitätszirkel 46
Quality overkill 43
Quantitative Kontaktpunktmessung 77, 98ff
Querulanten 146

R

Rating-Skala 123
Raumgestaltung, *siehe Ausstattung*
Reaktionsfähigkeit 40, 43f, 103
Rechnung 86f, 88f
Regressionsanalyse 134
Reichweite 125
Reiseleitung 115, 154
Reklamation, *siehe Beschwerde*
Relevanzwert 99ff
Reliability 40
Responsitiveness 40
Restaurant 66, 79, 85, 112, 126, 138
Rezeption 66, 90, 97, 123, 138
Ritz-Carlton 35, 45f, 74f, 80, 154, 165f
RIU-Hotels 54
Robinson Club 8, 51, 170f
Rücklaufquote 75, 124f, 132

S

Sachfrage 122, 136
Schadenersatz 159

Schriftliche Befragung 119ff, 125ff, 128ff, 136ff
Schulung 47, 64, 69, 78, 158
Sekundärforschung 119
Sequentielle Ereignismethode 73, 77f, 92ff, 96
Service Map 79ff
Servicementalität 1
Servicequalität 7, 26, 33, 52, 80, 88, 107, 139, *siehe auch Dienstleistungsqualität*
Servicetelefon 56, 141, 150
Serviertechnik 86
Serviette 88
SERVQUAL-Ansatz 102ff
Silent guest 92, *siehe auch Silent shopper*
Silent shopper 75, 91
Situative Faktoren 26, 143
Skalierung 123f, 140
Soll-Komponente 21f
Soziodemografisches Merkmal 120, 139f
Speisekarte 85ff, 127
Stammkunde 29, 55, 64, 68, *siehe auch Kundenbindung*
Standortgebundenheit 16
Steigenberger 46, 74f, 80, 112
Stichprobe 130
Stimmungsmanagement 41, 158
Studiosus 115
Suggestivfrage 121
Swan 8

T

Tangibles 40
Tangibles Umfeld 40f, 95, 103
Tech Quality 37, 39ff
Teilerhebung 130
Teilqualität 43, 105
Teilzufriedenheit 126
Telefonkommunikation 56ff, 64, 69, 74, 79f, 88, 99, 126, 145, 150ff
Telefonmarketing 56ff
Teleshopping 59
Themenhotel 8, 42
Tiefeninterview 71, 131

Tonbandaufnahme 95
T-online 59
Total Quality Management 165f
Touch Quality 37, 39ff
Tourismusmesse, *siehe Messe*
TQM, *siehe Total Quality Management*
Transaktion 94
Transaktionszeit 66, 81
Transferzeit 66
TUI 9, 48, 54, 67, 147, 154, 170

U

Überbuchung 161
Umsatz 71ff
Univariate Methode 133f
Uno actu-Prinzip 16, 36, 51
Unternehmenskultur 2, 50, 69, 146, 161
Unvoiced complainers 74, 146
Unzufriedenheit, *siehe Kundenzufriedenheit*
Unzufriedenheitspotential 81
Upgrading 159, 168

V

Valet Parking 80
Verabschiedung 81, 86, 88
Verbesserung, ständige 165
Verhältnisskala 123
Verkaufsförderung 18, 86
Verkaufstechnik 86
Verläßlichkeit 40, 103, 167
Verpflegung 12, 33, 100
Vertrieb, *siehe Distributionspolitik*
Video 95, 150
Videotext 59
Vollerhebung 130
Voruntersuchung 131

W

Wartezeit 66ff
Weckservice 35, 81ff
Werbung 29, 49, 55, 69
Wetter, *siehe Situative Faktoren*
Wiederverkaufsrate 29

Y

Yield Management, *siehe Kapazitätsmanagement*

Z

Zeitmanagement 168
Zertifizierung 166
Zielformulierung 129
Zielgruppe 12, 54, 59, 129f, 140
Zimmer, *siehe Hotelzimmer*
Zufriedenheit, *siehe Kundenzufriedenheit*
Zufriedenheitsforschung 71ff
Zufriedenheitsorientierter Ansatz 108, 137
Zusatzleistung 11f, 33
Zweikomponentenansatz 137

So erreichen Sie uns!

Autorenanschrift

Adresse für beide Autoren:

Prof. Dr. Axel Dreyer
Professur für Tourismuswirtschaft
und Marketing-Management
FH Harz
Friedrichstr. 57-59
38855 Wernigerode

Telefon　　03943-659-224
Telefax　　03943-659-108
　　　　0531-334555
eMail　adreyer@fh-harz.de
　　　　prof.dreyer@t-online.de
Internet　www.fh-harz.de

FH Harz
Fachbereich Wirtschaftwissenschaften
Dekanat
Telefon　　03943-659-200
Telefax 03943-659-108

Universität Göttingen
Institut für Sportwissenschaften
Honorarprofessur für Sportmanagement
Prof. Dr. Axel Dreyer
Sprangerweg 2
37075 Göttingen